KB070521

민담형 인간

민담형 인간

신 동 흔 지 음

꾸밈없이 행동하고 대담하게 나아가다!
캐릭터 탐구로 동서양 민담 새로 읽기

한겨레출판

그동안 충분히 윤리적으로 살았으니

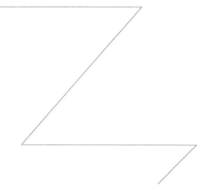

새로운 이야기 여행을 시작한다. 이번에는 더 가볍고 즐겁게, 가장 힘차게 움직여보려 한다. 가벼운 배낭 하나 걸쳐 메고서, 정해진 일정표 없는 자유 여행으로.

여행의 테마는 '민담'이다. 일컬어 '민담형 인간'. 민담의 주인공들은 신화나 전설, 소설 속 인물과 다른 특별한 동선動線이 있다. 그들은 경쾌하고 즉각적이며 거침이 없다. 평면적이고 투명하며 독립적이다. 좀 낯설고 엉뚱해서 당황하게 되지만, 그들이 나타내 보이는 자유로움과 제대로 접속하고 나면 그 매력에서 헤어나기 어렵다.

"그래! 인생 뭐 있나. 저렇게 살아야 하는 거야!"

스스로의 삶을 돌아보자면, 꽤나 윤리적으로 살아온 인생이었다. 윤리를 훌륭히 지키고 실천해왔다는 말이냐면 그건 아니다. 그보다는 윤리적이어야 한다는 억압 속에서 살아왔다는 말이 어울린다. 착한 아들이어야 했고, 말 잘 듣는 모범생이어야 했으며, 책임을 다하는 가장

이자 선생이어야 했다. 나름 노력한 것이 사실이지만, 그렇지 못한 부분도 많다. 특히 나만의 일상과 내면적 무의식에서는. 스트레스가 많았고, 별반 행복하지 않았다.

자아비판 식으로 돌아보며 무거워지지는 않으려 한다. 뒤를 돌아보며 후회하는 일은 민담의 방식이 아니다. 그렇게 걸어온 길 또한 하나의 삶이었을 따름. 윤리를 훼손하는 대신 존중하며 살고자 했으니, 좋은 일일 것이다. 그냥 이렇게 말하고 싶다.

"수고했어, 친구. 이만하면 잘 산 거라고!"

하지만 계속 그렇게 살고 싶지는 않다. 이왕이면 더 즐겁고 행복하게 '나의 삶'을 살고 싶다. 걸림 없이, 씩씩하게. 내가 경애하는 이 세상 수많은 민담의 주인공들처럼.

처음부터 내가 민담을 사랑했던 것은 아니었다. 사회의식과 역사의식이 담긴 이야기들을 챙기고자 했고, 판소리나 소설 같은 대서사의 리얼리티에 이끌렸으며, 구전 신화에 깃든 삶의 진정성에 취했었다. 그에 비하면 민담은 다분히 가볍고 만만한 이야기였다. 특히 동화적 환상담이나 희극적 과장담 같은 전형적인 민담들은.

민담에 담긴 비의秘義에 눈뜨면서 그 참다운 힘을 깨달아가던 무렵에 그림 형제의 민담들과 새롭게 만난 것은 하나의 운명이 아니었나 싶다. 매너리즘에 젖어 있던 나의 정신을 번쩍 일깨워준 그 이야기들은 죽비와도 같았다.

"그래. 이게 이야기지! 내가 너무 오랫동안 우물 안 개구리로 있었어."

그렇게 시작된 세계 민담을 향한 탐구의 여정은 즐겁고도 충만한 것이었다. 스스로 둘렀던 '국내파'의 울타리를 걷고서 밖으로 움직여보니 갈 곳이 참으로 많고 볼거리가 무궁무진했다. 그것은 마치 첫 해외여행과도 같은 신세계였다. 머리로 헤아리는 것과 몸으로 실감하는 것 사이의 아득한 거리! 세계 민담과의 만남을 통해 우리 민담까지 새롭게 보이니 더할 나위가 없다. 그 여정은 그침 없이 이어질 것이며 도달점은 해피엔딩일 것이다. 아니, 결말이 무슨 상관이랴. 가는 길 자체가 즐거우니 그것으로 충분하다.

　　만약 지금 어딘가에 갇혀 있는 것처럼 답답하다면, 어떤 일을 해도 짜증이 밀려오면서 집어치우고 싶다면, 하던 일을 훌쩍 밀쳐놓고서 이 새롭고 즐거운 여행에 동참하시기를 권한다. 믿기지 않을지 모르지만, 거기 인생의 색깔을 완전히 바꾸어줄 모멘텀momentum이 기다리고 있을지 모른다. 예기치 않은 극적인 인생 역전! 이거야말로 민담의 전문 영역이다.

　　뒤늦게 세계 여행에 눈떠서 낯선 곳으로의 떠남을 도모하는 나에게 요즘 시국은 꽤나 무겁다. 코로나 바이러스가 전 지구를 휩쓰는 상황에서 세상을 마음껏 누비고 다니자고 말하면 영락없는 역리逆理일 것이다. 하지만 그렇다고 해서 여행이 불가능할 리는 없다. 한적한 들판을 조용히 거닐면서 갸륵한 생명들과 만나는 재미가 웬만한 해외여행 이상이다. 방 안에서 뒹굴대면서 오래 흘러온 이야기들로 펼쳐내는 스토리표 우주여행은 또 어떤지! 그야말로 가성비 무한대이니 더할 나위가 없다.

쉴 때는 쉬고 충전할 때 충전하기. 이 또한 민담형 인간의 방식이다. 그리하여 마침내 '자유의 시간'이 시작될 때 더없이 힘차고 즐겁게 움직이는 것이다. 민담의 주인공들은 말한다. 인생은 생각보다 길고 기회는 무수히 많다고. 멀리 보면서 즐겁게 나아가라고.

바라건대 독자들이 이 책을 손에 들었을 때 코로나 바이러스가 아득히 사라지고 세상이 더 맑아져 있기를. 그리하여 누구라도 이 갸륵한 세상을 힘차게 누비고 다닐 수 있기를!

"그리하여 그들은 오래오래 행복하게 잘 살았습니다."

2020년 4월
양평 풀무골에서 자발적인 자가체류 또는 자기충전 중에
신동흔

차례

1장

새로 열리는
민담의 시대,
왜 민담인가?

민담, 인류의 삶을 적셔온
영원히 타당한 형식

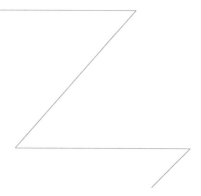

민간전승 문학은 인류의 모든 삶을 촉촉하게 적시는
영원한 샘에서 나오는 영원히 타당한 형식이다.

- 그림 형제 [1]

여러 해에 걸쳐 독일의 구전 민담을 채록하고 정리해서 만들어진 책
《그림 형제 민담집Kinder-und Hausmärchen(어린이와 가정을 위한 이야기)》
첫머리에 떡하니 박혀 있는 문장이다. '영원'이라는 말을 두 번이나 쓰
고 '인류의 모든 삶'이라고 못 박은 저 문장. 잘 모르는 이들에게는 과장
으로 보이겠지만, 나한테는 저 글줄의 무게감이 온몸으로 전해온다. 저
말 그대로다. 더할 것도 뺄 것도 없다.

굳이 '민간전승 문학'이라고 쓴 점을 눈여겨볼 만하다. 이 이야기 모
음집에서 그림 형제(야콥 그림과 빌헬름 그림)가 드러내고자 한 것은 자신
들의 가치관이나 세계관, 문학적 수고와 역량 따위가 아니다. 오랜 세월

동안 민간에서 구전돼온 이야기들의 가치와 힘을 전하고자 했을 따름이다. 주관적 개입을 최소화하는 가운데 구전된 내용을 오롯이 담아서 전하는 것은 그들이 민담을 정리하는 제1의 원칙이었다. 당연한 일이다. 왜냐하면 입에서 입으로 전해온 내용 안에 모든 것이 다 들어 있기 때문이다. 더하고 뺄 것 없이, 영원히 타당한 형태로.

글을 매개로 하지 않은 구비전승에 대해 많은 사람들이 의심의 눈초리를 보내곤 한다. 그게 얼마나 가치 있고 믿을 만한가에 대한 의문이다. 이런 의혹은 반은 맞고 반은 그르다. 기억에 의존하는 구비전승은 경험적 사실이나 지식 정보 전달에 있어 더없이 취약하다. 간단한 정보조차 금세 흐려지고 혼동되면서 와전되기 십상이다. 하지만 허구적 상상 쪽은 사정이 다르다. 사실 여부에 구애받지 않는 상상의 이야기에서 얼마나 정확하게 정보를 전달하는지는 중요치 않다. 얼마나 이야기다운지가, 얼마나 신기하고 재미있고 가치 있는지가 관건일 따름이다. 그리고 그것은 구비전승의 전문 영역이다.

기억을 매개로 한 구비전승은 '기억될 만한 것'을 '기억될 만한 방식'으로 옮겨가는 것이 본래적 특성이다. 신기하고 재미있고 가치 있는 것은 살아남고, 그렇지 않은 것은 도태되어 사라진다. 의식적으로 그렇게 하는 것이 아닌, 본연적인 인지 작용에 의해 자연스럽게 이루어지는 과정이다. 그런 일련의 과정을 통해 더하고 뺄 것 없이 잘 짜인 스토리가 완성된다. 아니, '완성'이란 말은 적절치 않다. 그렇게 계속 살아서 움직여가는 것이므로.

이와 같은 구비전승의 메커니즘을 가장 잘 구현하는 예술양식이 오롯한 허구적 상상 담화로서의 민담이다. "옛날 옛날에" 하고 발화가 시작되는 순간, 제한 없이 자유로운 상상의 메커니즘이 착착 작동하면서 자기완성의 길로 나아간다. 사람들이 펼쳐내는 허구적 상상이 잘 짜인 스토리를 향해 움직여가는 일은 자연적 법칙에 해당한다. 왜냐하면 세상은 본래 스토리적으로 움직이고, 인간 또한 스토리적인 존재이기 때문이다. 스토리적으로 인지하고 스토리적으로 행동하는 존재, 일컬어 '호모 스토리언스Homo Storiens'다.[2]

민담이 펼쳐내는 상상은 현실보다 꿈의 논리를 따른다. 비현실적인 요소로 가득하며, 예상을 뛰어넘는 비약과 반전이 수시로 펼쳐진다. 웬만큼 재빠르지 않으면 따라잡기 어려울 정도다. 현실적 관점에서 볼 때 민담이 펼쳐내는 몽상夢想은 허황하고 터무니없는 '공상空想'에 가깝다. 그러한 '허튼 상상'은 곧잘 의심과 비난의 대상이 된다. 많은 사람들이 이렇게 말하곤 한다.

"그런 쓸데없는 이야기 해봐야 밥이 나와, 쌀이 나와? 그럴 시간에 땅이나 파!"

이런 힐난에 대한 정석적인 답은 "사람이 밥만 먹고 사나요?"일 것이다. 땅만 팔 게 아니라 놀기도 하고 즐기기도 해야 사람다운 삶이라는 말이다. 조금 더 고급스럽게 답하자면 이렇게 표현할 수 있겠다. "상상하는 것은 인간의 본질입니다. 현실에 없는 것에 대한 상상은 새로운 창조와 문명 발달의 바탕이에요." 이 또한 그리 잘 와닿지 않는 대답일지 모르겠다. 그렇다면 다음과 같은 답은 어떠한지?

"모르시는군요. 그 이야기들이 돈이 되고 밥이 돼요. 땅 파는 것하고 비교가 안 될 정도로요!"

잘 짜인 스토리는 더없이 매혹적이다. 그것은 사람들의 마음을 끌어당기고 움직이며 짜릿한 쾌감을 전한다. 그리하여 사람들은 거기 아낌없이 돈을 지불한다. 왜냐하면 그만큼의 효용가치를 지니기 때문이다. 효용가치가 교환가치를 낳는 것은 인간 세상의 자연스러운 이치다.

누구는 이렇게 말한다. 그거 허튼 가치 아니냐고. 전문 작가들의 고급스러운 이야기라면 몰라도 무지몽매한 백성들이 전해온 유치찬란한 이야기 따위에 돈을 쓸 생각은 전혀 없다고. 생각이 없다면 그리하시길. 하지만 이미 세상이 그렇게 돌아가고 있다는 사실은 변하지 않는다. 아이들은 전래동화나 명작동화라는 이름으로 민담에 빠져들며, 부모는 기꺼이 그를 위해 지갑을 연다. 10대와 20대 젊은이들은 민담식 스토리를 펼쳐내는 웹툰과 애니메이션, 영화 따위를 위해 '캐시'를 충전하기를 주저하지 않는다.

민담은 유치한 이야기라고 하는 편견과 관련해 딱 한 가지만 짚고 넘어간다. 해피엔딩으로 마무리되는 전개에 대한 것이다.

"그거 보나 마나 뻔하잖아! '그래서 그는 오래오래 잘 먹고 잘 살았다'로 끝날 텐데 뭘."

정말 그럴까? 사정이 어떻든, 주인공이 어떤 사람이어서 어떻게 행동하든 결국 그는 잘되게 돼 있는 걸까? 진실을 말하자면, 이는 완전한 착각이다. 주인공들이 무조건 다 잘된다는 것은 세상 어느 나라 민담에도 적용되지 않는다. 잘되는 사람이 있는가 하면 망하는 사람이 있다. 이때 그 기준은 명확하다. 잘될 만한 사람은 잘되고 망할 만한 사람은 망하는 일이 그것이다.

"하지만 그 기준은 '착하냐, 악하냐' 하는 뻔한 거잖아? 그러니 천편일률적이지!"

이에 대해서는 대략 16분의 1 정도만 맞다고 답하겠다. 민담의 진행에서 착하냐 악하냐 하는 것이 중요한 기준이라는 점은 맞다. 하지만 그 기준이 뻔하다는 것은 그르다. 민담에서 선과 악, 옳고 그름을 가르는 기준은 하나가 아니며 상황에 따라 달라진다. 그른 것 또 하나. 인물의 선과 악은 해피엔딩 여부를 좌우하는 '하나의' 기준일 뿐, 전부가 아니다. 얼마나 능력이 있는지가, 그리고 어떻게 움직이는지가 그 이상으로 중요하다. 실제 현실에서 그러하듯이, '운運' 또한 하나의 유의미한 변수가 된다.

"하지만 결국 주인공은 바르고 능력 있고 노력도 하고 운도 따르고, 그래서 잘되는 거잖아?"

맞다! 그래서 뭐가 문제인데? 바르고, 능력 있고, 노력도 하고, 운도 따르는 사람이 좋은 삶을 사는 것은 이상한 일이 아니라 인생의 자연스러운 법칙이자 순리다. 그러지 못하는 사람에게 문제가 생기는 것 또한 마찬가지다.

그렇더라도 옛날이야기에서 이른바 '주인공 버프'가 너무 지나치다고 생각하는 사람을 위해 익숙한 예를 하나 들어본다. 한국 사람이라면 누구라도 〈선녀와 나무꾼〉과 〈우렁각시〉의 기본 스토리를 알고 있을 것이다. 가난하고 외롭게 살던 사내가 어느 날 거짓말처럼 '꿈의 여인'을 만나서 짝을 이루는 일 말이다. 그렇다면 그 결연의 종착점은 해피엔딩일까, 새드엔딩일까?

아마 사람마다 기억하는 바가 다를 것이다. 답을 말하자면, 두 이야기 다 해피엔딩으로도 가고 새드엔딩으로도 간다. 비중이 한쪽으로 완전히 쏠리지는 않지만, 새드엔딩이 우세한 편이다. 나무꾼은 하늘의 처자식과 헤어져 수탉이나 뻐꾸기가 되는 것으로 귀착되곤 하며, 우렁각시 남편은 아내를 뺏긴 뒤에 속절없이 쓰러져 죽어서 새로 변하는 경우가 많다.

나무꾼과 우렁각시 남편이 가는 길은 함정 투성이다. 평범한 사람으로서 특별하고 멋진 짝을 만나서 행복한 삶을 성취하는 일이 본래 그러한 것처럼 말이다. 선녀는 날개옷만 찾으면 휘릭 떠날 사람이었고, 우렁각시는 언제 어떻게 빼앗길지 모르는 대상이었다. 실제로 위기는 닥쳐오고 두 남자는 거듭 시험에 든다. 스스로에 대한 확신과 상대에 대한 진정한 애착으로, 그리고 최선의 상황판단과 행동력으로 매번 길을 잘 찾아낸 경우 해피엔딩에 이르게 되지만, 남의 탓을 하면서 주저앉거나 관계의 혁신을 이루지 못한 채 과거에 머무르는 등으로 행보를 삐끗할 경우 그 결과는 파멸이다. 속절없이 새가 되어서 울며 한탄하는 식이다. 왜 새가 되느냐면 그럴 만하기 때문이다. 그릇이 딱 그 정도였으므로.

"그들이 그럴 만한 사람이라서, 못난 사람이라서 그런 결말을 맺는 것이라면 '새드엔딩'이 아니잖아? 사필귀정이지!"

맞다! 말 그대로다. 제 격에 맞는 결말을 맞이하는 것, 그것이 민담의 법칙이다. 일컬어 '영원히 타당한 형식'의 한 국면이다. 주인공 이외의 인물들, 그러니까 적대자나 경쟁자, 방관자 쪽을 보자면 그렇게 망하는 사람이 성공하는 사람보다 훨씬 더 많다. 주인공이 아니라서? 아니, 그네들 스스로가 망할 만하게 움직이기 때문!

'옛날얘기? 보나마나 해피엔딩!' 이런 생각은 이제 그만 내려놓으시길. 속는 셈치고 구비전승의 힘을 믿고서 한번 민담의 세계로 흠뻑 빠져보시길. 밑질 일 전혀 없다. 최소한 '재미'라도 남게 될 것이니.(실은 어떻게든 '의미'도 남게 된다. 민담에 담긴 의미는 자기도 모르는 가운데 무의식중에 움직여서 은밀히 스며드는 것이 특징이다.)

'월트 디즈니'를 키운 건 8할이 민담이다

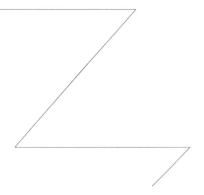

연 매출액 600억 달러. 우리 돈으로 약 70조 원이다. 순이익은 해마다 10조 원 이상. 엔터테인먼트 그룹 월트 디즈니 이야기다. 경쟁자였던 픽사Pixar를 인수하면서 매출액과 이익 규모가 급속히 늘어나고 있는 중이다. 숫자만으로도 상상을 뛰어넘지만 세상에 미치는 실질적 영향력은 액면의 숫자 이상이다. 전 세계 사람 가운데 마음속 한편에 디즈니의 스토리나 캐릭터가 깃들어 있지 않은 이들이 얼마나 될까.

그냥 떠오르는 대로 쭉 훑어보는 것만으로도 월트 디즈니의 콘텐츠에서 민담이 차지하는 비중을 쉽게 알 수 있다. 단적으로, 민담을 원작으로 해서 만들어진 애니메이션 작품이 수두룩하다. 초창기의 〈백설공주〉와 〈신데렐라〉, 〈잠자는 숲속의 미녀〉 등부터 근간의 〈알라딘〉, 〈미녀와 야수〉, 〈라푼젤〉까지 수많은 흥행작의 원전이 바로 민담이다. 〈피노키오〉나 〈이상한 나라의 앨리스〉, 〈인어공주〉 등 민담식 환상성을 주조로 삼는 동화를 적용한 사례까지 더하면 그 범위는 훨씬 넓어진다.

눈여겨볼 바는 월트 디즈니가 민담을 폭넓게 소재로 채택하는 데 그치지 않고 캐릭터 설정과 스토리텔링에서 민담의 방식을 적극 활용했다는 점이다. 본래 소설이나 실사영화에 비해 만화와 애니메이션이 설화적 상상과 잘 어울리기는 하지만, 어떤 방식으로 스토리를 풀어내고 디테일을 표현하는가에 따라 작품의 색깔과 효과는 완연히 달라진다. 민담 특유의 직선적인 캐릭터와 인상적인 화소話素, 반전과 비약의 스토리를 얼마나 잘 살리는지가 관건이다. 그리고 월트 디즈니는 이 방면의 전문가다.

백설공주, 신데렐라, 피터 팬, 알라딘과 지니, 벨, 뮬란, 모아나, 기타 등등 디즈니 애니메이션의 대다수 주인공들은 밝고 투명하며 씩씩하고 직선적이다. 그들은 뒤에 몰래 딴마음을 감춰두지 않으며, 자기가 느끼고 생각하는 바를 실제 행동으로 옮긴다. 전형적인 민담의 방식이다. 그런 구김 없는 민담형 캐릭터는 사람의 마음을 편안하게 하고 환하게 한다. 그 매력에 아이들이 무심중에 이끌려드는 것은 자연스러운 현상이다.

민담의 전형적 인물형인 '트릭스터trickster' 캐릭터의 활용도 월트 디즈니 스토리텔링에서 주목할 만하다. 쉽게 말해서 트릭스터는 재기발랄한 자기중심의 장난꾼 내지 사기꾼 캐릭터라고 생각하면 된다. 상식을 깨는 거침없는 행동력은 트릭스터의 기본 특성이다. 살펴보면 대다수의 디즈니 애니메이션 작품에 짓궂은 트릭스터 캐릭터가 등장해서 감초 구실을 한다. 〈백설공주〉 속의 일곱 난쟁이에 트릭스터의 속성이 부여돼 있으며, 〈미녀와 야수〉에서 시계와 주전자로 변한 시종과 하녀도 트릭스터로 움직인다. 〈라이온 킹〉의 티몬과 품바, 〈뮬란〉의 새끼 용 무슈, 〈겨울왕국〉의 올라프 등은 의도적으로 창조된 트릭스터 캐릭터들이다. 좌충우돌식으로 경쾌하게 움직이는 그 캐릭터들은 작품에 생생한 활력을 불어넣으면서 민담식의 재미를 한껏 자아내는 구실을 한다. 이 작품들에서 이런 트릭스터 인물이 빠진 모습을 상상하기 어려울 정도다. 무슈가 없는 〈뮬란〉이나 올라프가 없는 〈겨울왕국〉을 진짜 〈뮬란〉이나 〈겨울왕국〉이라 할 수 있을까?

만화나 애니메이션에서 트릭스터 캐릭터를 활용하는 것은 사실 월트 디즈니만의 노하우는 아니었다. 그것은 작품의 성공을 위한 일종의 핵심 비법 같은 것이었다. 좋은 사례로 1940년대에 처음 제작돼서 오랜 기간 지속적인 인기를 누린 MGM사의 TV 애니메이션 시리즈 〈톰과 제리Tom And Jerry〉를 들 수 있다. 이 작품 속의 생쥐 '제리'를 기억하는지? 자기를 잡아먹으려는 고양이 톰 앞에서 제리가 움직이는 방식은 어찌나 당당하고 거침이 없는지 맹랑함을 넘어서 경이로울 정도다. 어떻게든 그를 찍어 누르고자 발톱을 세우고 울그락불그락 달려드는 톰은 그 적수가 되지 못한다. 객관적으로는 톰이 훨씬 크고 힘센 존재이지만 그가 제리를 이기는 것은 불가능하다. 왜냐하면 늘 타자他者를 겨냥하는 톰과 달리 제리는 그냥 '자기 삶'을 사는 존재이기 때문이다. 잘 보면 제리는 상대방의 눈치를 눈곱만치도 안 보고 저 하고 싶은 대로 움직인다. 작품 속에서 그는 일부러 계략을 짜서 톰을 골탕 먹이거나 하지 않는다. 낯을 찌푸리면서 갖은 계략을 쓰는 것은 오히려 톰 쪽이다. 그 결과는 자기 꾀에 자기가 넘어가서 망하는 일일 따름이다. 정확한 민담식 설정이다. 사람들이 〈톰과 제리〉를 보면서 크나큰 재미와 함께 심리적 해방감을 느끼는 것은 그 핵심적 힘이 민담식 서사에 있다는 것이 나의 생각이다.

〈톰과 제리〉 외에 유니버설 스튜디오의 TV 만화 시리즈 〈딱따구리 Woody Woodpecker〉와 〈칠리 윌리Chilly Willy〉 또한 트릭스터 주인공의 힘으로 오랫동안 재미를 본 사례에 해당한다. 나무 구멍을 탁탁 파면서 거침없이 쏟아내던 딱따구리의 쾌활한 웃음이 주는 카타르시스, 영악함에 가까운 자기중심적 행동력으로 일관하는 어린 펭귄 칠리 윌리의 태연한 눈동자가 전해주던 소름……. 수십 년 전에 흑백 TV로 만났던 이들 캐릭터의 잔영이 아직까지 기억 속에 생생히 남아 있는 것을 보면 역시나 트릭스터는 힘이 세다.

〈톰과 제리〉나 〈딱따구리〉 등이 트릭스터 캐릭터를 전면에 내세워서 밀어붙인 쪽이라면, 20세기 동안 월트 디즈니가 취한 전략은 사실 교묘한 절충에 가까운 쪽이었다. 디즈니 작품 속에서 트릭스터는 주인공으로 움직이기보다는 대개 주변 인물로 등장해서 감초 같은 구실을 한다. 이리저리 어깃장을 놓으며 문제를 일으키는 듯하지만 결국은 권선징악식 해피엔딩의 전개에 한몫을 하는 것이 정해진 전개다. 트릭스터 특유의 독자적이고 반역적인 동선이 약화된 채로 주인공 중심의 서사를 보조하는 모양새다. 월트 디즈니 스토리텔링은 민담적인 스토리와 캐릭터 외에 섬세한 소설적 디테일을 중시하며, 높은 수준의 미술과 음악이 그것을 뒷받침한다. 말하자면 그것은 민담적 서사를 적절히 포용한 소설적 오케스트라 같은 성격을 지닌다. 소설적 리얼리티를 중시하는 20세기 미학에 어울리는 그러한 스토리텔링 전략을 통해 디즈니 애니메이션은 세계인의 이목을 잡아끌고 마음을 움직이는 데 성공했다는 것이 나의 판단이다.

21세기에 접어들 무렵 월트 디즈니가 대중의 관심을 잃으면서 일종의 암흑기를 맞았다는 것은 하나의 정설이다. 이에 대한 나의 진단은 디즈니가 20세기식 스토리텔링 전략에 안주하다가 새로운 흐름을 놓치는 바람에 위기를 겪게 되었다는 것이다. 〈슈렉〉(2001)을 앞세운 드림웍스의 대공세가 완전한 성공을 거둔 사실은 21세기 스토리텔링이 어떻게 달라졌는지를 단적으로 보여준다. 흔히 〈슈렉〉의 전략으로 비주류적 주인공의 패러디적 반격을 들지만, 민담식 캐릭터와 스토리텔링의 전면화를 그 이상으로 주목할 만하다. 작품 속의 괴물 '슈렉'은 전형적인 민담형 캐릭터다. 그는 남의 눈치 따위 보지 않고 제 욕망에 따라 자기식으로 움직인다. 그런 씩씩한 당당함 때문에 슈렉은 흉하고 모자라 보이는 외모에도 불구하고 쿨한 멋짐의 매력을 발산한다. 거기 완전한 장난꾼 트릭스터 '동키'가 짝을 이루면서 민담식의 활력을 배가한 것이 〈슈렉〉이 취한 스토리 전략의 기본 축이라 할 수 있다. 그것이 21세기 대중의 열띤 반응을 이끌어낸 상황이다. 〈슈렉〉이 전통적인 애니메이션 수용자인 어린이층 외에 성인에게까지 큰 파장을 일으킨 것은 패러다임의 변환에 해당하는 획기적인 사태였다고 할 만하다. 이런 전략이 〈슈렉〉 후속편으로 이어지고 〈쿵푸 팬더〉(2008)로 확장되면서 드림웍스는 디즈니의 엉덩이를 걷어차는 데 성공하게 된다.

월트 디즈니가 계속 20세기적 스토리텔링에 안주했다면 암흑기는 결정적으로 길어졌을 것이다. 하지만 민담식 서사를 기본 동력 삼아서 화려한 역사를 이루어온 콘텐츠 왕국 월트 디즈니가 그렇게 무너질 리는 없었다. 예의 오케스트라적 서사에 민담적 스토리와 캐릭터를 더욱 선명하게 내세운 〈겨울왕국〉(2013)을 통해서, 씩씩하고 당당한 민담적 주인공 모아나와 트릭스터 영웅 마우이 콤비의 활약을 내세운 〈모아나〉(2016)를 통해서, 그리고 두 명의 트릭스터적 주인공 알라딘과 지니의 좌충우돌을 생생하게 살려낸 새 〈알라딘〉(2019) 등을 통해서 월트 디즈니는 예전의 영광을 되찾아가고 있다. 마블 스튜디오와 21세기 폭스를 인수하면서 '데드 풀'과 같은 극단의 성인형 트릭스터 캐릭터까지 품어 안은 디즈니 스토리텔링이 앞으로 어떤 방향으로 나아갈지 그 귀추를 주목하지 않을 수 없다.

소설의 역사가 몇백 년이라면 민담의 역사는 몇천 년 또는 몇만 년이다. 20세기 동안 아동들의 문화처럼 저변으로 내려가 있던 민담의 문화적 부상이 이제 하나의 큰 흐름이 된 상황에서 그 미래가 어떠할지 예측하는 것은 어려운 일이 아니다. 그간 월트 디즈니를 지탱해온 힘의 절반 정도가 민담이었다면, 앞으로 민담이 맡게 될 역할은 8할 이상일 것이다.

이는 월트 디즈니를 위한 헌사가 아니다. 우리 스스로를 향한 외침이다. 그간 한국의 애니메이션이나 콘텐츠 스토리텔링이 어떠했는지에 대해서는, 그것이 민담의 힘에서 어떻게 비껴나 있었는지에 대해서는, 따로 왈가왈부하지 않겠다. 다만 이렇게 말하고 싶다. 민담의 시대로 가는 버스는 이제 막 첫차가 떠났을 따름이라고. 앞만 바라보면서 열심히 달려가면, 또는 양탄자를 타고서 훌쩍 날아가면 얼마든지 추월이 가능하다고. 까마득히 처져 있어서 눈에 띄지도 않던 주인공이 펼쳐내는 한순간의 짜릿한 뒤집기, 민담의 묘미 중 하나다.

새로운 민담의 시대,
어떻게 시작해서 어디까지 왔나?

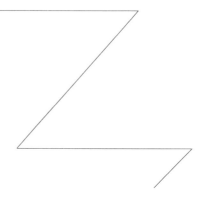

민담이 부지불식간에 21세기 문화 현상의 새로운 주류로 솟아오르고 있다는 사실을 실감하게 한 장면이 있었다. 몇 년 전의 일이다. 평소 영화를 즐겨 보지 않는 편인데 어느 날 아내가 켜놓은 TV 화면을 잠깐 보다가 나도 모르게 눈길이 이끌렸다. 주인공의 모습을 유심히 지켜보던 나는 TV 앞에 제대로 앉아서 작품을 즐기기 시작했다. 화면 속에 펼쳐지는 주인공의 동선은 하나의 커다란 놀라움이었다.

'그래, 이거야! 백 살이 돼도 저렇게 움직여야 진짜 민담형 인간이지!'

영화의 주인공은 백 살 생일을 맞이한 노인이었다. 이름은 알란 Alan. 그는 생일 파티를 준비하는 지인들 몰래 창문을 뛰쳐나와 유유자적하게 자기 길을 간다. 갑자기 시체를 나르게 되는 식으로 황당하고 끔찍한 상황이 거듭 닥쳐오지만 노인은 이를 아무렇지도 않게 받아들인다. 오히려 가볍게 눙치면서 즐기는 쪽이다. 긴장을 하면서 인상을 쓰거나 서둘러 뛰는 등의 일은 그에게 어울리지 않는다. 그냥 느릿한 걸음으로 척척 나아갈 따름이다.

짐작했겠지만, 영화 제목은 〈창문 넘어 도망친 100세 노인〉(2014)이다. 2009년에 출간된 동명의 소설을 영상으로 옮긴 작품이다. 확인해보니, 미국이나 영국이 아닌 스웨덴의 소설이고 영화였다. 영화가 전 세계에 널리 개봉되어 큰 상도 받고 나름 흥행에도 성공했지만, 소설의 성공은 더욱 놀랄 만하다. 수십 개국으로 번역돼서 수백만 독자를 사로잡은 이 작품은 한국에서도 한 달 이상 베스트셀러 1위를 기록했다. 어느 날 서점에 갔더니 이 책 옆으로 비슷한 제목의 모방작들이 쭈르륵 펼쳐져 있었다. 그 모습을 보면서 남모르게 고개를 끄덕였었다.

'민담의 시대가 이렇게 전면화되는군! 생각보다도 빨라.'

앞서 〈백설공주〉나 〈딱따구리〉, 〈슈렉〉 같은 작품에서 민담형 캐릭터의 힘에 대해 말했었다. 이보다 많이 늦게 세상에 나온 이 작품 〈창문 넘어 도망친 100세 노인〉에 특별한 의미를 부여하는 이유는 그것이 소설과 실사영화라는 정통 장르 형식을 취했기 때문이다. 리얼리티를 주조로 삼는 소설과 실사영화에서 트릭스터에 해당하는 민담형 캐릭터가 이처럼 확실하고 강렬하게 부각된 사례는 일찍이 없었다. 씩씩하고 당당하게 자기 길을 가는 주인공은 많이 있었지만 그들은 대개 '영웅'에 해당하는 인물이었다. 두 어깨에 나라나 민족 또는 가족을 짊어진 존재. 정통 리얼리즘의 틀을 깬 판타지 소설 '반지의 제왕' 시리즈나 '해리 포터' 시리즈만 하더라도 그 주인공은 세계의 명운을 짊어진 존재로서 영웅에 가까운 인물이었다. 한국에서 한때 폭발적 반응을 일으

켰던 《인간시장》의 주인공 장총찬 같은 경우도 마찬가지다. 그들의 삶에는 어떤 식으로든 '선악'이나 '정의'와 같은 키워드가 빠지지 않는다. 그런데 저 100세 노인은 어떠한가.

"정의? 그런 건 개한테나 주라지! 나는 그냥 내 식으로 즐길 뿐이야. 떠나는 그날까지!"

작품에서 알란의 동선은 거침이 없다. 그냥 제 마음 가는 대로 쭉쭉 움직일 따름이다. 그가 그렇게 움직일 때마다 전 세계가 요동을 친다. 세계대전이 일어나고 핵무기가 터지고 냉전이 시작되는 식이다. 물론 그것은 '세계사'에 대한 이야기가 아니다. 그것은 하나의 '인간론'이다. '내가 곧 세상의 중심이고 내 움직임이 곧 역사'라고 하는. 오랜 역사를 이어온 민담식의 인생철학이다.

《창문 넘어 도망친 100세 노인》의 작가 요나스 요나손은 책 첫머리에 다음과 같이 헌사를 썼다.

나의 할아버지는 청중을 휘어잡는 재능이 있으셨다. 코담배 냄새를 물씬 풍기며 지팡이에 몸을 비스듬히 기댄 채 벤치에 앉아 계시던 그분의 모습이 눈에 선하다. 또 그분의 손주인 우리가 입을 헤벌리고서 하던 질문도 아직 귀에 생생하다.

"할아버지…… 그게…… 진짜 정말이에요……?"

"진실만을 얘기하는 사람들은 내 이야기를 들을 자격이 없단다"라고 할아버지는 대답하셨다.

이 책을 그분께 바친다.[3]

이 헌사는 저 놀라운 작품의 뿌리를 알려준다. 일컬어, '거짓말'이다. 구술 현장에서 민담의 다른 명칭이 곧 '거짓말'이다. 민담이 허구적 상상을 마음껏 펼쳐내는 이야기이기 때문에 갖게 된 별명이다. 그 거짓말 이야기 속에는 거침없이 자기식의 삶을 사는 인물들이 수두룩하거니와, 그 인물들의 서사가, 그리고 그것을 능수능란하게 펼쳐내던 할아버지의 형상이 작가에게 각인되어 있다가 '100세 노인'으로 탄생한 것이라고 볼 수 있다. 너무 빠르지도 늦지도 않았던 시점인 21세기의 들머리에.

시간을 조금 거슬러 올라가 본다. 100여 년(한국 기준) 또는 200~300년(세계 기준) 전, 인류의 삶의 방식을 바꾼 거대한 변혁이 펼쳐졌으니, 역사는 그것을 '산업혁명'이라고 부른다. 사람들은 과학이나 산업, 경제와 같은 물리적 측면에 주목하지만, 사람들의 의식과 문화에도 그에 못지않은 큰 변화가 펼쳐졌다. 과학적 합리성과 경험적 현실성의 전면화가 바로 그것이다. 현실에 대한 합리적이며 분석적인 이해가 압도적 시대정신이 되어 삶과 문화를 지배하게 되었으니, 역사는 이를 '근대성' 내지 '근대정신'이라고 부른다.

문학예술 분야에서 이는 '소설novel'과 '리얼리즘realism'의 전면화로 발현되었다. 현실의 실제적 삶을 작은 티끌 하나 놓치지 않고 적확하게 재현하는 소설적 리얼리티의 구현은 근대 문학예술의 기본 지향이었다. 발자크에서 도스토옙스키로, 프루스트로, 그리고 마르케스로…… 구체적인 색깔은 달라졌지만 소설적 리얼리즘은 19~20세기 문학을 이끌어가는 중심축이었다. 한국으로 눈을 돌리면 염상섭에서 김남천으로, 최인훈과 황석영, 조정래로, 또는 이인성과 하일지 등으로 연면히 이어져온 흐름이다. 주류 작가로서 이런 경향에서 자유로울 수 있는 이는 거의 없었다. 어찌 소설뿐일까. 시나 희곡, 영화와 TV 드라마 등도 이러한 큰 흐름 속에서 움직여왔다. 거의 한 세기 내내.

시대 변화에 대한 적응력이라면 누구에게도 지지 않는 한국인들이다. 전근대적 요소를 버리고 과학적 합리성과 현실적 실용성을 추구하는 흐름이 전면적 대세가 되는 데는 긴 시간이 필요치 않았다. 한국의 근대화 세대가 민담을 비롯한 옛이야기를 내다버린 것이 단적인 증거다. 근대를 향한 세대교체와 함께 옛날얘기는 현실을 살아가는 데 쓸모가 없는 허황하고 무가치한 무엇이 되었고, 사람들은 더 이상 이야기를 귀 기울여 듣거나 마음에 새겨두지 않게 되었다. 그것은 그냥 어린아이들을 위한 놀잇거리 정도로 겨우 생명력을 연장해올 수 있었을 따름이다. 그나마 근대적 가치관에 의하여 이리저리 각색되고 윤색된 형태로 말이다. 수백 수천 년의 역사를 지닌 옛날이야기 문화는 그렇게 빈사 상태가 되어 사라질 지경이 되었으니, 나는 그것이 우리 언어문화의 역사상 가장 심대한 변화 가운데 하나였다고 믿고 있다.

인간은 본래 꿈꾸는 존재이고 상상하는 존재다. 리얼리즘이 지배적 시대정신으로 문학예술을 주도했다고는 하지만 실상을 말하자면 그것은 '전일적인' 것일 수 없었다. 허구적 상상의 스토리 문화는 20세기 한국 문화의 저변, 이른바 '물밑'에서 여러 형태로 움직여왔던 것이 사실이다. 전래동화의 형태로 명맥을 이은 옛날이야기나 '만화로 보는 고전소설' 같은 전통적 이야기 콘텐츠 외에 창작동화와 만화, 비주류

소설과 영화 등에서 허구적 상상의 스토리텔링이 일정하게 힘을 발휘해왔다. 수많은 만화책에서 공상 내지 망상에 가까운 허구적 이야기가 펼쳐졌고, 무협소설이나 공상과학소설, '빨간 책'으로 불린 성인소설 등이 자유로운 상상적 담화의 세계를 자기식으로 펼쳐냈다. 서양과 일본 애니메이션 외에 〈로보트 태권 V〉나 〈머털도사〉 같은 한국 애니메이션에서도, 홍콩산 무협영화나 할리우드산 공상과학영화 외에 한국의 B급 대중영화 같은 데서도 이런 스토리텔링은 하나의 흐름을 이루어왔다.

중요한 사실은 그들이 말 그대로 '물밑의 상황'으로서 삶과 문화의 주류가 되지 못했다는 것이다. 그것은 문화를 주도하는 이슈가 되지 못했으며, 일반적 삶과 의식의 측면에서도 중심적 실체가 되지 못했다. 일부 마니아의 경우를 제외하면, 그것은 삶의 구석에서 펼쳐지는 부수적 문화에 가까운 것이었다.

우연의 일치겠지만, 그런 흐름에 질적인 변화가 일어난 것이 20세기에서 21세기로 넘어가는 전환기의 일이었다. 나는 그 의미 있는 사례로 이우혁의 '퇴마록' 시리즈(1993년 연재, 1994년 출간)를 든다. PC통신에서 폭발적 반응을 얻은 뒤 책으로 출간되어 수백만 부 이상이 판매된 '퇴마록' 시리즈는 허구적 판타지 서사의 문화적 반격을 상징한다. 작품적 완성도로 보면 기성의 본격소설과 비교할 대상이 되지 못하겠지만, 중요한 것은 현상이다. 젊은 독자들이 이런 판타지를 공공연히 '나의 문학'으로 삼기 시작했다는 사실이, 그리고 그것이 일시적 현상을 넘어서 새로운 대세로 떠올랐다는 사실이 중요하다. 그것은 갑자기 툭 튀어나온 예외적 사건이 아니라 젊은 독자들이 추구한 새로운 언어문화의 흐름이 보이지 않게 쌓인 결과물이었다. '퇴마록 현상'이 판타지 열풍을 일으키면서 '드래곤 라자' 시리즈(1998)를 축으로 한 '이영도 현상'으로 정점을 찍은 것은 우연이라 할 수 없다.

아니, 그것은 정점이 아니었다. '해리 포터' 시리즈가 몰고 온 광풍이 세기 전환기를 관통하며 한국을 포함한 전 세계를 휩쓴 일이야말로 새로운 시대의 도래를 웅변으로 보여준 사건이었다. 마법담의 서사를 전면 수용한 스토리 중심의 판타지 소설 '해리 포터' 시리즈가 기존 리얼리즘 소설의 패러다임을 어떻게 바꿨는지에 대해서는 길게 말하지 않는다. 다만 그것이 '자유로운 허구적 상상의 서사'의 전면적 부상과 주류화라는 문화 현상을 대변한다는 사실을 분명히 말해둔다. 20세기 중반에 출간되었던 톨킨의 《반지의 제왕》이 21세기에 접어드는 시기에 세계적 열풍을 일으킨 일은 또 어떤가. 디테일의 리얼리티에 공을 들였던 원작 소설보다 판타지적 요소를 생생하게 재현하는 데 집중한 영화 쪽이 더 큰 인기를 누렸다는 것 또한 우연으로 볼 일이 아닐 것이다.

판타지 문학이 세기 전환기를 휩쓴 현상이 곧 '민담 시대'의 도래를 말해주는가 하면 그렇지는 않다. 나의 판단에 판타지 스토리텔링은 기본 코드가 민담보다는 신화나 전설 쪽에 더 가깝다. 프로도나 해리 포터의 캐릭터와 동선은 트릭스터보다는 '영웅'에 해당한다. 그들은 씩씩하고 당당한 한편으로 진지하고 비장하며 윤리적이다. 앞서도 잠깐 말했지만, 그들의 어깨에는 '이 세상의 운명'이 걸려 있다. 그들은 거대한 악惡에 굴하지 않고 싸워 이김으로써 파멸의 기로에 선 인류를 구해야 할 책무를 안고 있다.[4] '해리 포터' 시리즈 같은 경우 그러한 의무보다 경이로운 모험 쪽에 서사적 비중이 더 크게 놓이고 작품 속에서 민담적인 캐릭터들이 한몫을 하고 있는 것이 사실이지만, 기본적인 문학적 구도가 신화적이라는 사실은 변치 않는다.

그렇다면 왜 나는 '신화의 시대'가 아닌 '민담의 시대'를 말하는가. 내가 보기에 신화적 판타지 열풍은 말 그대로 세기 전환기의 두드러진 현상이었고, 이제 그것을 넘어서 민담적 서사가 쭉쭉 솟아오르는 흐름이 곳곳에서 보이기 때문이다. 그 흐름은 거의 전면적이며, 이미 본격화 단계로 접어들고 있다.

개인적으로 특별히 주목하는 것은 오늘날 젊은 층에서 스토리 문화의 산실 겸 주류로 자리 잡고 있는 웹툰이다. 수많은 작가가 무한경쟁을 펼치고 있는 웹툰의 스토리적 정체성은 모종의 획일적 규정이 불가능한 형태의 폭넓은 개방성과 다양성을 지닌다. 거기에는 근대적이고 소설적인 리얼리티를 추구하는 현실적 작품군이 한 축을 이루고 있으며, 신화적 서사를 펼쳐내는 작품들이 또 하나의 주류를 이루고 있다. 그쪽이 대세라고 보아도 무방할 정도다. 하지만 나의 눈에는 민담적 스토리와 캐릭터를 주조로 하는 작품들이 무수히 들어오며, 그들이 점점 힘을 확장해가고 있는 흐름이 두드러져 보인다. '민담형 인간'에 해당하는 주인공들이 마음에 착착 떠오르지만, 굳이 구체적으로 쓰지는 않겠다. 관심을 가지고 살펴보면 누구라도 인상적인 사례를 찾을 수 있으리라고 믿는다.

웹툰만이 아니라 영화나 드라마, TV 예능 등에도 민담은 힘을 홀쩍 넓혀가고 있다. 한 세대 전만 해도 상상하기 어려웠던 민담적 스토리의 드라마가 부지기수다. 한 가지 예만 간단히 들어본다. 한때 세상을 뜨겁게 달궜던 〈별에서 온 그대〉(2013~2014), 다들 기억할 것이다. 내용을 보자면 허황하기 짝이 없는 민담적 설정을 기본 틀로 삼고 있다. 왕자님 같은 멋진 남자가 별에서 뚝 떨어져서 이웃집에 살게 됐다는 식이다. 완전한 반反리얼리티의 서사인데 그런 설정이 제대로 먹혀서 열광적인 반응을 낳은 상황이다. 잘 보면 스토리만이 아니라 캐릭터도 무척 민담적이다. '왕싸가지'로 표현되는 주인공 '천송이'는 옛날이야기에서 흔히 만나게 되는 '제멋대로 공주'와 닮은꼴이다. 그러한 캐릭터에 사람들 마음이 이끌려서 환호한다는 것은 어느새 우리의 문화와 의식 저변에 민담적 기운이 쫙 깔려 있음을 보여주는 단적인 증거가 된다. 살펴보면 이와 비슷한 또 다른 사례가 무수히 많다. 한번 직접 찾아보시길.

본래의 계획보다 말이 많아지고 길어졌다. 근대 이전의 긴 역사를 거시적으로 훑어 내려오는 논의를 구상했으나 생략하기로 한다. 민담의 역사가 수백 수천 년, 아마도 수만 년에 이른다는 사실을, 그리고 그것이 대다수 시기에 스토리 문화의 꽃으로서 중심적 구실을 해왔다는 사실만을 확인해둔다. 덧붙여 한 종류의 담화가 전일적으로 한 시대의 언어문화를 지배할 수 없는 상황이라는 점을 말해야겠다. 내가 '민담의 시대'라고 표현할 때 그것이 신화나 전설 또는 소설적 서사의 몰락을 의미한다고 오해하지 않기를 바란다. 다양한 담화의 공존은, 또는 다양한 사고방식과 생활양식의 공존은 극히 당연한 문화적 현상이다.

무엇을 나의 방식으로 취할 것인지는 개인의 자유다. 지금 내가 펼쳐가는 이야기에 의해 그러한 자유가 조금이라도 침해받지 않기를!

민담형 캐릭터의 현주소?
'펭수'를 보라!

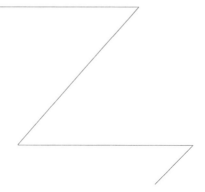

세상의 변화는 참 빠르다. 특히 역동의 나라 한국의 변화는 더욱 그렇다. 앞부분의 원고를 써놓고 몇 달이 지나는 사이에 또 한 명의 새로운 대중 스타가 생겨났으니, 그 이름은 '펭수'다. 남극 펭 자에 빼어날 수 秀 자를 쓰는 자이언트펭 종족의 펭귄이다. 나이는 열 살이고, 직업은 EBS 연습생이다. 인성은 거침없이 제멋대로! 그 몸짓 하나하나에 사람들이 열광한다.

펭수가 왜 좋으냐는 물음에 대한 답은 제각각이다. 주목할 바는 인형 캐릭터에 대한 일반적 반응과 달리, 예컨대 '뽀통령' 뽀로로에 대한 반응과 달리, '귀엽고 예뻐서'라는 답보다 '당당하고 시원해서', '마음 가는 대로 거침없이 행동해서'라는 답이 많다는 사실이다. 확실히 펭수는 기존의 어린이용 캐릭터와 다른 별종別種이다. 별종으로 치자면 한때 장안을 휩쓸었던 엽기토끼 '마시마로'가 있었는데, 펭수는 그에 비해 훨씬 존재감이 크고 행동력이 뚜렷한 편이다. 체구부터가 크고 당당한 데다 여기저기 마음껏 누비고 다니면서 보란 듯이 '펭하'를 외치니, 단연 눈길을 끌고 마음을 사로잡는다.

펭수의 정체성과 인기 요인에 대해 이런저런 분석이 나오고 있지만, 나한테 있어 그 답은 간단하고도 명료하다. 그가 바로 민담형 캐릭터라는 것. 외양부터 성격, 행동에 이르기까지 그에게서는 민담의 기운이 팍팍 풍겨난다. 무엇이 민담적이냐고 묻는다면 그대들이 펭수에게서 느끼고 열광하는 바로 그것이라고 답하고 싶다. 펭수를 보면 '민담형 인간'이 보인다는 말이다.

굳이 설명이 필요없겠지만, 그래도 한번 간단히 살펴본다. 펭수는 일단 스토리부터가 허황하다. 남극 펭이라는 세상에 없는 말, 남극에서 비행기를 타고 스위스까지 가서 요들송을 배우고 스위스에서 인천 앞바다까지 헤엄쳐왔다는 황당무계함, 크기도 생김새도 턱없이 다른 펭귄들을 같은 종족이라고 우기는 억지춘향, 기타 등등. 이러한 허황한 서사는 구김 없는 상상적 자유와 일탈을 특징으로 하는 민담의 스토리 코드와 딱 맞아떨어진다. 그것이 전해주는 것은? 물론 미적인 쾌감과 심리적 해방감이다.

내력보다 더욱 확실한 건 펭수의 행동 방식이다. 뻔뻔할 정도의 느긋함과 당당함, 그것이 펭수의 방식이다. 인생 뭐 있냐는 식으로 요들송, 랩, 미술, 정부 요직 등 무엇에든 좌충우돌로 들이대는데, 신기하게도 그게 통한다. 펭수의 행동 방식을 한마디로 말하면 '내가 나다!'라는 것이다. 세상에 그것만큼 강하고 뚜렷한 자기 정체성이 어디 있을까. 펭수가 늘 당당한 것은 당연한 일이 된다. 만약 그 앞길을 가로막는 것이 있으면? 그냥 밀고 나가기! 내가 내 길을 가는데, 누가 감히 나를 막는단 말인가. 매니저? 김명중 EBS 사장? 국회의원이나 장관? 버럭!

또 하나 결정적인 것은 이미지다. 크고 당당한 체구에다 뻔뻔함에 가까운 여유가 우러나는 얼굴 모습까지, 펭수의 외양은 그 자체로 민담적이다. 동그란 눈의 한가운데 박힌 깜빡임 없는 눈동자, 부끄럼 없이 뚫린 콧구멍, 호기심인지 달관인지 비웃음인지 늘 적당히 벌리고 있는 입, 남이 뭐라든 상관 않겠다는 듯 귀를 덮은 대형 헤드폰…… 그런 변함없는 모습으로 펭수는 마음껏 세상을 누빈다. 그 '변함없음'은 얼마나 중요한 자질인지. 상황 하나하나에 일희일비하지 않고 늘 제 모습 그대로 움직이는 것, 이것이야말로 민담형 인간의 중요 포인트다. 만 개의 얼굴을 가져야 하는 소설형 인간이나 연극형 인간, 또는 현실 속 인간하고는 전혀 다른 차원의. 그래서 펭수!

민담이 수천 수만 편이고 주인공의 개성이 제각각인데 민담형 인간의 특징을 어찌 그리 쉽사리 재단할 수 있을까만 최대한 단순하게 생각하는 편이 더 정확할 수 있다. 평면적 일관성과 거침없는 행동성, 당당한 존재감과 낙관적인 돌파력, 대략 이 정도를 잊지 마시길. 그게 너무 복잡하다면 그냥 '펭수'를 떠올리시길.

캐릭터는 뜨기도 쉽지만 지기도 쉽다. 그게 살아 움직이는 것들의 숙명이다. 저 펭수의 귀추가 어떻게 될지 아무도 모른다. 어쩌면 그 영광은 한때의 것에 그칠지도 모른다. 만약 펭수의 이미지와 동선動線을 윤리적이거나 영웅적인 쪽으로 몰고 나간다면, 또는 펭수를 머리 아픈 고뇌와 우울의 캐릭터로 변질시킨다면, 그 생명력은 자연히 잦아들 것이다. 왜냐하면 그건 더 이상 펭수일 수 없으니까! 21세기 대한민국이 우연 아닌 우연으로써 길어낸 민담형 캐릭터 펭수, 그 장래가 어떻게 될지 함께 지켜볼 일이다.(사실 어떻게 되든 펭수에겐 아무 걱정이 없을 것이다. '그까이꺼' 원래 살았던 남극으로 헤엄쳐 돌아가면 그만이니까. 펭빠.)

사족이 될지 모르지만 한 가지 덧붙인다. 원고를 교열하는 과정에서 문득 펭수의 조상 격인 캐릭터를 발견했다. 펭귄 쪽 선배로 칠리 윌리가 있지만, 그보다 더 멀고 오랜 세상에서 타임머신을 타고 훌쩍 나타난 주인공이 있었으니, 그 이름은 바로 '둘리'다. 자기를 거둔 주인 고길동 씨의 처지는 아랑곳하지 않고 제 식으로 움직이는 아기공룡 둘리는 완연한 민담형 캐릭터다. 그와 한 팀이 돼서 움직이는 도우너와 또치, 마이콜, 희동이 등도 마찬가지다. 민담형 캐릭터들의 거침없는 좌충우돌식 '일상모험담'을 펼쳐낸 〈아기공룡 둘리〉가 연재되기 시작한 것이 1983년이니, 꽤나 시대를 앞서간 작품이었던 셈이다. 미래에서 타임머신을 타고 한두 세대쯤 앞으로 날아간 형국이다.

혹시 〈아기공룡 둘리〉를 보신 분들이 있다면 작품 속의 고길동 씨에게 어떤 느낌을 받으셨는지? 나로서는 사고뭉치 둘리 패거리와 씨름하면서 일상이 무너진 채 울그락불그락하는 그의 모습에 큰 동정과 안타까움을 느낀 쪽이었다. 저 개구쟁이 녀석들은 왜 도무지 배려심이 없는지 좀 짜증나기도 했었다. 돌아보면 그건 얼마나 좁은 소견이었는지. 둘리나 희동이, 마이콜 등은 어떤 악의 같은 걸 가지고 의도적으로 고길동 씨를 흔든 것이 아니다. 그냥 자기식으로 제 삶을 살았을 따름이다. 그런 동선을 이해하지 못하고 자기식의 프레임에 갇혀서 혼자 열을 내며 자폭한 '꼰대'가 곧 고길동이라는 사람이었다. 그에게 깊은 동질감을 느꼈던 나는 한 명의 젊은 꼰대였던 것.

둘리 이야기를 굳이 하는 이유는 '펭수 현상'이 갑작스러운 것이 아님을 말하기 위함이다. 그 밑바탕에는 강물처럼 연면한, 또는 징검다리처럼 걸쳐 있는 전통이 있다. 그리하여 그것은 한때의 지나가는 에피소드로 그치지 않을 것이다. 더구나 그들 사이에 분명한 진화進化가 있음에랴. '엄마를 그리며 슬피 우는' 둘리에게 애잔한 청순가련형의 면모가 남아 있다면 펭수는 그걸 과감히 떨쳐낸 상황이다. 완연히 다른 존재감이다. 21세기에 민담이 펼쳐내게 될 존재감이 그와 같을 것이다.

펭수가 말한다. "나를 둘리랑 비교하지 마셈. 해리 포터나 알란하고도. 펭수는 그냥 펭수일 뿐!"

2장

소설형 인간과
민담형 인간,
그대 선 곳은?

영리한 엘체,
소설형 인간의 빛과 그림자

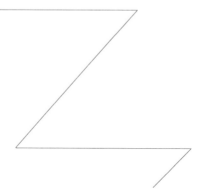

한 사람이 크고 험한 세상 속에서 자신을 지키고 성공을 이루게 해줄 최고의 무기는 무엇일까? 내 밖의 이런저런 도구들보다 스스로에 내 재한 힘이 더 본원적이고 강력한 무기일 것이다. 이를테면 튼튼한 몸 과 남다른 지적 능력, 높은 자존감과 사교성, 도덕성 등등. 옛날이야기 에서 매우 중요한 가치로 삼는 것들이다. 그것을 갖추고 있는가 여부는 삶의 성패를 가르는 요소가 된다.

그중 여기서 눈여겨보고자 하는 것은 남다른 영민함과 통찰력, 지 혜 등과 같은 지적 능력이다. 민담에서 우둔함과 영민함은 하나의 핵 심 대립항이 된다. 머리를 잘 쓰는 일은 최고의 미덕이며, 삶의 성공을 담보하는 요소다. 지적 능력은 겉으로 드러나지 않는 데다 끝을 알 수 없는 것이라서 더 매혹적이다. 인간의 지혜는 놀라운 변화를 펼쳐내고 무궁무진한 반전을 만들어낸다. 그리하여 머리를 잘 쓰는 일은 이야기 주인공이 되기 위한 최고 자질이 된다. 대다수 트릭스터가 세상을 거침없이 부딪쳐나가는 기본 수단이 바로 '꾀'다. 어떤 예기치 않은 문제라도 순간적인 기지機智를 통해 가볍게 해결해내는 식이다.

하지만 세상 모든 것에는 빛과 그림자가 있는 법. 인간의 영민함 또한 마찬가지다. 그것은 귀한 자질이고 능력이지만 어떻게 쓰는가에 따라 약이 아닌 독이 될 수도 있다. 그 경계는 무엇인지, 한 명의 특별한 처녀에 대한 이야기를 통해 들여다보기로 한다. 그 이름은 엘제Else. 어찌나 똑똑한지 '영리한 엘제'라고 불린 여인이다. 이야기 제목 또한 〈영리한 엘제Die kluge Else〉[KHM 34]다. 독일 그림 형제 민담집에 수록돼 있는 이야기다.('KHM 34'는 이 이야기의 고유 기호다. KHM은 민담집의 원제목인 'Kinder-und Hausmärchen', 즉 '어린이와 가정을 위한 민담'의 약자이고, 34는 수록된 순서를 나타낸다. 기준은 1957년에 출간된 최종판이다. 앞으로도 그림 형제 민담은 같은 식으로 표시할 것이다.)

옛날에 어떤 사람한테 '영리한 엘제'라는 딸이 있었다. 그 딸이 나이가 차서 처녀가 됐을 때 멀리서 한스라는 청년이 찾아와 청혼하면서 엘제가 정말로 영리한지 물었다. 그러자 부모가 나서서 자기 딸이 얼마나 영리하냐면 골목에 바람이 부는 것을 볼 수 있고 파리가 기침하는 소리를 들을 수 있다고 했다. 한스는 그녀가 정말로 그만큼 영리하지 않으면 데려가지 않겠다고 했다.

그들이 함께 식탁에 앉아 음식을 먹을 때 어머니가 엘제한테 지하실로 내려가 맥주를 가져오라고 시켰다. 그릇을 가지고 지하실로 내려간 엘제는 맥주통 앞에 의자를 세워놓고서 그릇을 올려놓았다. 몸을 굽히는 수고를 피하고, 혹여 실수로 다치지 않기 위해서였다. 마개를 열어 맥주를 받던 엘제는 눈이 심심치 않도록 주위를 차례로 살피기 시작했다. 그때 자기 머리 위에 곡괭이가 있는 것이 보였다. 일꾼이 실수로 거기 꽂아놓고 간 것이었다. 그걸 본 엘제는 놀라서 소리를 쳤다.

"내가 한스하고 결혼하면 아이를 낳게 되겠지. 그 아이가 자라면 맥주를 가져오라고 지하실로 보낼 거야. 그때 저 곡괭이가 머리 위로 떨어져서 아이가 죽을 수 있어."

엘제는 닥쳐올 불행을 생각하며, 온 힘을 다해 울부짖었다. 그녀를 찾으러 내려왔던 하녀가 그 얘기를 듣고는 어찌 그리 영리하냐며 함께 울었다. 이어서 하인이 내려와 그 말을 듣고서 역시 영리한 엘제라며 함께 울부짖었고, 뒤따라 내려온 엄마와 아빠도 딸의 이야기를 듣고 함께 소리쳐 울었다. 혼자 기다리던 한스가 지하실로 내려와 보니, 다섯 사람이 앉아서 구슬프게 울고 있었다. 웬일이냐고 묻는 한스한테 엘제가 말했다.

"우리가 결혼하면 아이를 낳겠지요. 그 아이가 자랐을 때 여기로 마실 것을 가져오라고 시킬 수 있어요. 그때 저 곡괭이가 떨어져서 아이 머리를 깨뜨려 죽일 수 있단 말예요. 그러니 어찌 울지 않을 수 있겠어요!"

그 말을 들은 한스는 결혼해서 살림을 사는 데 이만큼 영리한 사람은 다시없을 거라면서 엘제의 손을 잡고 올라와서 그녀와 결혼식을 올렸다.[5]

이 이야기의 주인공인 엘제, 꽤나 독특한 인물이다. 처음에 그녀가 골목에 바람이 부는 것을 보고 파리의 기침 소리를 듣는다고 하는 대목에서 약간의 감탄과 함께 그녀가 남다른 영민함과 주의력으로 펼쳐낼 활약을 기대하게 되는데, 이어진 상황은 그런 기대나 예상을 보기 좋게 깨뜨린다. 엘제가 지하실에서 하는 행동은 허무함을 넘어서 황당하기 그지없다. 이어진 주변 사람들의 행동도 마찬가지다. 세상에, 저걸 보고 영리하다고 감탄하면서 함께 주저앉아 울음을 터뜨리다니! 구혼자 한스가 그 모습에 감동해서 엘제를 아내로 맞았다는 대목에서 황당함은 극에 이른다. 이건 뭐 '바보들의 행진'도 아니고!

이야기라는 게 본래 이런 식이다. 상식을 깨는 낯섦과 엉뚱한 과장으로 인물과 상황을 인상적으로 각인시키는 것이 민담의 서사적 문법이다. 중요한 것은 외적 형상이 아니라 거기 담긴 '진실'이다. 인간과 삶의 숨은 진실 말이다. 언술된 내용을 곧이곧대로 놓고 보자면 세상에 어찌 저런 일이 있을까만, 그 은유와 상징을 들여다보면 얘기가 달라진다. 저건 바로 나 자신의 이야기일 수 있다!

골목에 부는 바람을 보고 파리의 기침 소리를 듣는 영민함, 아직 태어나지도 않은 아이가 곡괭이에 맞아 죽는 상황을 떠올리면서 통곡하는 바보스러움, 이 둘은 완전히 상반되는 것 같지만 사실은 그렇지 않다. 그것은 속성 면에서 서로 통한다. 늘 조심스레 주의를 살피면서 혹시라도 있을 수 있는 위험을 감지해서 대비하는 것이 저 처녀의 방식이었다. 내게 다가와서 귀찮게 할 수 있는 파리의 존재를 미리 감지하는 일과 혹여 미래의 내 아이에게 발생할지도 모르는 위험을 감지하는 일은 본질 면에서 서로 다르지 않다. 바람이나 파리는 실재하는 대상이고 아이는 상상 속의 대상이라는 차이가 있지만, 그들이 현재의 나에게 특별한 위협 요소가 아니라는 점은 질적으로 같다.

엘제의 방식을 한마디로 표현하면, '사서 걱정하기'라 할 수 있다. 괜한 불안을 스스로 찾아내서 큰 걱정에 빠지는 식이다. '생각의 덫'에 갇혀 방황하고 고뇌하는 삶이다. 돌아보면 그렇게 살아가는 사람이 세상에 얼마나 많은지! 아직 일어나지도 않은, 일어날 가능성이 얼마일지 알 수도 없는 일에 대한 불안과 걱정에 빠져 우울과 고통을 겪는 사람들 말이다. 어떤가 하면, 파리나 곡괭이 등은 그냥 무시해버려도 그만이다. 혹시 파리가 귀찮게 굴면 파리채로 때리면 될 일이고, 곡괭이가 정말로 위험해 보이면 아래로 내려놓으면 끝이다. 그런데 그 일을 하는 대신 저렇게 머리를 싸매고 신음하고 있는 것이다.

저 엘제와 같이 필요한 '행동'을 할 줄 모른 채 생각에 갇혀 고뇌하고 통곡하는 사람, 나는 이런 사람을 '소설형 인간'이라고 부른다. 소설 속에 이런 인간형이 전형적으로 많이 등장하기 때문이다. 세상의 크나큰 부조리와 폭력 앞에서 아무것도 할 수 없는 사람. 이미 정해진 절망 앞에서 움직여보지도 않고 주저앉는 사람. 갖은 논리와 변설로 그 부조리를 너무나 생생하게 설파하는 사람. 루카치Georg Lukacs와 골드만Lucien Goldman은 그런 소설적 주인공을 일컬어 '문제적 개인'이라고 했거니와, 이거 진짜로 문제적인 것 아닐까?

무심히 지나치기 쉬운 내용을 하나 짚고 넘어간다. 엘제는 맥주를 안전하게 따르기 위해 맥주통 앞에 의자를 가져다 두고 그 위에 그릇을 올려놓는다. 그 자체로 아무 문제가 없는, 신중하고 현명한 처사라 할 수 있다. 일 하나하나를 이렇게 꼼꼼하고 안전하게 처리하는 것은 칭찬받을 만하다. 하지만 앞뒤 맥락으로 보자면 그 모습은 다르게 평가될 소지가 있다. 의자를 받쳐놓는 행위를 통해 얻은 효과는 맥주를 따르는 동안 허리를 굽히는 불편을 피한다는 것, 그리고 혹시라도 그릇을 떨어뜨려 맥주를 엎지르는 위험을 피한다는 것 등이다. 그렇다면 그 행위에는 이득뿐일까? 의자를 옮기려면 가져간 그릇을 어딘가 내려놔야 하고, 의자를 잘 받쳐야 하며, 맥주를 따른 다음 그릇을 안전하게 내려놔야 하고, 다시 의자를 제자리로 돌려놔야 한다. 그러고서 다시 맥주가 담긴 그릇을 찾아 들어야 한다. 이거 정말로 효율적인 일일까? 잠깐 허리를 굽혀 맥주를 따르면 그만인 일을 공연히 이리저리 머리를 써서 복잡하게 하고 있는 것 아닐지. 내가 보기에는 딱 그러하다. 생각이 많아서 간단한 일을 괜히 복잡하게 만드는 것, 나는 이를 또한 '소설형 인간'의 특성으로 본다.

조금 덧붙여본다. 엘제는 의자를 놓고서 그 위에 그릇을 받친 다음 맥주를 따른다. 안전하게 맥주를 따르게 된 상황. "역시 나는 똑똑해! 덕분에 여유가 생겼잖아?" 그 잠깐의 여유가 무엇을 낳는가 하면 '딴짓' 과 '딴생각'이다. 이리저리 주변을 둘러보다가 곡괭이를 발견하고서 꼬리에 꼬리를 문 헤아림 끝에 아이의 죽음을 생각하고 통곡한 일이 그것이다. 그러는 동안 본래의 일은 뒷전으로 밀려서, 맥주가 계속 넘쳐 흐른다. 가장 안전하다고 했던 선택이 가장 안전치 못한 결과를 가져온 상황이다.

구체적인 상황은 물론 허구적 과장이지만, 소설형 인간의 과다한 상념과 책략이 이런 류의 결과를 가져오는 것은 실제적 진실이라는 것이 나의 믿음이다. 멀리 볼 것 없이, 나 자신의 삶이 그러했다. 잡념으로 허송한 시간과 에너지가 물경 그 얼마인지! 그렇게 낭비한 시간들이 아니었다면 지금과는 또 다른 인생이 되었을 것이다.

〈영리한 엘제〉 이야기에서 한 가지 의아한 점은 엘제의 말도 안 되는 걱정에 대해 주변 사람들이 감탄하면서 동조하는 이유다. 이야기 속 상황을 곧이곧대로 놓고 보면 엉터리라고 하겠지만, 은유와 상징의 면에서 보면 그렇지 않다. 남이 못 보는 것을 면밀히 관찰하고 사유해서 미래에 내재한 불안을 짚어내는 사람. 그리하여 닥쳐올 큰 위험을 힘주어 경고하는 사람. 세상이 그를 부르는 호칭이 무엇인가 하면 '선지자'이고 '비판적 지식인'이다. 위험에 대한 예고는 세상 사람들을 손쉽게 사로잡는다. 혹시라도 겪을 수 있었던 위험을 미리 파악해서 알려준 그 사람은 찬탄과 함께 숭배의 대상이 된다. "과연 지혜로워!" "아아, 저이가 있어서 얼마나 다행인지!" 이런 상황을 저 이야기에서는 다음과 같이 표현하고 있는 중이다. "역시나 영리한 엘제야!" "그래. 이 사람과 함께 살아야 해!" 그렇게 구혼자 한스는 저 사람을 삶의 반려자로 맞게 되는 것이다.

그렇게 성립된 결혼, 둘은 어떻게 살았을까? 한스가 기대한 것처럼 좋은 삶이 이어졌을까?

그들이 결혼하고 얼마쯤 지났을 때였다. 한스는 밖으로 일을 하러 나가면서 엘제한테 빵을 만들 곡식을 베어오라고 했다. 맛있는 죽을 쑤어서 들고 밭으로 간 엘제는 밭고랑 앞에서 중얼거리기 시작했다.

"어떻게 할까? 곡식을 먼저 벨까, 죽을 먼저 먹을까? 그래. 죽을 먼저 먹자."

죽을 한 냄비 다 먹고 나서 배가 부르자 엘제는 다시 혼자서 말했다.

"이제 어떻게 할까? 곡식을 먼저 벨까, 아니면 잠부터 잘까? 그래. 일단 한숨 자자."

엘제는 그렇게 누워서 잠이 들었다. 일을 마치고 돌아온 한스가 날이 어두워졌을 때 아내를 찾아 밭으로 와보니, 그녀는 곡식을 그대로 둔 채로 잠들어 있었다. 한스가 작은 방울이 달린 새 잡는 그물을 집에서 가져다 몸에 둘러놓았는데도 엘제는 계속 잠을 잤다. 한스가 집으로 돌아가고 한참이 지나서야 잠에서 깬 엘제가 몸을 움직이는데, 딸랑딸랑 요란한 소리가 났다. 그녀가 놀라서 말했다.

"이거 나 맞나? 나 아닌가? 그래. 집에 가서 한스에게 물어봐야지."

엘제가 집에 도착해 보니 문이 잠겨 있었다. 엘제가 창문을 두드리면서 안에 엘제가 있느냐고 묻자 한스가 그렇다고 대답했다. 엘제는 깜짝 놀라서 말했다.

"오, 하느님! 그러면 나는 내가 아니군요!"

엘제가 다른 집 대문으로 갔지만 사람들은 방울이 딸랑거리는 소리를 듣고 문을 열어주지 않았다. 그녀는 어디에도 들어갈 수 없었다. 엘제는 마을 밖으로 달려갔고, 그 뒤로 아무도 그녀를 보지 못했다.[6]

앞부분에서 갖게 되었던 불길함 그대로다. 아니, 그 이상이다. 옛날이야기가 허구적이고 공상적이라고 하지만, 위의 내용을 보면 너무나 리얼해서 소름이 돋을 정도다. 물론 있는 그대로의 리얼함이 아니고 상징적 리얼리티다. 민담 특유의.

곡식을 수확하러 가는 엘제의 모습을 보자. 일단 그는 단단히 준비를 해 간다. 맛있는 도시락은 필수. 아마 다른 것도 이것저것 충분히 준비해 갔을 것이다. 잘 모르긴 해도, 화장까지 제대로 갖추었을 것 같다. 혹시라도 만날지 모르는 사람들한테 허술한 모습을 보이면 안 되므로. 절정은 밭고랑 앞에서 혼잣말을 하는 모습이다. "곡식을 먼저 벨까, 죽을 먼저 먹을까?" 이야기에는 간단히 서술돼 있지만, 아마 엘제는 아흔아홉 번쯤 고민했을 것이다. 이쪽이 나을지 저쪽이 나을지 계속 왔다 갔다 하면서. 그러다 보니 배가 고파져서 죽을 먼저 먹게 된 것이 아닐까? 그다음 상황도 마찬가지다. "곡식을 먼저 벨까, 잠부터 잘까?" 이 고민 또한 이백 번쯤은 했을 것이다. 그러다가 시나브로 피곤해져서 그냥 잠을 자게 된 것은 아닐지. 그렇게 '할 일'은 그대로 남고 날은 저문다. 고민하다가 인생을 낭비하는 것. 소설형 인간의 전형적인 특성이다.

혹시 독자 여러분은 이런 경험이 없으신지? 시험을 앞두고 필요한 자료를 가방에 가득 채워서 도서관에 공부를 하러 간다. 자리를 잡고 앉는 순간, 이런 생각이 떠오른다. '흠, 오늘 밤을 새려면 뭘 좀 먹어둬야 하지 않나?' 고민 끝에 일단 무엇을 좀 먹기로 한다. 다시 자리에 앉는데, 또 생각이 떠오른다. '조금 노곤한걸. 맑은 정신으로 집중해서 밤을 새우려면 조금 자두는 게 좋지 않을까?' 고민 끝에 잠깐 엎드려 잠을 청한다. 잠시 뒤, '아냐, 이왕 잘 거면 좀 더 편하게 쉬는 게 낫지.' 휴게실 소파에 몸을 기대고 잠을 청했다가 불현듯 서너 시간이 지난 뒤에 깨어난 그대, 준비해 온 책을 그날 밤에 몇 장이나 읽었을까? 만약 이와 비슷한 경험이 있다면, 그대가 곧 엘제다. 이거, 완전 리얼하지 않나?(물론 스스로 경험한 리얼리티다!)

이야기에서 엘제의 지혜로움에 감탄해서 그녀를 짝으로 삼았던 한스가 그 본모습을 뒤늦게 깨닫고서 방울 달린 그물을 엘제에게 씌우는 것은 하나의 신랄한 서사적 은유다. 알고 보니 그 사람, 실속 없이 소리만 요란했다는 것이다. 그물에 갇혀 아무것도 못 하는 허당이었다는 말이다. 그렇게 적나라하게 객관화된 자신의 모습에 엘제는 비명을 지른다. "이게 나라고? 정말 내가 이런 사람이라고?" 왜 아닐까! 엘제는 그런 사람이었다. 생각은 많고 시끄럽되 행동으로 이뤄내는 것은 없는 사람. 그 실체를 사람들은 세월이 흐른 뒤에 뒤늦게 알았던 것이고, 엘제는 그것을 더 늦게 깨달았던 것이다. 이미 너무 늦은 때였다. 어디서도 더 이상 환영받을 수 없고 어디에도 소속될 수 없을 만큼.

이야기는 엘제가 마을 밖으로 달려갔고 그 뒤로 아무도 그녀를 보지 못했다고 말한다. 그렇게 제 자신을 잃어버린 채 세상 밖으로 내쳐져 아득히 존재가 무화된 사람. 그 황당하고도 비극적인 서사에 '소설

형 인간의 종생기終生記'라는 이름을 붙인다면 너무 편파적일까? 판단
은 독자들께 맡긴다.

사족 하나. 엘제가 저렇게 된 것은 단순히 타고난 성격 탓으로 돌릴
일은 아니다. 숨은 배경이 있을 수 있다. "영리하구나, 정말로 영리해!"
주변 사람들의 이런 칭찬이 부추김이 되어서 엘제는 점점 더 그런 길로
나갔던 것이 아닐까? 그게 자랑스러운 제 자신의 모습이라고 착각하면
서 말이다. 그렇게 실체와 허상의 간격이 임계점을 넘어서 존재가 해체
된 저 사람, 참 안된 일이다. 문득 마음속에 떠오르는, 당신께서 한마디
던지면 온 세상이 우러르며 찬양할 것으로 착각하는 잘난 논객님들.
아아, 여기까지!

불쌍한 노파를 집에 들인 소년,
그의 선함이란…

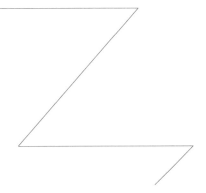

생각은 많으나 행동하지 못하는 사람, 고민하다가 인생을 낭비하는 사람, 이런 이들이 곧 소설형 인간이라고 했다. 실제로 말하면, 세상 사람들 가운데 아예 행동을 하지 않는 이는 없다. 어떤 식으로든 나름대로 움직이기 마련이다. 중요한 것은 언제 어떻게 움직이는가 하는 것이다. 행동해야 할 때 행동하는 것, 그것이 관건이다.

이와 관련하여 한 편의 이야기를 만나본다. 역시 그림 형제 민담집에 실려 있는 이야기다. 이번 주인공은 소년이다. 착한 소년! 이야기 제목은 〈거지 할멈Die alte Bettelfrau〉[KHM 150]이다. 짧은 이야기라서 전문을 그대로 번역해 싣는다.

옛날에 늙은 여자가 있었다. 당신도 구걸 다니는 노파를 본 적이 있지 않나? 이 할멈 또한 그렇게 구걸을 하다가 무언가를 얻게 되면 "하느님이 복을 주실 거예요" 하고 말하곤 했다. 그 거지 할멈이 문가로 왔을 때 한 친절한 개구쟁이 아이가 불가에서 몸을 덥히고 있었다. 소년은 문가에 서서 떨고 있는 불쌍한 노파에게 친절하게 말했다. "할머니, 이리 와서 몸을 녹이세요." 그러자 할멈이 다가왔는데 불가에 너무 가까이 서는 바람에 누더기에 불이 붙어 타기 시작했다. 하지만 할멈은 그것을 알아차리지 못했다. 소년은 서서 그 모습을 보고만 있었다. 아니, 나서서 불을 꺼야 하는 거 아닌가. 그렇지 않나? 불을 꺼야 하는 거 아닌가! 옆에 물이 없다면 울음을 울어서 몸속의 모든 물을 눈으로 짜내기라도 했어야 하는 거였다. 그 작은 두 줄기 냇물로 불을 끌 수도 있었을 테니 말이다.[1]

조금 당황스러울지도 모르겠다. "이건 뭐지? 이것도 민담이야? 이런 이야기가 다 실려 있어?" 이런 느낌 아니신지? 처음 읽을 때 나도 그랬다. 한 편의 완결된 서사라고 하기에는 짜임새가 평면적이고 내용 전개가 잘 이해되지 않았다. 게다가 서술자가 나서서 작중 인물을 힐난하기까지 하니 자연스럽지 않다. 대체 이 이야기가 전하는 메시지는 무엇이란 말인가?

그림 형제 민담집을 거듭 살피면서 갖게 된 믿음은 거기 실린 이야기 가운데 버릴 게 하나도 없다는 사실이다. 이 이야기도 마찬가지다. 얼핏 평면적으로 보이는 내용 속에 의미심장한 반전이 들어 있다. 저 친절한 소년은, 마음만 착한 것이 아니라 거지 할멈을 집 안으로 들여서 불을 쬐게 할 정도로 행동파의 면모를 지니는 소년은 본의와 달리 그 할멈을 불에 타서 죽게 만든다. 예기치 않게, 결과적으로 그리 된 일이었다. 거지 할멈이 조심성 없게 불가로 너무 가까이 다가간 탓에 발생한 일이었다. 선의로 도와주려고 한 일이 뜻밖의 끔찍한 결과를 낳은 상황이다.

전혀 의도하지 않은 일이었고, 100퍼센트 선의로 한 일이었다. 그렇다면 소년은 죄가 없는 것일까? 법적으로 보면 그럴지도 모른다. 할멈이 잘못해서 벌어진 일이니까 말이다. 하지만 이야기에서 서술자는 스스로 목소리를 높이면서 그렇지 않다고 말한다. 물이 없으면 눈에서 물을 짜내서라도 불을 껐어야 하는 것이 아니냐면서 독자에게 동의를 구한다. 저 소년, 잘못이 없는 게 아니라 큰 잘못을 저지른 것이라고 말한다. 노파가 불타 죽은 데 대해 소년이 책임을 져야 한다는 것이다. '방관'을 곧 죄라고 보는 관점이다.

내 식으로 표현하면 이 이야기 또한 〈영리한 엘제〉와 마찬가지로 소설형 인간에 대한 야유와 비판의 담화다. 내가 보기에 저 소년은 영락없는 소설형 인간이다. 그는 겉보기에는 착실하고 정상적인, 앞길 유망한 사람이었을 것이다. 선의와 정의감을 지니고 있으며 그것을 실행할 수 있는 훌륭한 사람. 하지만 한 사람의 참모습은 '위기' 때 드러나는 법이다. 내가 편하고 안전할 때 가벼운 선의를 베푸는 것은 누구나 할 수 있는 일이다. 거지 할멈을 집에 들인 일처럼 말이다. 잠깐 불을 쬐게 한 다음 칭송의 말을 들으면서 내보내면 그만. 너도 좋고 나도 좋고 세상도 좋은 일이다. 그런데 계획에 없이 문제가 발생한다. 이야기에서 할멈의 옷에 불이 붙은 장면이 그것이다. 그때 필요한 것은? 생각하고 말고 할 것도 없다. 바로 달려들어서 불을 끄는 일이 답이다. 물을 끼얹든 누더

기옷을 벗기든 소리쳐서 사람을 부르든, 무언가 행동을 해야 마땅하다. 지금이야말로 행동이 필요한 때인 것이다. 그런데 소년은…….

　이야기 속에서 소년이 아무것도 못 하고(또는 안 하고) 불타는 할멈을 지켜본 것을 두고 이야기적 과장이라고 생각할지도 모르겠다. 하지만 이런 일은 현실에서 비일비재하다. 외진 길을 가다가 누군가가 폭력을 당하고 있는 것을 목격했을 때, 당신은 나서서 그 사람을 구할 수 있는가? 또는 얼른 112를 눌러서 경찰을 부르고 가해자를 지목할 수 있는가? 만약 그렇지 않다면, '내 잘못이 아니잖아? 내가 신경 쓰거나 책임질 일이 아니야!' 하고서 모른 척 지나쳤다면, 당신이 곧 저 소년이다. 말로는 온 세상 정의를 짊어지고서 부조리한 세상을 타박하되 실제로는 그 부조리를 만들어내고 있는 한 명의 당사자 말이다.

　〈거지 할멈〉 이야기 속에는 소년과 거지 할멈, 딱 두 사람뿐이다. 따로 상황을 지켜보는 사람이 없다. 만약 누군가 보고 있는 사람이 있었다면 소년은 저렇게 가만히 있지 않았을 것이다. 왜냐하면, 문제가 될 수도 있으니까. 이야기는 뒷부분을 생략하고 있는데, 거지 할멈이 불에 타죽은 상황에서 소년은 어찌했을까? 자기가 할멈을 집 안에 들였다고, 옷에 불이 붙어서 타는 것을 보고만 있었다고, 그렇게 말했을까? 상상은 독자들한테 맡긴다. 다만 한 가지 사항을 덧붙인다. 불타 죽은 사람이 '거지'이고 '노파'라는 사실. 그 죽음에 대해 누군가 심각하게 문제를 제기하거나 하는 식으로 뒤탈이 날 가능성이 거의 없다는 뜻이다. 그냥 하나의 작은 사고처럼 스쳐 지나가는 것이 예정된 진행이다. 이거야말로 진짜 무서운 일 아닐까?

저 소년에 대해서 서술자가 나서서 던지는 외침, 곧 그가 울음을 울어서 몸속의 모든 물을 눈으로 짜내기라도 했어야 한다는 외침은 나한테 있어 마치 천둥과도 같다. 존재를 흔드는.

길 떠난 석숭과 신선비 아내, 생각과 행동 사이

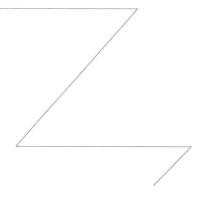

내가 '민담형 인간'이라는 말을 처음 글로 쓴 것은 7, 8년 전의 일이다. 2012년에 출간한 책에서 〈구복여행求福旅行〉 설화에 대해 이야기하며 이 표현을 쓴 사실이 확인된다.▪ 〈구복여행〉은 서천서역에 가면 복을 받을 수 있다는 얘기를 듣고서 복을 찾아 무작정 서쪽으로 떠난 총각에 관한 이야기다. 앞에서 엘제와 소년에 대해 쓰면서 그와 대비할 민담형 인간을 떠올릴 때 가장 먼저 생각난 인물이 바로 이 총각이었다. 그 캐릭터가 꽤나 강렬하게 나의 마음속에 각인돼 있는 모양이다.

이 총각에 대해 쓰면서 '행동파 중의 행동파'라고 했었다. 조금 과장해서 말하면, 그는 생각보다 행동이 더 빠르다. 이리저리 생각하기 전에 먼저 움직이고 보는 쪽이다. "아니, 어제 왔던 그 총각 어디 갔어?" "갔대." "어딜?" "서천서역에. 아, 자네가 거기 가면 복을 받을 수 있다고 했잖아." "아니, 진짜로 거기를? 벌써? 뭘 믿고서?" "뭐 난들 아나." 이런 식이다. 막상 서천서역에 가면 복을 받을 수 있다고 말한 사람들은, 전부터 그런 말을 입에 달고 살았을 사람들은 그곳이 아닌 이곳에 있다. 그런데 하루 전에 그 말을 들은 총각은 이미 없다. 어느새 서쪽으로 한참을 가버린 상황이다. 이 정도면 거의 '빛의 속도' 아닐까? 전형적인 민담형 인간의 방식이다.

마을 노인이 별생각 없이 던진 말을 믿고 곧바로 서천서역을 향해 떠난 저 사람은 그 결과로 복을 받았을까? 그 답은 '왜 아닐까요'다. 가는 길에 가지각색의 낯선 경험을 한 총각은 황금과 여의주와 동자삼 따위를 얻고서 복 많은 예쁜 여자와 짝을 이룬다. 완벽한 해피엔딩이다. 말도 안 되는 우연이고 공상이라고 생각되겠지만, 실제 이야기 진행도 계속 뜻밖의 행운을 얻는 것처럼 이루어지지만, 서사의 숨은 맥락으로 보면 그것은 공상도 아니고 우연도 아니다. 총각은 필연적으로 복을 얻을 사람이었다. 왜냐하면 저 사람, 복을 찾을 때까지 계속 움직일 것이므로. 그런 그를 어찌 복이 끝까지 피할 수 있겠는가.

〈구복여행〉 이야기는 주인공인 머슴 총각에게 '석숭石崇'이라는 이름을 붙이곤 한다. 석숭은 그야말로 전설적인 이름이다. 중국과 한국까지 동아시아 지역에서 부자의 대명사로 여겨져온 사람이 석숭이다. 민담에서 그는 '세상에서 복이 제일 많은 사람'으로 일컬어진다. 세상 모든 것을 다 가진 사람. 그런데 〈구복여행〉 속의 저 머슴 총각이 석숭이라니, 이건 또 무슨 말인가.

사람들은 석숭을 '최고의 복을 가지고 태어난 사람'으로 상상한다. 하지만 〈구복여행〉 이야기에 따르면 그건 사실이 아니다. 석숭은 태어날 때부터 모든 걸 가졌던, 금수저를 물고 태어난 사람이 아니었다. 그의 복은 그냥 주어진 것이 아니라 직접 움직여서 찾아낸 것이었다. 그가 타고난 것이 있다면 거침없는 행동력 정도다. 구김 없는 믿음으로 복을 향해 직진하는 행동력. 그것을 제대로 구사한 사람이 석숭이다. 사실 그러한 행동력은 사람이라면 누구나 타고나는 것이라 할 수 있다. 그럼에도 대다수 사람들이 그것을 제 것이 아닌 것처럼 잊거나 제쳐놓고 있는 사이에 총각은 그것을 선뜻 발현하고 있는 중이다. '지금이 바로 그때다' 하는 그 순간에 말이다. 그렇게 인생 역전의 모멘텀을 만든 사람. 대찬 복을 스스로 펼쳐낸 사람. 이야기는 그를 '석숭'이라 부른다.

민담의 주인공이 다 석숭처럼 빛의 속도로 행동에 나서는 것은 아니다. 신중한 사려를 거치는 인물들도 많다. 하지만 어떻게든 행동에 나선다는 것은, 그리하여 문제에 정면으로 부딪친다는 것은 대다수 주인공의 공통된 특징이다. 살펴보면 그 행동이 늘 좋은 결과를 얻는 것은 아니다. 선의와 믿음으로 행한 일이 좋지 않은 결과를 낳는 경우도 많다. 그럼에도 그들은, 행동한다. 왜냐하면 그것이 살아가는 일이므로.

다들 알 만한 주인공을 잠깐 훑어본다. 먼저 백설공주. 그는 완연한 행동파다. 숲속에서 사냥꾼에게 간을 뺏기고 죽을 위기에 처했을 때 온 힘을 다해서 살려달라고 간청하며, 혼자 남겨진 거친 숲속을 뛰고 또 뛰어서 난쟁이 집을 찾아낸다. 난쟁이 집에 들어가 음식을 맛보고 침대에 누워서 잠을 자며, 이후 그 집의 살림을 맡아서 챙긴다. 노파로 변장한 왕비가 찾아오자 그는 문을 열고, 열고, 또 연다. 회피하지 않고 직면하는 사람. 그가 백설공주였다. 그 결과로 거듭 쓰러져서 목숨을 잃는 지경에 이르지만, 그는 그렇게 자기 삶을 산 것이었다. 설령 되살아나지 못했다 하더라도.

또 다른 유명한 주인공인 신데렐라(아셴푸텔) 또한 행동파였다. 사람들은 신데렐라가 가만히 앉아서 왕자님을 기다린 것으로 생각하지만 이는 사실과 다르다. 신데렐라는 늘 움직이며 일하는 사람이었다. 그리고 나아가 길을 찾는 사람이었다. 주변 사람들이 모두 가당치 않게 생각했음에도 그녀는 기필코 무도회에 간다. 그리고 왕자와 춤을 춘다. 그녀가 화려한 인생 역전을 이룬 일은 8할 이상이 그녀 자신의 덕분이었다고 봐야 한다.

그 밖에도 무궁무진하다. 쫓기는 사슴을 구했고 선녀의 날개옷을 숨겼으며 두레박을 타고 하늘로 올라간 나무꾼, 말하는 우렁이를 집으로 데려갔고 우렁이에서 나온 각시를 붙잡았으며 임금에게 끌려간 각시를 찾아서 대궐로 간 우렁각시 남편, 제 새끼를 삼킨 늑대의 배를 가위로 가른 엄마 염소, 스스로 야수가 사는 성으로 찾아간 미녀, 왕자를 탑으로 끌어들이고 마녀의 손아귀에서 벗어나 황무지로 간 라푼첼(라푼첼) 등등. 민담형 인간의 사전에 알지 못하면서 행동하는 일은 있어도 '알면서 행동하지 않는 일'이란 없다.

민담형 인간이 움직이는 방식을 또 다른 한 가지 사례를 통해 구체적으로 들여다본다. 선택한 민담은 〈구렁덩덩 신선비〉다. 민담의 속성을 설명할 때 내가 단골로 거론했던 이야기인데, 이번에 다룰 포인트는 좀 다르다. 이 이야기의 주인공은 꽤나 지혜롭고 사려 깊은 인물이거니와, 그의 사려가 행동과 어떻게 연결되는지를 점검하는 것이 이번 논의의 요점이다. 앞서 보았던 엘제의 경우와 비교해보면 딱 좋을 것이다.

옛날 어느 마을에 혼자서 가난하게 사는 노파가 있었다. 노파는 장
자네 집에 가서 일을 도와주고 얻어먹으면서 살았다. 그런데 어느
때부터인가 노파의 배가 점점 불러오더니, 어느 날 아기가 태어났
다. 태어난 것은 사람이 아니라 구렁이였다. 흉하게 여긴 노파는 구
렁이를 뒤주에 집어넣고서 삿갓을 덮어놓았다.

　할머니가 아이를 낳았다는 소문을 들은 장자집 세 딸이 차례로
아기 구경을 왔다. 큰딸과 둘째 딸은 구렁이를 보고는 징그럽다면
서 얼굴을 찡그리고 돌아갔다. 그런데 셋째 딸은 달랐다. 반색을 하
면서 이렇게 말하는 것이었다. "할머니, 구렁덩덩 신선비 님을 낳으
셨네요!" 셋째 딸이 돌아가자 구렁이는 그 처녀한테 장가를 가겠노
라고 했다. 아들이 강하게 고집을 피우자 노파는 할 수 없이 장자를
찾아가서 그 말을 꺼냈다. 장자는 세 딸을 불러서 구렁이한테 시집
을 가겠느냐고 물었다. 큰딸과 둘째 딸은 손사래를 쳤지만 셋째 딸
은 달랐다. "그럼요. 구렁덩덩 신선비 님이신걸요!"

　그렇게 해서 둘의 혼례가 치러지는 날, 구렁이는 바지랑대를 타
고 담에 올라 빨랫줄을 타고 초례청에 이르렀다. 그날 밤, 셋째 딸이
떠온 물로 목욕을 한 구렁이는 허물을 벗고서 사람으로 변했다. 신
선과 같은 멋진 선비로.

이야기 앞부분을 요약한 것이다. 구렁이와 허물의 상징 등을 제쳐

놓고서 셋째 딸의 동선만 따라가 보면, 가장 중요한 자질로 들 만한 것은 바로 '탐지력'이다. 남들은 누추한 껍데기를 볼 때 그 안에 담긴 진정한 가치를 알아챈 사람이 그였다. 숨은 가치를 정확히 알아본 사람이 그것을 자기 것으로 삼는 일은 자연스러운 전개가 된다. 물론 거기에는 '행동'이 필수 요소로 포함된다. 셋째 딸이 구렁이와 결혼한 일이 그것이다. 객관적으로 하늘과 땅 차이, 누가 봐도 어울리지 않는 결합이었다. 하지만 셋째 딸은 자신이 발견한 가능성 하나를 믿고 그 일을 감행한다. 자기의 판단을 이렇게 행동으로 옮기는 것, 민담형 인간의 방식이다.

이야기에서 셋째 딸의 남다른 판단력과 행동력은 극적 반전을 이루어낸다. 구렁이가 신선 같은 선비로 변한 일이 그것이다. 하지만 그것으로 끝은 아니었다. 그렇게 쉽사리 해피엔딩이 이루어진다면 그것이 어찌 인생이랴. 출발부터가 완전히 달랐던 두 사람은 시험에 직면하는 것이 정해진 필연이다. 관계의 존속 여부가 걸린 시험이다. 무엇보다도 주변 사람들이 저들을 그냥 두지 않는다. 이리저리 흔들면서 사이를 벌린다. 그 서사적 상징이 바로 두 언니가 남자의 허물을 태운 일이다. 나는 이 일을 주변에서 남자의 '비루한 과거'라고 하는 역린을 건드린 상황으로 읽는다. 이야기에서 허물 타는 냄새가 사방으로 퍼졌다고 하는 것은 말하자면 추한 소문이 널리 퍼진 상황에 해당한다. 그러자 남자는 그 길로 뒤돌아 사라져버린다. 아무도 찾지 못할 깊은 곳, 멀리 물 밑으로 말이다.

이때가 하나의 갈림길이다. 허물을 제대로 간직하지 못한 잘못이 있다지만, 허물이 탄 책임을 셋째 딸한테 돌리기는 어렵다. 옆에서 마음먹고 훼방을 놓으려고 하는데 그것을 어찌 다 막는단 말인가. 그럼에도 저 남자는 일의 내막을 알아보지도 않은 채 말도 없이 떠나버린 상황이다. 만약 그대가 셋째 딸이었다면 저 상황에서 어떻게 했을지 궁금하다. 남자를 찾아서 길을 떠났을까?

이 질문을 여러 사람들에게 던져보았다. 반응은 대략 반반이었다. 남자를 찾아 떠나겠다는 사람이 반이고 가지 않겠다는 사람이 반이었다. 그냥 이러지도 저러지도 못했을 것 같다는 답은 거의 없었다. 그냥 남자가 돌아오기를 기다리겠다는 사람도. 만약 그렇게 답했다면, 나는 "흐흠, 소설형 인간이군요!" 하고 말했을 것이다. 그렇다면, 남자를 찾아 떠나겠다고 한 사람들이 든 이유는 무엇이었을까? "그래도 내 남자니까!" "왜 떠났는지 이유라도 알아야겠으니까." "가서 한 방 먹여주고 오려고!" 이런 식으로 다양했다. 다 그럴듯한 이유들이다. 중요한 것은 어떻든 간에 몸을 움직여 행동하는가 아니면 그대로 머무는가다. 머무는 것도 하나의 선택일 수는 있지만, 적극적인 대응이라 하기는 어렵다. 문제와의 직면 없이 그렇게 손을 놔버리는 것은 회피에 가깝다.

그렇다면 이야기 속 셋째 딸의 선택은? 물론 남자를 찾아 떠나는 것이었다. 주저 없이 곧바로. 혼자서.

중의 옷차림을 하고서 남편을 따라 길을 나선 셋째 딸은 한 농부를 만나서 신선비가 간 곳을 아느냐고 물었다. 농부가 논을 다 갈아주면 가르쳐준다고 하자 셋째 딸은 있는 힘껏 논을 갈았다. 농부가 알려준 대로 까치를 만나서 신선비 간 곳을 물으니 까치는 새끼들의 먹이를 구해달라고 했다. 셋째 딸은 벌레를 한 움큼 잡아서 까치한테 갖다 주고서 길을 찾았다. 그다음은 옹달샘에서 빨래하는 할머니였다. 셋째 딸이 할머니 대신 검은 빨래를 희게 빨고 흰 빨래를 검게 빨아주자 할머니가 우물에 은 복주께를 띄우고서 말했다. "여기에 올라서면 된다지."

셋째 딸은 물어물어 길을 찾아 나간다. 잘 보면, 길을 따라서 나아가기만 하는 것이 아니라 가는 길에 계속 무엇인가를 행한다. 농부 대신 논을 갈고, 까치를 위해 벌레를 잡고, 할머니 대신 빨래를 한다. 그러자 남편에게 가는 길이 착착 열린다. 여기서 셋째 딸이 행하는 여러 일들이 의미하는 바에 대해서는 이전에 쓴 책에서 설명한 바 있다. 요약하자면, 그건 자기하고 전혀 달랐던 남편의 '역사'를 밟아가는 과정이라는 것이다. 저 밑바닥 흙수저로 태어나 살았던 남자한테는 일상이었겠으나 부잣집 금수저 막내딸로서는 한 번도 해본 바 없었을 험하고 비루한 일들을 행하면서 남편이 내면에 지녔던 상처를 실감해가는 중이라는 뜻이다.[9] 요컨대 저 여인, 움직이면서 배워가는 중! 그렇게 느끼고 성장하면서 남자한테로 착착 다가가던 저이한테 맹랑한 시험이 하나 주어진다. 물에 띄운 은 복주께(밥주발 뚜껑)에 올라서라는 말이 그것이다. 이건 또 무언지.

역시 여러 사람들한테 이에 대해서 물었다. 만약 그대가 셋째 딸이라면 저 복주께에 올라섰겠느냐고. '그렇다'는 대답의 비율은 확 떨어졌다. 당연히 그리할 거라고 대답한 사람은 극소수였다. 남편을 찾으러 나서겠다고 했었던 사람들을 포함해서, 대부분이 못 했을 것 같다는 쪽이었다. 남편을 찾는 것도 좋지만 저런 위험까지 감수하고 싶지는 않다는 말이다. 또는 물에 떠 있는 복주께에 올라가는 일 자체가 엄두가 안 난다는 말이다. 어허, 이 일을 어쩌나! 길을 떠나서 기껏 여기까지 왔는데 위험해 보인다고 해서, 저렇게까지 해야 하나 싶어서 이 일을 포기한다면 지금까지 해온 일은 다 무어란 말인가. "할 만큼 했다"고 말할지 모르나 그것으로 정말 위안이 될까?

여기서 포기하는 것은 물론 민담형 인간의 선택이 아니다. 이야기 속의 셋째 딸은 주저 없이 복주께에 올라선다. 자기가 결심하고 선택한 일을 끝까지 밀고 가는 것, 위험 앞에 뒤돌아 물러서지 않는 것, 그것이 민담형 인간의 방식이다. 한 인간의 진짜 행동력은 위태로운 갈림길에서 드러나게 되어 있다. 앞서 〈거지 할멈〉 속 소년의 숨은 실체가 노파의 옷에 불이 붙었을 때 드러난 것처럼 말이다.

복주께에 올라서서 물속의 별세계로 들어간 셋째 딸은 우여곡절 끝에 제 남편 구렁덩덩 신선비가 있는 곳을 찾아낸다. 사실 우여곡절이라고 할 것도 없다. 그녀는 어떻게든 남자가 있는 데를 찾아냈을 것이므로. 그렇게 남편 사는 집에 다다른 셋째 딸은 어떻게 했을까? 남편한테로 달려갔을까? 이 장면에 하나의 미묘한 역설이 있다. 구비설화 원전으로 살펴본다.(참고로, 원전에서 방언과 오자를 다소 조정하고 군더더기를 덜어냈으며 문단 모양을 편집했음을 밝혀둔다. 이하 구비설화 원전 인용은 이러한 방식을 적용한다.)

저물었는디 인저 잔다구 그려. 거기서 "나 좀 하룻저녁만 자게 해달라"구. "마루에서라도 자게 해달라"구. "마루에서 못 잔다. 우리는 개가 사나워서 못 잔다." "그럼 변소간이라도 자게 해달라"구. "변소간에 못 잔다." "그럼 소 외양간이라도 나 좀 하룻저녁만 유해달라"구. 그래 소 외양간을 허락을 해줬어. [청중: 에이구우······.]

소 외양간을 허락해주니까 소 외양간에서 인제 자기 단장을 다 하고 앉았는데, 구렁덩덩소선비가, 밤에 달이 휘영청 밝은데 나와서, "에이구, 달두 밝다. 저 보름달은 우리 색시 보건마는 나는 워째 못 보나." 그러구 한숨을 쉬더랴. [청중: 저런······.] 그래서 인제 또 한 번을······.

"나를, 처妻를 보려거든 외양간으로 들어와라." [청중: 응. 자기가.] 그래 자기가 그 소리를 하늘을 쳐다보고 또 했어. 또 그 소리가 들려. 그래도 못 알아들어서 또 한 번을 해보니까 참 세 번째를 해.

그래 외양간에를 가보니까, 참 기가 막힌 각시, 자기 각시, 그러구 앉았더라네. [청중: 어이구우, 세상에.]¹⁰

망설임 없이 길을 나선 뒤 쭉쭉 길을 찾아내고 복주께에 훌쩍 올라타서 남편이 있는 곳에까지 다다른 아내였다. 그 동선으로 보면 바로 신선비(소선비) 앞으로 나아가서, "보시오! 나 왔소!" 하고 소리쳐야 어울릴 것 같다. 그런데 대다수 자료는 위에 보듯이 아내가 정체를 드러내지 않은 채로 외진 곳에서 밤을 보내는 장면을 포함하고 있다. 꽤나 소극적이고 조심스러운 모습이다. 이거 민담형이 아니라 소설형 아닌가? 저 장면에서 갑자기 마음이 약해지는 건 뭐지?

그런 의아함에 대해 따로 깊게 헤아려보지 않았었다. 그냥 이야기의 극적인 재미를 살리기 위한 장치 정도로 넘겼을 따름이다. 그런데 얼마 전에 이 장면이 새롭게 다가왔다. "그래 이 장면, 꼭 필요한 것이었어!"

생각해보자. 허물 타는 냄새를 맡고서 뒤도 돌아보지 않고 떠난 남자였다. 아내는 힘들여 남편을 찾아오면서 그의 마음에 새겨져 있을 상처나 아픔을 웬만큼 헤아리게 된 상황이다. 하지만 그것으로는 충분치 않다. 저 남자가 자기가 아는 그 사람이 여전히 맞는지, 그에게 나 자신은 여전히 소중한 사람인지, 그 내면적 진심을 아는 것이 중요하다. 그냥 덜컥 다가가서 "보시오! 나 왔소!"라고 했는데 남자는 이미 마음이 떠난 상태였다면, 자기가 아는 그 사람이 아니었다면, 그건 얼마나 황당한 일이겠는가.

요컨대 저 시점은 신중한 판단이 필요한, '생각'이 필요한 장면이었다고 할 수 있다. 그래서 셋째 딸은 저렇게 찬찬히 상황을 탐지하는 것이다. 그 결과로 남자의 마음 깊은 곳에 여전히 자기가 그립고 소중한 사람이라는 사실을 확인하고서, 자기를 만나러 바로 외양간으로 뛰어들어오는 사람이 그임을 확인하고서, 뜨겁게 그의 손을 잡는 것이다. 뜨겁게. 그렇다. 민담형 인간이 행동파라고 할 때 그것은 '무대뽀'로 아무렇게나 행동하는 것을 뜻하지 않는다. 신중해야 할 때는 신중하고 생각이 필요할 때는 생각하는 것, 그것이 민담형 인간의 방식이다. 그렇게 해서 판단이 내려지면? 그다음은 물론 과감하고 단호한 행동이다.

이야기에 안 어울리는 가정이기는 하지만, 만약 저 밤에 남자의 변심을 결정적으로 확인했다면 저 여인은 어떻게 했을까? 모름지기 저 여인은 미련 없이 뒤돌아 떠나왔을 것이다. 세상에는 그 남자 하나만 있는 것이 아니므로. 또는 자기 혼자서도 얼마든 더 잘 살 수 있으므로. 행동해서 확인하고 생각대로 결정해서 뒤끝을 남기지 않는 것, 그것이 민담 주인공의 방식이다.

민담형 인간은 생각보다 행동이 우선인 존재라는 표현을, 늘 행동으로 부딪쳐 상황을 풀어가는 존재라는 표현을, 이렇게 바꾼다. 그는 생각할 때 생각하고 행동할 때 행동하는 존재다. 단, 쓸데 있는 생각과 필요한 행동만을. 양자를 낙차 없이 딱 일치시켜서.

지성 대 행운,
낙관적 믿음이 삶을 지배한다

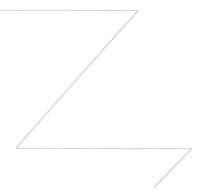

멀리 체코 지역에서 전해온 민담을 하나 본다. 제목은 〈지성과 행운〉. 민담이 대개 그렇듯이 좀 이상야릇한 내용을 담고 있는 이야기다. 그 속에서 한번 소설형과 민담형에 해당하는 요소를 찾아보면 좋겠다.

어느 날 정원에서 지성을 마주친 행운이 자기한테도 자리를 좀 내달라고 했다. 자기가 더 우월하다고 여긴 지성이 싫다고 하자 행운은 한 젊은 농부를 가리키면서 그한테 누가 더 도움이 될지 시험해보자고 했다. 지성은 기꺼이 제안을 받아들였다.

먼저 지성이 젊은 농부 바넥의 머릿속으로 들어갔다. 지성이 들어오자 바넥은 곰곰이 생각하기 시작했고, 시골을 떠나 도시로 가기로 마음먹었다. 왕의 정원에서 일하게 된 그는 자기식으로 머리를 써서 일을 했고 정원은 훨씬 아름다워졌다. 왕은 외동딸을 데리고 정원을 걷곤 했다. 그 공주는 아름다웠지만 오랫동안 한마디도 말을 안 하고 있었다. 왕은 공주가 다시 말을 하게 하는 사람을 사위로 삼겠다고 했으나, 아무도 성공할 수 없었다. 그 일에 도전한 바넥은 공주가 특별히 사랑하는 영리한 개한테로 다가가 말을 걸었다.

"영리한 개야. 내가 한 가지 물어볼게. 내가 조각가랑 재단사랑 밤새 교대로 보초를 섰거든. 첫째 순서였던 조각가가 심심해서 나무로 아름다운 처녀를 조각했어. 다음 순서인 재단사는 예쁜 옷을 만들어서 입혔지. 마지막 순서였던 나는 심심하기에 처녀한테 말을 가르쳤단다. 아침이 되자 셋이 다 그 처녀를 갖겠다고 싸움이 난 거야. 서로 자기 덕이라고 주장해서 결판이 안 났단다. 우리 세 명 중 누가 처녀를 가져야 맞겠니?"

강아지가 말없이 바넥을 바라보자 곁에 있던 공주가 대신 대답했다.

"처녀의 주인은 당신입니다. 조각상은 생명이 없는 존재이고, 처녀가 옷을 입었어도 말을 못 했는데 무슨 소용이겠어요. 말할 수 있는 능력과 생명을 준 당신이 처녀의 사람이죠!"

조각상 같았던 공주는 그렇게 말을 되찾았다. 그때 왕의 신하가 나서서 바넥한테 말하길, 왕이 선물을 내리겠지만 신분이 천하기 때문에 결혼은 안 된다고 했다. 왕도 딸을 주는 대신 충분한 사례를 하겠다고 했다. 그러나 바넥이 원한 건 공주였고, 왕한테 약속대로 딸을 달라고 했다. 신하가 무례하다면서 극형에 처해야 한다고 했고, 왕이 그 말을 받아들였다. 바넥은 곧바로 체포되어 사형 집행 장소로 끌려갔다.

그때 행운이 나서서 지성한테 말했다.

"보라고. 자네 덕에 일이 어떻게 됐는지. 이제 내 차례야. 어서 나오게나."

행운이 바넥에게 들어갔을 때, 갑자기 사형 집행인의 칼이 뚝 부러졌다. 다시 새 칼을 가져왔을 때 궁전에서 전령이 흰 깃발을 나부끼며 달려왔고, 이어서 왕의 마차가 도착했다. 공주가 왕한테 약속을 지켜야 마땅하다면서, 남자의 신분이 낮아서 문제라면 높여주면 되지 않느냐고 말했던 것이다. 왕이 그 말대로 바넥을 귀족으로 만들어서 딸과 결혼시키려고 마차를 보낸 터였다. 그렇게 그는 살아나고 왕을 부추기던 신하가 대신 처형당했다.

바넥이 공주와 결혼식을 올리고서 마차를 타고 나온 이후로 지성은 행운을 이길 수 없다는 걸 깨닫고 어디서든 행운을 마주치면 고개를 숙이면서 멀찌감치 비켜나게 되었다고 한다. ▌

보다시피 꽤나 엉뚱한 이야기다. '지성'이 아무리 애를 써봐야, 결정적일 때 진짜 필요한 건 '행운'이라는 말인데, 좀 편파적으로 보이기도 한다. 설화를 전해온 사람들의 인생철학을 반영한 것이라지만, 행운을 믿고 살라는 말은 너무 무책임하다는 느낌을 지울 수 없다. 열심히 머리를 쓰면서 노력하는 일 따위는 다 허튼 짓이라는 말인가!

우리의 화제로 돌아와서, 이 이야기는 소설형 인간과 민담형 인간의 방식과 어떤 상관이 있는 걸까? 개인적으로 이 이야기를 봤을 때 딱 떠오른 것이 '소설형 인간 대 민담형 인간'의 구도였다. 달리 표현하면,

'지성에 의지하는 사람 대 행운을 믿는 사람'이 된다. 그렇다면 승자는? 행운을 믿는 사람! 근거는? 이야기가 그렇게 말하고 있다는 것! 머리를 써서 해결해보려고 아등바등해도 안 되던 일이 어느 날 갑자기 이유도 모르게 술술 풀리는 것, 그것이 인생 맞지 않나?

이는 그냥 행운에 기대기만 하면 된다는 말이 아니다. 사람이 어찌 행운만으로 살 수 있을까? 살펴보면 저 이야기에서 바넥이 공주와 결혼한 일은 모두 행운의 덕분은 아니었다. 오히려 90퍼센트 이상은 지성의 역할이었다고 할 수 있다. 도시로 가서 새롭게 삶을 시작한 것, 자기만의 방법으로 정원을 훌륭히 가꾼 것, 이야기를 그럴싸하게 지어내서 공주가 입을 열게 한 것 등이 다 지성의 몫이었다. 만약 지성이 없었다면 바넥은 여전히 시골 구석에서 살고 있었을지도 모른다. 앞서 〈구렁덩덩 신선비〉에서도 말했지만, 생각은 무가치하거나 불필요한 것이 아니다. 전혀! 그것은 나날의 삶을 살아가는 데 꼭 필요한 요소다.

문제는 거기에만 온통 매달리는 일이다. 행운 따위는 아예 도외시하고서 말이다. 이야기를 보면 처음에 행운이 지성에게 부탁한 것은 자기한테 자리를 통째로 내놓으라는 게 아니라 자리를 조금 내달라는 것이었다. 사람이 살아가는 데는 때로 행운의 몫도 필요하다는 말이다. 그런데 지성은 그것을 거부했던 것이다. 자기 힘만으로 충분히 잘할 수 있다고 여겼기 때문이다. 지성만으로 문제를 감당하려고 하는 것, 합리적인 계획과 실행에 전적으로 의지해서 목표를 완수해가는 것. 소설형 인간 또는 '근대적 인간'의 전형적인 방식이다.

중요한 바는 그것만으로 충분치 않다는 사실이다. 세상은 인간의 합리적 인지의 범위를 넘어서는 곳이다. 그보다 더 크고 더 가변적이다. 예상한 대로, 계획한 대로 다 되는 인생이란 없다. 예기치 않은 위기도 닥쳐오고, 뜻하지 않은 기회도 찾아온다. 그것을 인정하고 삶의 일부로 넣어두는 일. 그리하여 그걸 선뜻 받아들이는 일. 그것이 자기 안에 '행운'의 자리를 허용하는 일이 뜻하는 바 아닐까?

"렛 잇 비Let it be!" "이 또한 지나가리라." "하쿠나 마타타!" 그러한 너그러운 자유로움이야말로 내가 생각하는 민담형 인간의 방식이다. 그렇게 생각하면 안 될 일도 되는 것이 세상사의 묘한 역설이다. 그래도 안 된다면? 그 또한 어쩔 수 없는 일. 운명이라면 받아들일 따름이다. 그 철학은 수주대토守株待兔가 아니다. 진인사대천명盡人事待天命 쪽이다.

여기서 한 가지 중요한 포인트. 행운은 그냥 저절로 들어오고 나가는 게 아니라 찾아서 들일 수 있다는 사실이다. 앞의 이야기에서 '지성의 옆에 행운을 위한 자리를 마련한다'고 하는데, 그렇게 하는 주체는 물론 인간이다. 마음만 먹으면 행운을 나의 것으로 만들 수 있다는 뜻이다. 이에 대한 설명은 허튼 논리(지성)로 왈가왈부하는 것보다 그냥 이야기에 맡기는 편이 나으리라. 아마도 백 배쯤. 이야기 제목은 〈두 종류의 운〉이다. 러시아에서 전해온 민담이다.

옛날에 한 농부한테 두 아들이 있었는데, 형은 가난한 여자와 결혼했고 동생은 부자인 아내를 맞았다. 형제는 아내들의 다툼 끝에 죽은 아버지의 재산을 똑같이 나누고 갈라져서 살게 됐다. 계속 자식을 낳고 형편이 점점 나빠져서 완전히 망할 지경이 된 형은 동생한테 찾아가 말을 좀 빌려달라고 청했다. 동생은 말 한 필을 빌려주면서, 조심히 잘 다루라고 당부했다.

형이 동생의 말이 있는 곳에 가보니, 사람들이 그 말로 밭을 갈고 있었다. 형이 당신들은 누구냐고 물으니, 그들은 동생의 '행운'이라고 대답했다. 동생이 즐기는 동안 자기네들이 일을 하고 있다는 것이었다. 형이 그들한테 자기의 행운은 어디 있냐고 물으니, 덤불 뒤에서 내내 잠만 자고 있다고 했다.

형은 잠자고 있는 자기 행운한테로 다가가 막대기로 옆구리를 내리쳤다. 깨어난 자기의 행운한테 형은 동생의 행운이 열심히 밭을 가는 걸 좀 보라면서 화를 냈다. 그러자 형의 행운은 자기의 도움을 원한다면 농사 대신 장사를 시작하라고 했다. 팔 게 없다고 하자 아내의 낡은 옷이라도 팔라고 했다.

형이 행운의 말대로 하려고 살림을 정리하는데, 지하실에서 슬피 우는 소리가 들렸다. 형이 누구냐고 물으니, '불운'이라고 했다. 불운이 자기만 남겨두고 떠날 거냐며 매달리자, 형은 데려갈 테니 걱정 말라며 상자 속으로 들어가라고 했다. 불운이 상자에 들어가자 형은 이중 삼중으로 자물쇠를 채운 뒤, 욕을 하면서 땅속에 묻어버렸다.

처자식을 데리고 시내로 나가 장사를 시작한 형은 운수가 트여서 금세 부자가 되었다. 그 소식을 들은 동생이 찾아와 사연을 묻자 형은 불운을 땅속에 묻은 사실을 말해주었다. 시기심이 생겨난 동생

은 그곳을 찾아가 상자를 파내고서 형의 불운을 놓아주었다. 그러
자 불운은 매몰찬 형보다 친절한 동생이 더 좋다며 그 옆에 머물렀
다. 얼마 가지 않아서 동생은 완전히 망해 알거지가 되고 말았다.[12]

이야기에서 행운과 불운을 살아 있는 존재로 의인화한 점이 인상적
이다. 설화적 설정이겠지만, 행운이나 불운이 생물과 같이 살아 움직이
는 것임을 생각하면 그럴싸한 면이 있다. 흔히 '끈덕진 불운'이라고 말
하곤 하는데, 그 또한 의인성을 내재한 표현에 해당한다. 남의 행운은
열심히 일하고 있는데 나의 행운은 쿨쿨 잠자고 있고 불운만이 스르
르 움직이면서 몹쓸 일을 벌이고 있는 상황, 이거 정말 환장할 노릇이
다. 형이 불운에게 마구 화를 내면서 욕을 하는 것을 이해할 만하다.

중요한 사실은 불운과 행운이 함께 존재한다는 것이다. 불운의 존
재였던 형한테도 행운은 있었다. 어디인가 하면 곧바로 찾을 수 있는
가까운 곳에. 그 행운은 빈둥거리며 잠만 자고 있었지만, 아예 없는 것
이나 죽은 것과는 질적으로 다르다. 그것은 힘차게 때리면 깨어날 존재
였고, 말을 걸면 대답하는 존재였다. 알고 보니 형의 행운은 동생의 행
운과 달리 시골 구석에 어울리지 않았을 따름이다. 사람마다 행운은
성격이 다르고 쓰임이 다르다는 것, 꽤나 매력적인 설정이다. 교훈적 의
미를 붙이기에 딱 좋다. "자신에게 잘 맞는 곳을 찾아서, 자신의 적성을
찾아서 움직이세요. 그러면 성공합니다." 이런 식으로 말이다. 어떻든
좋다. 맞는 말이니까.

흥미로운 사실은 행운과 불운이 주체적 의지로 조정할 수 있는 대

상이라는 점이다. 행운을 때려서 깨운 것도 그렇지만, 불운을 상자에 가둬서 땅에 묻었다는 내용이 더 인상적이다. 마음먹기에 따라 세상사가 달라진다는 것을 이렇게 생동감 있게 표현하다니, 민담의 묘미다. 동생이 형의 불운을 파내서 꺼내자 불운이 그를 주인으로 삼아 달라붙었다는 전개는 또 얼마나 절묘한지! 시기심에 휩싸이는 순간 불운의 그림자가 그를 조종하게 된다는 것은 아주 꼭 들어맞는 내용이다. 그는 그렇게 평정심을 잃으면서, '자유'를 잃으면서 무겁게 뒤틀리기 시작한 것이었다. 이를 두고 소설형 인간으로의 전락이라고 하면 너무 편파적인 말이 될까?

사실 이 이야기는 교과서적인 권선징악의 전개 같아서 조금 아쉬운 면이 있다. 그래서 비슷한 이야기를 하나 더 살펴보고자 한다. 반전에 또 다른 반전이 있는 이야기로 제목은 〈불운〉이다. 역시 러시아에서 전해온 민담이다. 꽤 긴 이야기인데 내용을 압축해서 소개한다.

농부 형제가 있었다. 형은 잘살고 동생은 가난했다. 견디다 못해 도움을 청하러 온 동생한테 형은 일을 시키고서 빵 한 조각을 줬다. 그리고 다음 날 저녁에 동생 부부를 초대했다. 그런데 형이 두 사람의 존재를 잊는 바람에 동생 부부는 주린 배를 움켜쥐고 돌아와야 했다. 오는 길에 동생이 애써 노래를 흥얼거리는데, 누군가가 따라서 불렀다. '불운'이었다. 동생을 따라온 불운은 그를 술에 빠지게 했고 빚더미에 올라앉아 거지가 되게 했다. 동생이 거지가 되자 불운은 그를 새롭게 괴롭히고자 계략을 짰다. 불운은 동생을 들판으로 꾀어서 큰 돌을 들어내게 해서 그 아래 구덩이에서 금을 발견하게 했다. 불운이 재촉하는 가운데 금을 다 챙긴 동생은 불운에게 구덩이 안쪽 구석에 금이 더 있는 것 같다고 말했다. 불운이 확인하려고 들어가자 동생은 큰 돌로 구덩이를 덮어버렸다. 안 그러면 그가 다시 자기를 술독에 빠뜨릴 걸 알았기 때문이다. 불운을 묻어버린 동생은 빚을 갚은 뒤 살길을 찾아내서 큰 부자가 됐다.

형은 동생이 자기보다 훨씬 큰 부자가 됐다는 사실을 알고서 질투에 휩싸였다. 사연을 캐물은 형은 동생이 불운을 큰 돌 밑에 묻었음을 알아내고는 거기로 가서 돌을 치웠다. 그러자 불운이 뛰쳐나와 형한테 달라붙었다. 형이 불운한테 자기가 그를 묻은 게 아니라고 했지만 소용이 없었다. 불운에게 붙잡힌 형은 술에 빠졌고, 재산이 점점 줄어들었다. 그러던 어느 날, 형은 이래서는 안 되겠다고 생각하고 뜰에 억센 바퀴를 하나 갖다놓은 뒤, 불운한테 숨바꼭질을 하자고 했다. 형이 불운을 놀리면서 바퀴 속에 못 들어갈 거라고 하자 불운은 보란 듯이 안으로 쏙 들어갔다. 형은 곧바로 바퀴에 쐐기를 박아서 고정시킨 뒤 강물로 던져버렸다. 불운은 물에 빠져 죽었고, 형은 다시 평화를 찾을 수 있었다.[13]

〈두 종류의 운〉과 달리 이 이야기 속에서 행운은 직접 모습을 나타내지 않는다. 제목처럼 불운이 주인공으로 활약(?)할 따름이다. 하지만 이 또한 행운에 대한 이야기라고 보기에 부족함이 없다. 불운과 이별하는 순간이 곧 행운과 만나는 시간이라고 볼 수 있기 때문이다.

이 이야기가 말하는 불운의 속성과 대처법은 〈두 종류의 운〉에서와 다르지 않다. 그 핵심은 스스로의 의지로 불운을 떨쳐내고 결별할 수 있다는 것이다. 쉬운 일이 아니지만, 이 일을 해낼 때 삶은 완연히 달라지게 된다. 여기서 불운을 땅에 묻는 행위의 상징적 의미가 마음속에서 부정적인 생각의 그늘을 떨쳐내는 것임은 긴 설명이 필요 없을 것이다. 중요한 사실은 그것이 나 자신한테 달려 있고, 의지로써 가능한 일이라는 것이다. 오래된 이야기가 거듭 이렇게 강조하고 있다는 사실을 잊지 말 일이다. 특히 이 이야기 〈불운〉은 질투심에 의해 스스로 불운의 포로가 됐던 사람조차도 자신이 하기에 따라서 그것을 물리칠 수 있다고 말하고 있어 눈길을 끈다. 그대로 망해버릴 것 같았던 형이 다시 불운을 떨쳐내고 평화를 되찾은 일을 두고 하는 말이다. 어떤 상황에라도 행운으로 향하는 길은 있는 법. 반전이 다시 반전으로 이어지는 역동적인 전개가 민담답다. 이런 이야기를 전하면서 쾌활하게 웃음 짓던 사람들, 십중팔구 민담형 인간들이었으리라.

〈불운〉에는 또 하나의 묘한 역설이 숨어 있다. 불운이 극에 달해서 더 갈 데가 없을 것 같은 바로 그 순간에 그것을 떨쳐내고 행운을 찾을 기회가 온다는 것이다. 이야기에서 동생에게 탈출의 기회가 온 것은 그가 빚더미에 올라 알거지가 된 시점이었다. 더 잃을 것이 없는 최악의 상황에서 불운은 제 먹잇감을 더 가지고 놀기 위해 그가 무엇을 얻게끔 한다. 동생이 돌 밑에서 금을 발견한 일이 그것이다. 평소처럼 생각 없이 움직였다면 어김없이 불운의 희생양이 됐을 저 사람, 그 위기를 오히려 기회로 삼는다. 상대가 방심한 사이에 그 허를 찌른 것이다. 이는 형 또한 비슷하다. 불운이 제 능력을 뻐기면서 자기를 가지고 놀 때, 형은 불의의 역습으로 그를 공략해서 해치워버린다. 소설형으로 끌려가던 사람의 민담형 역습이다. 역습은 불시에 이루어질 때 효과를 내는 법. 혹시 불운이 나를 가지고 놀고 있는 중이라면 허허실실로 움직이다가 '그놈'이 방심할 때 결정적인 한 방을 먹일 일이다. 그러면 구석에서 졸고 있던 행운이 눈을 크게 뜨고서 '어, 저 녀석 봐라!' 하면서 슬그머니 몸속으로 들어올 것이다. 제 주인이 마련해준 자리 속으로.

　나도 안다. 현실은 소설적이다. 행운보다 불운이 더 끈덕지며, 잘 풀리는 일보다 안 풀리는 일이 더 많다. 하지만 늘 그러라는 법은 없다. 보란 듯이 역전을 이룰 기회는 분명 있다. 오랜 세월에 걸쳐 이야기를 전해온 사람들이 지켜온 삶의 철학을 믿어서 손해 볼 일은 없다. 행운은 그것을 믿고 기대하는 사람한테 보이는 법이다.

　너무 교과서적인 훈계 아니냐고 말한다면 이렇게 답하겠다. 이 이야기들을 전해온 사람들, 우리와 비교도 안 되는 열악한 환경 속에서 밑바닥 삶을 살았던 이들이라고. 지금 우리가 불운이라고 생각하는 것들, 그들이 보기에는 십중팔구 '배부른 투정'일 거라고.

황금산을 차지한
사내의 길

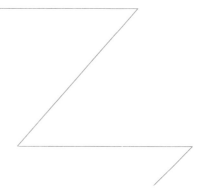

자기 자신에 대한 믿음. 소신에 의한 거침없는 행동력. 민담형 인간의 핵심 자질이다. 그렇게 힘차게 움직이는 주인공들, 민담에 많고도 많다. 그렇다면 그들은 다 진정한 민담형 인간일까? 아니, 그중에는 사이비도 있다. 말 그대로 '사이비似而非'다. 겉으로는 비슷해 보이지만 본질은 다른 가짜 말이다. 그 사례를 하나 보기로 한다. 진짜가 무엇인지 분간하기 위해서.

살펴볼 인물은 황금산의 지배자가 된 사내다. 그림 형제 민담 〈황금산의 왕Der König vom goldenen Berg〉[KHM 92]의 주인공이다. 미리 사이비라고 규정해놓고 시작하려니까 좀 싱거운 것 같기도 하다. 어떤 면에서 사이비인지, 진짜로 사이비가 맞는지, 자기식으로 헤아리면서 음미해주시면 좋겠다.

옛날에 어린 딸과 아들을 둔 상인이 있었다. 어느 날 물건을 가득

싣고 항해에 나선 그의 배 두 척이 침몰했다는 소식이 들려왔다. 그것은 그의 전 재산이었고, 상인은 부자에서 가난뱅이로 전락했다. 그가 걱정에 싸인 채 집 밖으로 나와 걷고 있을 때 검은 난쟁이가 나타나서 이유를 묻고는 이렇게 말했다.

"내가 도와드리지! 당신이 집에 돌아갔을 때 제일 먼저 다리에 달려드는 것을 12년 뒤에 나한테 준다고 약속하시오. 그러면 원하는 돈을 주겠수다."

자신이 집에 갔을 때 먼저 달려들 것은 강아지일 거라고 생각한 상인은 난쟁이의 제안에 응해서 각서까지 써주었다. 하지만 집에 갔을 때 그에게 가장 먼저 다가와 다리를 움켜쥔 것은 어린 아들이었다. 상인은 놀랐지만 별다른 일이 없을 거라고 생각하려 했다. 얼마 안 가서 다락에 올라갔던 상인은 한 무더기의 돈을 발견했고, 전보다 더 큰 부자가 되었다. 아들이 무럭무럭 자라서 영리한 소년이 됐을 때 상인은 불안에 휩싸였다. 아들이 무슨 근심이 있느냐고 묻자 아버지는 난쟁이와의 약속에 대해 말해주었다. 아들은 그깟 난쟁이가 자기를 당할 수 없을 테니, 걱정하지 말라고 했다.

마침내 때가 되었을 때 신부님의 축복을 받고서 약속 장소로 나간 아들은 검은 난쟁이한테 사기 계약 따위는 따르지 않겠다고 했다. 서로 옥신각신한 끝에 다다른 결론은 아들이 아무의 소유물도 아니니, 작은 배에 태워서 강물에 띄우자는 것이었다. 아들이 탄 배를 아버지가 강물로 밀었고, 배는 곧 거꾸로 뒤집혔다. 영락없이 아들이 죽은 줄로 안 아버지는 슬픔에 빠졌다.

하지만 아들은 죽지 않았다. 뒤집힌 배 안에 앉아서 물을 따라 흘러가던 아들은 낯선 해안에 다다랐다. 그는 아름다운 성을 발견하고서 안으로 들어갔는데, 그곳은 저주를 받은 곳이었다. 성은 텅비어 있었고, 마지막 방에 뱀 한 마리만 앉아 있었다. 그 뱀은 마법에 걸린 공주였다. 사내가 돕겠다고 하자 뱀은 그가 해야 할 일을 말해주었다. 그날 밤 열두 명의 검은 사내가 무엇을 물어도 답하지 말고, 둘째 날 밤 다른 열두 명의 사내가 때리고 괴롭혀도 가만히 있고, 셋째 날 밤 스물네 명의 사내가 목을 베어도 그냥 버티라고 했다. 그렇게 해서 마법이 풀리면 자기가 생명의 물로 사내를 되살리겠다고 했다. 사내는 그러기로 약속했고, 실제로 그 일을 해냈다. 마법이 풀린 뱀은 아름다운 공주로 돌아와 사내에게 입을 맞추었다. 사내는 되살아났고 공주와 결혼해 황금산의 왕이 되었다.

아들을 낳고서 행복하게 살던 사내는 8년이 지났을 때 아버지가 떠오르며 가슴이 찡해졌다. 사내가 아버지를 찾아보고 싶다고 말하자 아내는 불행이 올 거라며 말렸다. 사내가 뜻을 굽히지 않자 왕비는 사람을 한순간에 원하는 곳으로 옮겨주는 마법의 반지를 주면서, 어떤 일이 있어도 자기를 그곳으로 부르면 안 된다고 말했다. 남편은 그 말을 따르겠노라고 단단히 약속했다.

반지를 돌려서 아버지가 사는 도시에 다다른 사내가 화려한 옷을 입은 채 도시 안으로 들어가려 하자 보초들이 수상히 여겨서 막아섰다. 사내는 낡은 양치기 옷으로 갈아입고 나서야 방해 없이 도시로 들어갈 수 있었다. 그가 집으로 갔을 때 부모는 자식이 살아서 돌아온 사실을 믿지 못했다. 팔 아래 빨간 점을 보고서야 마침내 아들을 알아보았다. 하지만 그들은 낡은 양치기 옷을 입은 아들이 황금산의 왕이라고 하는 사실을 믿지 않고 의심했다. 그러자 화가 난 아들은 약속을 잊고 반지를 돌려서 아내와 아들을 그곳으로 오게 했다. 제 뜻과 다르게 불려온 아내는 마음속에 생겨난 화를 풀지 못했다. 사내가 아내를 강가로 데려가 무릎을 베고서 잠이 들었을 때, 아내는 그의 손가락에서 반지를 빼낸 뒤 아이와 함께 자기 왕국으로 돌아갔다.

사내가 잠에서 깨어나 보니, 옆에 아무도 없고 신발 한 짝만 남겨져 있었다. 그는 부모한테 가서 마법사 취급을 받으니, 그냥 자기 왕국으로 돌아가기로 했다. 그가 길을 떠나 어느 산에 도착했을 때 거인 셋이 아버지 유산을 놓고 다투다가 그를 붙잡고는 유산 배분을 도와달라고 했다. 유산은 세 가지였다. 첫째는 '내 머리 빼고 다 떨어져라' 하고 외치면 사람들의 머리를 떨어지게 하는 칼이었고, 둘째는 사람 모습을 보이지 않게 해주는 망토였으며, 셋째는 사람을 한순간에 원하는 곳으로 옮겨주는 장화였다. 물건들을 시험해보겠다면서 넘겨받은 사내는 처자식이 생각나서 "내가 황금산에 있다면!" 하고 중얼거렸고, 어느새 그는 황금산에 도착해 있었다.

황금산의 성에서는 큰 잔치가 펼쳐지고 있었다. 자기 아내가 다른 사람과 결혼식을 올리고서 벌인 잔치였다. 배신감에 휩싸인 사내는 마술 망토로 모습을 숨기고서 연회장으로 들어갔다. 왕비 뒤로 다가간 사내는 그녀가 먹으려는 고기 조각과 포도주를 낚아채서 자기가 먹었다. 당황한 왕비가 자기 방에 가서 울자 사내는 아내의 얼굴을 후려치고는 "내가 왔다!"고 소리쳤다. 그가 모습을 드러내고서 홀 안으로 들어가 "결혼식은 끝났다. 진짜 왕이 돌아왔다"하고 외치자 사람들이 그를 비웃으며 조롱했다. 사내는 "다 꺼지겠느냐, 그냥 있겠느냐?" 하고 물었고, 사람들은 물러가는 대신 그한테 덤벼드는 쪽을 택했다. 그때 사내가 칼을 빼들고서 "내 머리만 빼고 다 떨어져라!" 하고 외치자 모든 사람들의 머리가 바닥으로 굴러떨어졌다. 남은 것은 그 혼자였다. 그렇게 사내는 다시 황금산의 왕이 되었다.[14]

디테일을 많이 덜어냈는데도 꽤 길어졌다. 워낙 원전 이야기 구석구석에 화소가 많이 담겨 있다. 조건과 상황이 많고 사건의 곡절이 복잡하며 인물들이 겪는 감정의 오르내림이 잦다. 이야기가 그렇게 서술된 데는 이유가 있을 것이기에 최대한 내용을 살려보았다.

얼핏 보면 이 이야기의 주인공인 사내는 영락없이 한 명의 '민담형 인간'처럼 다가온다. 검은 난쟁이한테 거침없이 다가가서 자기주장을 하는 모습부터 시작해서 강물에서 혼자 살아남은 뒤에 펼쳐내는 일련의 행보가 씩씩하고 놀라운 모습의 연속이다. 사흘 밤 동안 꿋꿋이 버텨서 저주를 풀고 황금산을 되살린 일에서 굳건한 믿음과 행동력이 부각되고, 거인들한테서 세 가지 보물을 얻는 과정에서는 쿨한 지략과 행운아적 면모가 두드러지며, 황금산으로 돌아가 자신을 배신한 사람들을 가차 없이 응징하는 모습에서는 직선적인 행동파의 면모가 강조된다. 마침내 황금산을 되찾아 왕이 됐으니, 성공적인 행보라 할 만하다.

그런데 결말을 들여다보자면 좀 의아해진다. 그것은 정말 성공이었을까? 다른 사람은 아무도 없이, 사랑하던 아내와 자식조차 없이 혼자만 남은 상태의 왕이란 대체 무엇인지. 저 사내는 "내가 왕이다!" 하고 외치고 있지만, 그 사실을 인정해줄 사람은 아무도 없다.

민담식으로 말하자면, 누가 인정하고 말고가 중요하지 않다고 할 수 있겠다. 믿지 못할 사람들 따위는 필요 없으며 나 혼자 세상을 다 가지면 그만이 아니냐는 말이다. 그런데 여기 하나의 함정이 있다. 이야기 속의 저 사내는 타인의 '인정'에 대한 욕구가 무척 강한 사람으로 보인다는 사실이 그것이다. 그 단적인 장면이 자기의 성공을 의심하는 부모에게 아내와 아들을 데려와 보인 대목이다. "이거 보라고요! 나 성공한 거 맞잖아요!" "오, 그렇구나. 대단해!" "내가 뭐랬어요! 하하하." 이런 식이다. 그가 잠든 동안 처자식이 사라졌을 때 그가 다시 부모에게 가지 않은 것도 그 이유가 '자격지심' 때문이었던 것처럼 서술되어 있다. '허튼 사기꾼'처럼 취급받기 싫었다는 말이다. 이 또한 인정욕구의 발현일 것이다.

이런 맥락에서 보면 사내가 세 밤 동안의 시험을 이겨내고 저주를 풀어낸 일 또한 좀 다르게 보이는 면이 있다. 그것이 진짜 상대방을 구하려는 의도에서 한 일일까 하는 의문이다. 그것은 혹시 "내가 이런 사람입니다!" 하고 스스로를 내보임으로써 인정과 찬사를 얻기 위한 과정은 아니었을지. 그가 뒷날 아내를 굳이 강가로 데려가서 "저기서 배가 뒤집혔는데 내가 혼자서 살아났던 거야" 하고 말한 일(이 말은 글쓴이의 상상이다. 근데 분명 그렇게 말했을 것 같다) 또한 유아적인 인정욕구의 발로였을 가능성이 다분하다. 여자가 그를 버리고 떠나서 다른 남자를 찾는 것은 그 때문이 아닐까?

잘 보면 인정욕구만이 아니다. 사내는 감정의 굴곡이 크며, 그에 따른 갈등 상황에 곧잘 빠져들곤 한다. 이야기 표면에 드러난 것은 자기가 왕이라는 사실을 믿지 못하는 부모에게 화를 낸 일과, 자기를 버리고 떠난 아내와 그녀 편을 드는 사람들한테 분노한 일 등이지만, 그것만으로도 결정적이라고 할 만하다. 칼을 빼들고서 "내 머리만 빼고 다 떨어져라!" 하고 외치는 모습에서 그의 캐릭터가 단적으로 드러난다. 조금 상상을 보태자면, 그는 도시에 들어가기 위해 화려한 옷을 벗고 양치기 옷을 입을 때도 짜증을 냈을 것 같고, 부모와의 만남을 피한 채 길을 떠났을 때도 꽤나 심사가 사나웠을 것 같다. 아무도 없는 황금산에서 "내가 왕이라고!" 하면서 혼자 소리치고 있을 모습도. 어쩌면 그는 그 뒤에 제 능력을 알아줄 사람들을 찾아 투명 망토를 두른 채로 마술 장화를 신고서 이리저리 세상을 떠돌아다녔을지도 모른다. 어디선가 다시 마법의 칼을 뽑아들었을 가능성은? 내가 보기에는 90퍼센트 이상이다.

여기서 한 가지, 세 가지 보물의 은유에 주목해볼 만하다. 첫 번째 보물인 '장화'의 의미는 명확하다. 거침없는 행동력. 굳이 왕비가 준 마법의 반지가 아니더라도 사내는 세상을 마음껏 누비고 다닐 만한 능력자였다. 난쟁이를 만나 담판을 짓고 뒤집힌 배 안에서 강물을 따라 하염없이 흘러간 그때부터 말이다. 인정! 다음, 몸을 가려주는 망토는? 대단한 보물이기는 하지만, 사내가 그걸 쓰고 행동하는 모습을 보면 글쎄다 싶은 쪽이다. 그는 성안의 연회에 모습을 감추고 나타나 아내가 먹으려는 음식을 빼앗아 먹는다. 이거 좀 지질하지 않은지. 당당히 제 모습으로 나타날 수 있는 상황에서 굳이 저렇게 은신하는 것도 그렇고, 기껏 벌이는 행동이 음식을 뺏는 일이라는 것도 그렇다. 돌이켜보면 화려한 옷이 문제가 되자 정면으로 돌파하는 대신 양치기 옷으로 갈아입었던 대목도 의미상 이 장면과 연결된다고 할 수 있다. 마지막으로, 문제의 보물인 마법의 칼. 자기만 빼고 다른 모든 사람의 목을 자르는 칼(이야기에서 대상자를 선택할 수 있는 기능은 언급되지 않는다)의 성격적·심리적 은유는 무엇일까? 모름지기 그것은 '완전한 자기중심적 공격성'일 것이다. 날카롭고 치명적인. 그게 서사 속에 나타난 저 사내의 캐릭터적 본질이라는 데 대해서는 긴 설명이 필요치 않을 것이다. 제 자존심을 지키려고 처자식을 낯선 땅으로 불러온 일과 결국 그 머리를 베어버린 일을 떠올리는 것만으로 충분하다.

　이런 캐릭터, 진정한 민담형 인간이라 할 수 있을까? 앞서 말했지만, 내가 보기에 그는 '사이비'에 가깝다. 거침없는 행동력만큼은 민담형 주인공의 자질로 딱이지만, 나머지는 아니다. 겉과 속이 같은 평면적 투명함, 그것이 민담형 인간의 특징이다. 제 모습을 슬쩍 감춘 채 '몰카식'으로 상대를 감시하여 괴롭히는 지질함은 민담형 인간의 방식과 거리가 멀다. 이런저런 감정에 휩싸여서 울그락불그락 제 수습을 못하는 것 또한 마찬가지다. 어떤가 하면, 비교나 경쟁, 인정투쟁 등은 민담형 인간의 일이 아니다. 세상에서 인정받아야 하는 '나'가, 누구에게도 지지 않고 늘 최고여야 하는 '나'가 무겁게 들어앉아 있다면, 그건 민담형 인간으로 자격 미달이다. 그로부터 자유로울 수 있어야 한다.

겉으로는 민담형으로 보이지만 내면으로는 소설형인 사람. 나는 저 황금산의 왕과 같은 사람을 '반민담형 인간'이라고 부르겠다. '반半민담형'과 '반反민담형', 둘 다 어울린다. 반쪽짜리는 더 큰 문제를 일으키는 법이므로. 저런 사람이 힘을 가지고 거기 행운까지 따른다면 그건 오히려 큰 비극이 된다. 이야기 속에서 본래 그곳의 주민이었던 황금산의 사람들이 멸족당하지 않았는가 말이다.

여기서 잠깐! 민담의 주인공이 다 민담형 인간은 아니라면 그걸 어떻게 구분할 수 있을까? 물론 답은 있다. 민담 속에서 "그래서 그는 행복하게 오래오래 잘 살았습니다"로 말해지는 사람, 그는 곧 민담형 인간이라고 보면 된다. 이런저런 문제를 만들고 불행으로 빠져드는 사람, 그는 민담형 인간에 해당되지 않는다. 이런 부분에서 옛날이야기는 아주 정확하다. 믿지 못하겠다면 뭐 할 말은 없다. 아니, 있다. "믿는 자에게 복이 있나니!"

문제는 자존감이다!
곰과 마주한 굴뚝새의 행보

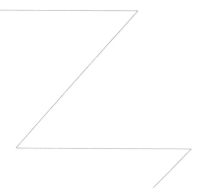

다른 곳도 아닌 '황금산'에서 보란 듯이 왕이 된 사람, 그런데 그는 민담형 인간이라 하기에 자격 미달이라고 했다. 중요한 것은 외형이 아니다. 멋진 외양이나 화려한 성취 같은 것은 그저 껍데기일 따름. 중요한 것은 내적 자질이다. 황금산의 왕과 달리 나를 탄복케 한 진짜 왕, 그는 한 마리의 작은 굴뚝새였다. 일컬어 '울타리의 왕'이다.(굴뚝새를 가리키는 독일어 Zaunkönig는 울타리의 왕이라는 뜻을 지니고 있다.) 그가 안에 지닌 것은 무엇이었을까?

어느 여름날, 늑대하고 산책을 나간 곰이 아름다운 새소리를 들었다. 노래의 임자가 누구냐고 물으니 늑대가 답했다. "새들의 왕이야. 그 앞에서는 절을 해야 하지." "그래? 그 새가 사는 궁전을 보고 싶은걸." 늑대의 안내로 굴뚝새가 사는 곳을 찾아간 곰은 늑대의 주의를 무시하고 둥지가 있는 구멍을 들여다보았다. 안에는 새끼 대

여섯 마리가 있었다. "여기가 궁전? 참으로 초라한 궁전이로군! 너희 엉터리 허접쓰레기들이 왕의 자식이야? 나 참!" 곰이 그렇게 외치자 어린 굴뚝새들이 분노해서 소리쳤다. "아니야. 우리는 진짜야. 우리 부모님도 훌륭한 분이라고. 너, 두고 봐야 할 거다!"

곰과 늑대가 자기네 굴로 돌아간 뒤 부모가 돌아오자 어린 굴뚝새들이 곰한테 모욕당한 일을 말하면서 자기네가 훌륭한 자식임을 확인하기 전에는 아무것도 먹지 않겠다고 선언했다. 그러자 굴뚝새는 아내와 함께 곰의 동굴로 가서 전쟁을 선포했다. "입만 살아 있는 늙은 곰아! 왜 우리 아이들을 모욕했느냐? 싸움으로 결판을 내자."

그렇게 해서 네 발 달린 짐승과 공중을 날아다니는 동물 사이에 전쟁이 시작되었다. 굴뚝새는 모기를 적진에 보내서 동정을 살피게 했다. 보니까 곰이 여우를 사령관으로 삼고서 신호를 정하는 중이었다. 여우는 자기의 멋진 꼬리를 위로 치켜들면 돌진하고 아래로 내리면 불리하다는 신호니까 후퇴하라고 말했다. 그 말을 전해들은 굴뚝새는 적들이 소리치면서 몰려올 때 말벌한테 특명을 내려서 여우의 꼬리 밑을 힘껏 쏘게 했다. 벌한테 세 번이나 쏘인 여우가 비명을 지르며 꼬리를 내리자 짐승들은 졌다고 생각하고 뿔뿔이 도망쳐 숨었다. 승리는 새들의 것이었다.

싸움에서 승리한 굴뚝새는 집으로 돌아가서 아이들한테 고했다. "얘들아, 우리가 이겼다. 이제 마음껏 먹으려무나." 그러자 어린 굴뚝새들이 말했다. "아니요. 곰이 이리로 와서 용서를 빌고 우리더러 훌륭한 자식들이라고 말해야만 먹겠어요." 굴뚝새는 곰한테 찾

아가 당장 아이들에게 가서 용서를 빌지 않으면 입을 찢어놓겠다고
했다. 겁이 난 곰이 둥지를 찾아와서 용서를 빌자 어린 새들은 비로
소 만족하고서 내내 즐겁게 먹고 마시는 것이었다.[15]

〈굴뚝새와 곰Der Zaunkönig und der Bär〉[KHM 102]의 줄거리다. 굴뚝
새를 얕잡아보고 모욕했던 곰이 싸움에 지고 기세에 눌려서 용서를 빌
게 된다는 전개가 꽤나 엉뚱하면서도 해학적이다. 커다란 곰이 자그마
한 굴뚝새한테 용서를 비는 장면은 생각만 해도 웃음이 난다. 다만, 이
이야기는 다소 의아한 느낌을 낳기도 한다. 커다란 곰이 굴뚝새 따위
한테 저렇게 쩔쩔매면서 당하다니, 그건 아무래도 말이 안 되지 않는가
하는 것이다. 조그만 굴뚝새가 왕으로서 새들을 이끌어 지휘하는 일도
이치에 잘 맞지 않아 보인다. 저 작고 보잘것없는 굴뚝새가 대체 무엇이
기에?

　진짜 이치로 말하자면 굴뚝새가 작고 보잘것없다는 것이 오해이고
편견일 따름이다. 겉보기에 작고 누추하다고 해서 별 볼 일이 없다는
식의 등식은 성립되지 않는다. 곰에게 한주먹거리도 안 돼 보이는 작은
새, 그러나 실상은 거인이다. 작은 거인! 누구에게도 굽히지 않는 당당
한 긍지와 자존감으로 움직이는 저들을 어찌 감히 무시할 수 있으랴.
가장 중요한 것을 제대로 가진 이 세상의 왕을! 전개에서 보듯이 그건
단순한 허세가 아니었다. 지켜야 할 것은 지키고 싸워야 할 때는 싸우
는 그들이었다. 마침내 그렇게 자존감을 확인하고 행복을 구가하는 저
굴뚝새들, 세상의 오롯한 주인공으로 부족함이 없다.(첨언하면 허세를 부

리는 존재는 큰 짐승들, 곧 곰과 여우 등이었다. 막상 전쟁이 나자 뒤로 빠지면서 여우를 내세우는 곰, 제 잘난 꼬리를 빼기며 내세우다가 속절없이 그걸 다리 사이로 내려뜨리는 여우, 그리고 한순간에 우왕좌왕 후퇴하며 뿔뿔이 숨어드는 다른 동물들까지. 거기 비하면 '모기처럼 날아서 벌처럼 쏘는' 굴뚝새의 모습은 더없이 실전적이다. 군더더기 제로!)

새들의 왕 굴뚝새의 내적 속성과 동선은 황금산 왕의 경우와 비슷해 보이면서도 질적으로 다르다. 훌륭한 존재로 인정받으려는 일이나 자기를 모욕한 상대와 투쟁하는 모습이 서로 마찬가지 아닌가 싶지만, 내적 자질과 맥락에 큰 차이가 있다. 황금산의 왕에게는 가장假裝 내지 숨은 헤아림이 있는 반면 굴뚝새한테는 그런 것이 없다. 그들은 투명하고 당당하다. 황금산의 사내가 자격지심과 경쟁심, 질투심 따위에 휘둘린다면, 굴뚝새를 움직이는 것은 있는 그대로의 자존감이고 자긍심이다.

세상의 존귀하고 훌륭한 존재로서의 자기 자신, 그걸 버리고서야 어찌 당당한 하나의 생명이라 할 수 있을까. 굴뚝새의 싸움이 외적인 무언가를 위한 것이 아니라 '허접한unehrlich'(부정직한, 사실과 다른) 가짜로 제 존재를 부정하려는 편견에 맞서서 본연의 가치로서의 '훌륭함ehrlichkeit'(성실함, 정직함, 공정함, 명실상부함. 곧 있는 그대로의 가치로움)을 지키기 위한 것이었음을 눈여겨볼 필요가 있다. 그것이 훼손되자 음식 따위 입에 대지 않는 어린 굴뚝새들의 모습과 투명 망토로 몸을 가리고서 아내가 들고 있는 음식을 빼앗아 먹는 배배 꼬인 사내의 모습은 어찌나 대조적인지! 그 사이에는 넘어설 수 없는 심연이 있다고 해도 과언이 아닐 것이다.

　개인적으로 이 이야기 속의 굴뚝새들에게서 겉보기에 가난하고 초라하지만 씩씩하고 당당하게 살아가는 서민 가족의 모습을 본다. 스스로를 믿고 존중하기에 서로를 믿고 존중하는 그들, 훌륭하지 않은가. 부_富나 권력 따위야 한갓 외물일 따름. 황금산을 통째로 차지한 왕은 겉으로 모든 것을 가졌으되 실제로는 아무것도 못 가진 허깨비였을 뿐이다. 그와 달리 눈에 띄는 변변한 것들을 갖지 못했으되 가져야 할 한 가지를 제대로 가진 저 굴뚝새들, 그들이야말로 진짜다. 한때 '울타리의 왕'이라는 이름을 비웃음으로 내려봤던 나, 그 앞에 고개를 숙임이 마땅하다. "미처 몰라봤습니다. 용서하소서. 진짜 왕이시여!"

3잠

민답형 인간의 꽃, 트릭스터 탐구

용감한 재봉사와
천하명물 정만서

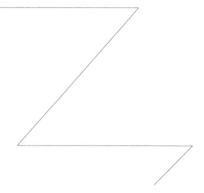

민담형 인간을 말할 때 빼놓을 수 없는 캐릭터가 트릭스터다. 제 욕망을 이루기 위해 수단에 개의치 않고 거침없이 움직이는 행동파 인물이 곧 트릭스터다.[16] 신화의 특징적 캐릭터가 '영웅'이고 소설의 두드러진 캐릭터가 '문제적 개인'이라면 민담을 대변하는 캐릭터는 바로 트릭스터라 할 수 있다.

'트릭trick'을 명칭 안에 떡하니 지니고 있는 트릭스터는 '사기꾼' 느낌이 물씬 나는 캐릭터다. 트릭스터에 대한 '표준국어대사전'의 정의는 "문화 인류학에서, 도덕과 관습을 무시하고 사회 질서를 어지럽히는 신화 속의 인물이나 동물 따위를 이르는 말"이라는 것이다. 세상에! 이거 완전히 반윤리적인 사기꾼 취급이다. 그에 비하면 '다음Daum 영어사전'에 'trickster'의 뜻으로 나열된 "1. 사기꾼, 2. (민화·신화에 나오는) 장난꾸러기 요정, 트릭스터, 3. 마술사, 4. 창조적이면서 파괴적인 성격을 가진 양의적兩意的 존재, 5. 책략가" 등이 더 나은 편이다. 특히 4번의 설명이 아주 그럴싸하다.(trickster는 한국어로 사기꾼, 궤술사, 건달형 인물 등으로 표현되기도 했었는데, 어느 것도 본뜻을 잘 전달하지 못하는 터라서 그냥 '트릭스터'로 쓴다. 실제로 근래에는 이렇게 통용되고 있다. '책략가'가 꽤 그럴듯하지만 그 또한 트릭스터의 함의를 충분히 담아내기에는 부족함이 있다.)

이야기에서 트릭스터를 처음 만나게 되면 대개 당황하게 된다. "이건 뭐지?" 눈 하나 깜짝하지 않고 상대방을 척척 속여 넘기는 사람, 영락없는 사기꾼으로 보인다. 하지만 트릭스터를 저열한 사기꾼으로 치부하는 것은 외적 명목에서 자유롭지 못한 이들의 편견일 따름이다. 존재적 원형성과 파괴력 면에서 트릭스터는 그 무게감이 영웅에 못지않다. 아니, 무게감은 확 떨어진다. 트릭스터는 가벼운 존재니까. 그런데 파괴력은 영웅 이상이니 꽤나 독특한 존재가 된다. 지금 이 시점에 우리가 특별히 주목할 캐릭터가 바로 트릭스터라는 것이 나의 확실한 믿음이다.

옛이야기의 세계에서 트릭스터와 만나는 것은 어렵지 않다. 사람 외에 동물 트릭스터도 무척 많다. 여우, 고양이, 코요테, 토끼, 메추리 등등. 눈에 쏙쏙 들어오는 수많은 트릭스터 가운데 누구를 놓고 이야기를 펼칠까 고심하다가 결론적으로 두 사람을 선택했다. 용감한 꼬마 재봉사와 천하명물 정만서. 꼬마 재봉사는 그림 형제 민담 속의 대표적인 트릭스터 주인공이며(〈용감한 꼬마 재봉사Das tapfere Schneiderlein〉[KHM 20]), 정만서는 19세기에 경주에서 실제로 살았던 것으로 전해지는 트릭스터형 인물이다. '용감한tapfere'이라는 관형어는 원 제목에 들어 있는 반면, '천하명물'이라는 수식어는 근간에 정만서를 다룬 책을 내면서 기획자가 붙인 것이다." '천하잡보'로 유명한 영덕 지방의 트릭스터 방학중"에 맞서서 만든 별명이다. 정만서 본인이 듣는다면 심드렁히 여길 테지만 어떻든 명물은 명물이니, 가져와 쓰기로 한다.

먼저 두 인물의 간단한 프로필을 본다.

꼬마 재봉사

어린아이는 아니다. 몸집이 자그마해서 꼬마로 불렸을 뿐이다. 재봉사를 생업으로 삼던 청년이다. 어느 날 그는 잼을 바른 빵에 파리 떼가 꼬여들자 천 조각을 후려쳐 일곱 마리를 처치한다. 어머, 이런 일은 널리 알려야 해! '한 방에 일곱 놈!'이라고 큼직하게 새긴 혁대를 두르고서 보란 듯이 길을 떠난 그, 산꼭대기에서 크고 무서운 거인을 만난다. 이런 거인쯤이야! 돌 대신 치즈를 손으로 뭉개고, 새를 돌인 양 하늘로 아득히 던지고……. 하여튼 그런 식으로 거인의 기를 꺾은 재봉사는 그날 밤을 거인들의 동굴에서 지내게 된다. 거인은 한밤중에 슬쩍 일어나 쇠몽둥이로 재봉사가 잠든 침대를 깨부순다. 하지만 재봉사는 이미 한구석으로 옮겨가 있던 상황. 다음 날 그가 웃으면서 거인들 앞에 나타나자 그들은 놀라 도망치고 만다. 계속 길을 나아가 궁궐 마당에서 태연히 낮잠을 자는 그. 혁대에 새겨진 '한 방에 일곱 놈!'이라는 글자를 본 사람들은 그를 최고의 용사로 왕에게 천거한다. 재봉사의 놀라운 이력에 압도된 왕은 그한테 거듭 지난한 과업을 내린다. 하지만 그가 누군가. 한 방에 일곱을 처치한 재봉사한테 문제될 것은 없었다. 그는 힘 들일 것 없이 꾀를 써서 두 명의 거인을 처치하고 외뿔 짐승을 포획하고 사나운 멧돼지를 사로잡는다. 내심 그를 제거하려 했던 왕은 할 수 없이 그를 딸과 결혼시키고 왕국의 반을 건네준다. 재봉사는 잠꼬대 때문에 출신의 미천함을 의심받게 되지만, 한 방에 일곱을 처치하고 거인과 일각수와 멧돼지를 처리한 그 기세로써 위기에서 벗어나 자기를 모해하려던 자들을 놀라 흩어지게 만든다. 누가 감히 나에게 덤비랴. 용감한 꼬마 재봉사, 보란 듯이 평생을 왕으로 살게 된다.

정만서

19세기 후반쯤 조선 땅 경주 고을에 살았던 것으로 알려져 있는 괴짜. 정만수나 정만쇠라고도 불린다. 어린 시절이나 젊은 시절은 알기 어렵다. 중년이나 장년, 또는 노년 시절 일화들이 이리저리 전할 뿐. 언제 어떻게 결혼했는지, 아내도 있고 아들도 있다. 아들의 이름은 범이. 사는 집은 안팎의 경계가 불분명해서 밤에 누우면 별이 보이고 비가 내리면 방 안에 냇물과 연못이 생겨난다. 그렇건 말건 천하태평인 정만서. 방 안에서 낚시를 즐기고 뱃놀이라도 벌일 기세다. 경주부터 서울까지 사방팔방 가리지 않고서 누비고 다닌 그는 가는 곳마다 기발한 일화를 턱턱 만들어낸다. 음식 공짜로 먹기는 기본. 잣이나 곶감, 개장국 그리고 개의 낭심까지 눈에 들어오는 건 이미 제 것이나 마찬가지다. 한 냥에 변소를 빌리고서 주인한테 열 냥을 받아내는 억지에다가, 스스로 통빨래가 되거나 길바닥에 싸지른 똥을 새로 둔갑시켜 순라꾼을 골탕 먹이는 기지까지, 그의 기행은 끝이 없다. 언변은 또 어찌나 능청맞고 막힘이 없는지. "저놈 대체 뭐야" 하던 사람들도 "응, 정만서", 그 한마디면 다들 "아하, 정만서!" 하고서 자기 이마를 탁 쳤다고 한다. 병들어 죽어가는 중에 "아이고 이래 죽으면 어떡합니까?" 하는 아들 손자들한테 "죽어봐야 알지 아직 안 죽어서 모르겠다" 하고 태연히 눙쳤다는 사람. 그래. 내가 바로 정만서다.

보다시피 두 사람의 이력에는 꽤 큰 차이가 있다. 살았던 시대와 공간이 완전히 다르며 구체적인 캐릭터나 스타일도 자못 다르다. 꼬마 재봉사가 막 세상을 향한 모험을 시작한 쾌활한 청년이라면 정만서는 처자식을 둔 장년의 능구렁이 백수건달이다. 두 사람이 등장하는 이야기의 성격에도 큰 차이가 있다. 재봉사 이야기가 한 편의 환상적이고 완결적인 모험담 성격을 지니는 것과 달리 정만서 이야기는 일상 현실 속에서 펼쳐진 여러 사건들이 독립적인 일화 형태로 흩어져 있다. 정만서에 대한 일화들은 실제로 그런 일이 있었던 것처럼 전해온 것으로서 성격상 민담보다 전설에 가깝다. 꼬마 재봉사가 전형적인 민담적 주인공이라면 정만서는 민담형 인간으로 살아온 족적으로 전설의 주인공이 된 경우다.

하지만 이 두 사람한테는 본질적인 공통성이 있으니, 트릭스터의 피가 흐른다는 사실이 그것이다. 어떤 상황에서든 아무 걱정이나 고민 없이 제 한 몸을 믿고 쭉쭉 움직여 나가면서 부딪히는 것들을 무엇이든 툭툭 쳐내는 두 사람, 어김없이 같은 종족이다.

[꼬마 재봉사-1] 재봉사는 몸이 가볍고 날쌔서 조금도 피곤한 줄을 몰랐다. 길은 산으로 통했다. 맨 꼭대기에 이르렀을 때 엄청 큰 거인 이 앉아서 주변을 둘러보고 있었다. 재봉사는 씩씩하게 다가가서 말했다.

"안녕, 친구! 거기서 세상을 굽어보는 거야? 나도 한번 세상을 경험해보려고 나섰지. 함께 가볼까?"

거인이 그를 경멸스럽게 보면서 말했다.

"이런 거지가! 가련한 놈이!"

그러자 꼬마 재봉사가 저고리를 열고 혁대를 보이면서 말했다.

"읽을 수 있겠지? 내가 어떤 사람인지 말이야."

거인은 '한 방에 일곱 놈!'이라는 글자를 그가 쳐 죽인 사람 숫자 로 여겼고, 작은 녀석한테 약간의 존경심이 생겼다. 한번 시험해봐 야겠다고 생각한 거인은 돌멩이 하나를 손에 들고 쥐어짜서 물방 울이 떨어지게 만들었다.

"너도 힘이 있다면 한번 보여주시지!"

"더는 안 나오는 거야? 그쯤 우리한테야 그냥 장난이지!"

재봉사는 주머니에서 치즈를 꺼내서 즙이 줄줄 흐르도록 쥐어 짰다.

"자, 조금 낫지 않아?"

거인은 할 말을 못 찾았고, 꼬마가 한 일을 믿을 수 없었다. 거인 은 돌을 하나 들어서 사람 눈에 보이지 않을 정도로 높이 던지고서 말했다.

"자, 꼬맹이. 한번 보여주든가."

"꽤 던지는군. 하지만 그 돌은 다시 땅으로 떨어진단 말이야. 내가 한번 보여드리지. 되돌아오지 않는 던짐이 무엇인지를."

그는 주머니에서 새를 꺼내 들고서 공중으로 던졌다. 자유를 찾은 새는 훌쩍 날아올랐고 되돌아오지 않았다.

"어때 이거? 마음에 드시나, 친구?"[19]

[정만서-1] 밤이고 낮이고 이 양반(정만서)이 어디 안 댕긴 데가 없고, 이래 됐는 모양이라. 서울 같은 데 그런 데도 늘 쫓아댕겼던 모양이지.

서울에는 옛적에도 순라꾼이 있었다 캐요. 순라꾼이라 하는 거는 여기 경비원맨치로 이래 있었는데. 가만 생각해보니 순라꾼한테 끌려가게 되면 하룻밤 고생하는 게 보통인데, [정만서가] 남의 울타리에 떡 활개를 벌리고 떡 이래 서가 있능게라. [팔을 쫙 벌리면서] 이래 떡 서가 있으니 순라꾼이,

"니 뭐고?" 이카거든.

"서답(빨래)이시더." 이카거든.

"서답이 무신 말을 하노?"

"통서답은 통서답이다." 이카거든.

"통서답은 말하나?" 이카니,

"금세 방금 통서답이 돼놓으니까 그렇다." 이카거든.

"왜 통서답이고?" 카이.

"옷은 없고요, 입고 빨아가지고, 뭐 빨가벗고 있을 수는 없고, 이래가 그저 말립니다." 이카더란다.

그래, 하도 같잖시럽어가(어이없어서) 마 내버려 놔두고. [모두들 웃음][20]

대략 이런 식이다. 드넓은 세상이 다 제 무대인 양 마음껏 누비고 다닌 사람, 그들이 꼬마 재봉사와 천하명물 정만서다. 그들에게는 따로 동행도 없다. 그냥 저 혼자서 척척 나아가면서 상상도 못 한 스토리들을 만들어낼 따름이다. 무언가 이것저것 챙겨서 움직이는가 하면 그것도 아니다. 그냥 빈 몸이라고 보면 틀림이 없다. 재봉사가 주머니에서 치즈와 새를 꺼내지만 그것은 저 상황을 위해 준비해두었던 것이 아니다. 아무렇게나 손에 걸리는 대로 넣어뒀던 것을 저렇게 이용하고 있을 따름이다. 정만서에게는 그런 작은 것들조차 없다. 허름한 옷을 걸친 작은 몸 하나뿐. 그 상태로 급박한 위기 상황을 아무렇지도 않게 해결하는 것이다. 따로 준비하거나 연습한 바가 아닌, 즉석의 임기응변으로써. 전형적인 트릭스터의 면모다.

아니, 저 둘이 가진 것은 몸만이 아니다. 마음도 포함되므로. 기지機智나 기세氣勢 같은 정신적인 측면 말이다. 남다른 상상력도 빼놓을 수 없다. 실은 이것이야말로 저들에게 가장 큰 무기라 할 수 있다. 짐이 될 것도 없고 따로 챙길 것도 없이 본래 자기 안에 깃들어 있는, 눈에 보이지 않지만 한도 없는 파괴력을 지닌 원초적이면서 절대적인 무기! 저들은 겉보기에 작고 보잘것없지만 그것은 외양일 따름이다. 오히려 작고 가볍기 때문에 걸림 없이 큰 힘을 낸다. 거인이나 순라꾼으로 은유된 세상의 힘 있는 자들은 저들을 갈잖게 여기면서 내려다보지만 저들, 만만치 않다. 생각보다 강적. 아니 그 이상일지도 모른다. 이거, 한번 찬찬히 속내를 들여다볼 만하지 않나?

그들의 파격 행보,
대책 없음과 거침 없음 사이

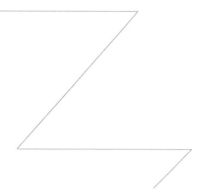

꼬마 재봉사와 정만서의 행보, 아직은 쉽사리 납득하기 어려운 쪽일 것이다. 하는 짓이 영 '같잖은' 것도 그렇고, 그런 행동이 통한다는 것도 그렇다. '저런 허튼 속임수가 먹힌다고? 바보가 아니고서야! 이야기니까 그렇지 실제로는 터무니없는 일이지.' 대략 이런 느낌 아니신지? 하지만 정말로 그럴까? 만약 당신이 저 재봉사나 정만서를 마주한다면, 그들을 만만히 상대할 수 있을까?

"저, 감당할 수 있겠습니까?"

[꼬마 재봉사-2] "네가 그렇게 용감한 놈이면 우리 굴로 가서 함께 밤을 보내자."

재봉사는 그럴 준비가 돼 있었고, 기꺼이 그를 따라갔다. 굴에 이르러서 보니 다른 거인들이 불가에 앉아서 각자 손에다 구운 양을 들고서 뜯어먹고 있었다. 재봉사는 주변을 쭉 둘러보면서 생각했다.

'흠, 여긴 나의 작업실보다 꽤 넓군.'

거인은 그한테 침대를 하나 가리키면서 거기 들어가 누워서 잠을 자라고 했다. 하지만 침대는 재봉사한테 너무 컸다. 그는 거기 들어가지 않고 한구석으로 기어갔다. 한밤중이 됐을 때 거인은 재봉사가 깊이 잠들었을 거라고 생각하고 자리에서 일어난 뒤 커다란 쇠몽둥이를 들어서 단 한 방으로 그가 있는 침대를 깨뜨렸다. 그걸로 메뚜기 같은 녀석을 처치했다고 여겼다.

이른 아침에 거인들이 숲으로 갔을 때, 그들은 재봉사를 완전히 잊어버리고 있었다. 그때 그가 다시금 아주 유쾌하고 태연한 모습으로 활보해 왔다. 깜짝 놀란 거인들은 그가 자기들을 때려죽일까 봐 무서워서 황급히 도망치고 말았다.[21]

앞의 [꼬마 재봉사-1]에 이어지는 내용이다. 거인이 재봉사를 제 집으로 이끌고 가는 것은 전형적인 '술수'에 해당한다. 대결 장소를 제 본거지로 옮김으로써 유리한 위치를 점하고자 하는 책략이다. 일대일의 대결 대신 외적 조건을 이용하려 하는 것이니 정공법이 아닌 편법에 해당한다. 그런 의도를 아는지 모르는지 험상궂은 거인들이 잔뜩 도사린 굴속을 향해서 제발로 걸어 들어가는 꼬마 재봉사. 그 행보는 용감함이 아니라 대책 없는 무모함이라고 보는 것이 딱 어울린다.

이어지는 상황은 그 행보의 무모함을 확인해준다. 재봉사는 커다란 함정 안에 꼼짝없이 갇힌 상태에서 몸이 한 방에 박살나 버릴 운명이었다. 하지만 그 불운은 재봉사를 살짝 비켜간다. 침대가 너무 커서 한 구석으로 기어든 덕분에 재봉사는 요행히 죽음을 면하는 것이다. 절체절명의 위험한 순간. 재봉사로서는 놀란 가슴을 쓸어내릴 장면이다.

'어휴, 큰일 날 뻔했네. 미쳤지! 내가 여기를 왜 들어온 거야? 빈틈이 보이는 대로 살짝 빠져나가자!'

어떤가 하면 이건 재봉사의 생각이 아니다. 우리들 제삼자의 상상일 따름이다. 원문에 구체적인 상황이 묘사되어 있지는 않지만, 재봉사가 놀라서 가슴이 방망이질 치는 가운데 수선을 떨었을 가능성은 거의 없다. 으레 그런 것인 양 심상하게 넘겼을 가능성이 90퍼센트 이상이다. 어쩌면 그냥 구석에서 새록새록 잠을 잤을 수도 있다. 그가 다음 날 거인들 앞에 태연히 웃으면서 나타났다는 데서 이런 헤아림이 가능하다.

거인의 굴속에서 재봉사가 살아난 것은 정말로 우연이고 요행이었을까? 아니, 그것은 오히려 그렇게 되도록 예정된 일이었다는 생각을 해본다. 그렇게 보는 맥락은 두 가지다. 하나는 그가 거인의 수手를 뻔히 예상했고 그리하여 적당한 시점에 슬쩍 자리를 옮겼다는 것이다. 그가 구석으로 '기어갔다kroch'는 표현은 이를 반영한 것이 아닐지. 또 하나는 재봉사가 거인한테 당하기에 워낙 작았다는 것이다. 작으니 피하거나 숨기에 용이하고, 부딪히거나 떨어져도 피해가 크지 않다. 작기에 오히려 강하다는 것, 지닌 것이 없기에 자유롭고 거침없다는 것, 이것이 재봉사의 존재적 정체성을 이루고 있는 상황이다. 그냥 재봉사가 아닌 '꼬마 재봉사Schneiderlein'의.(Schneider는 재봉사이고 그 뒤의 'lein'은 작음을 나타내는 말이다. 'lein'이 붙으면 남성이 아닌 중성명사 das Schneiderlein으로 바뀌는데, 뭔가 '소품'을 연상시키는 재봉사 캐릭터가 중성적 사물성과 어울려서 인상적이다.)

혹시 이런 해석이 억지스러워 보인다면 한 가지 사실을 상기하기를 권하고 싶다. 앞의 [꼬마 재봉사-1]을 보면 "재봉사는 몸이 가볍고 날쌔서 조금도 피곤한 줄을 몰랐다"는 서술을 확인할 수 있다. 그가 '작음'을 약점이 아닌 능력으로 삼았음을 말해주는 내용이다. 다음의 내용은 또 어떤지.

[꼬마 재봉사-3] 왕은 그를 그냥 멀리 치워버리고 싶었다. 궁리 끝에 왕은 좋은 방법을 찾아냈다. 그는 재봉사에게 사람을 보내 숲에 살인과 약탈을 일삼는 두 명의 흉악한 거인이 있는데, 그들을 죽이면 외동딸과 결혼시키고 왕국의 절반을 주겠다고 했다. 백 명의 기사를 딸려 보내서 돕도록 하겠다면서. 그건 바로 자기를 위한 일이라고 여긴 재봉사는 한 방에 일곱을 처치하는 사람이 둘 따위를 무서워하겠냐면서 기꺼이 승낙했다. 숲에 다다른 재봉사는 뒤따르는 기사들을 머물게 하고는 혼자서 거인들을 처치하겠다며 안으로 들어갔다. 얼마 뒤 그는 나무 아래에서 코를 골면서 자는 두 명의 거인을 발견했다. 주머니에 돌멩이를 가득 채우고 나무로 올라간 재봉사가 거인의 가슴 위로 번갈아서 돌멩이를 던져대자 상대가 자기를 때렸다고 생각한 거인들이 화가 나서 서로 싸우기 시작했다. 나무를 통째로 뽑아들고 싸우던 두 거인은 결국 함께 쓰러져 죽고 말

앉다. 나무에서 뛰어내린 재봉사는 칼로 두 거인의 가슴을 찌른 뒤 기사들한테 가서 일이 끝났음을 알렸다. 거인들이 나무를 뽑아들고 격렬히 저항했지만 아무 소용없는 일이었다고 했다. 사람들이 가서 보니 정말로 거인들이 피를 흘리며 널브러져 있고 주변에 나무들이 쓰러져 있었다.[22]

왕의 계략으로 재봉사가 다시 거인과 겨루고 있는 장면이다. 이번 거인은 먼젓번에 만났던 소심한(?) 거인들보다 더 거칠고 흉악한 상대였다. 그럼에도 불구하고, 앞의 거인들이 재봉사한테 놀라서 도망쳤던 것과 달리, 이번 거인들은 피를 흘리고 쓰러져 죽는다. 전형적인 점층적 진행이다. 재봉사의 능력과 활약이 점점 증대되고 있는 중이다. 그가 나무 위에 올라가서 거인들의 가슴에 돌멩이를 던지는 모습을 보자면, '트릭의 달인'이라고 해도 손색없을 정도다.

뒤따르는 사람들을 다 물리치고 혼자서 거인 둘을 상대하겠다고 나서는 저 사람. 객관적으로 보면 영락없이 '대책 없는 무모함'이다. 하지만 재봉사의 행보를 쭉 보아온 입장에서 생각이 조금씩 달라진다. '쟤 뭔가 있나 봐. 좀 놀라운데!' 이런 쪽으로 말이다. 한 방에 파리 일곱 마리를 처치한 것이 뭐 그리 대단한 일이냐고 조롱하던 마음이 슬쩍 바뀌기까지 한다. '그거 실제로 대단한 일이었던 것 아닐까? 파리 한 마리 잡는 것도 쉽지 않은데 말이지.'

아직도 저 재봉사의 행보가 대책 없는 무모함이라고 하는 '합리적 의심'을 내려놓을 수 없다면, 그냥 운이 좋았을 뿐이라거나 이야기적 공상일 따름이라고 생각된다면, 다음 대목을 한번 유심히 곱씹어보시길.

> **[꼬마 재봉사-4]** 거인들은 분노에 휩싸여서 나무를 뽑아들고 상대방을 후려치기 시작했다. 마침내 둘 다 죽어서 땅에 쓰러질 때까지. 그 순간 재봉사가 훌쩍 뛰어내리고서 말했다.
> "운이 좋았어. 쟤들이 내가 올라앉은 나무를 뽑아들지 않았으니 말이야. 만약 그랬다면 다람쥐처럼 다른 나무로 뛰어올라야 할 뻔했지 뭐야. 우리 같은 사람은 뭐 좀 잽싸니까!"[23]

이런 모습을 보면서도 재봉사가 혼자서 거인들을 향해 나아간 일을 대책 없는 무모함이라 할 수 있을까? 그가 마침내 거인들을 물리친 것을 우연한 행운이었다고 할 수 있을까? 그렇지 않다. 재봉사의 행보는 대책 없음이 아니라 '거침없음'에 가깝다. 자기 확신에 의한.

이야기에서 재봉사가 스스로 '운이 좋았다'고 말하고 있음을 눈여겨볼 필요가 있다. 운이 나쁘면 곤경을 겪을 수도 있음을 그 자신도 알았다는 뜻이다. 만약 불운한 상황이 닥쳤다면? 속절없이 당한다? 그럴 리가! 재봉사에게는 이미 다 계획이 있었던 터였다. 다람쥐처럼 다른 나무로 훌쩍 뛰어올라가는 식으로 말이다. 그 계획은 미리 머리를 짜내서 세운 것이라기보다 임기응변의 즉석 대처라고 봄이 합당하다. 새로운 곤경에 맞닥뜨리면 거기에 맞추어 대응하는 식이다. 일컬어, 무정형의 열린 대책. 요컨대 재봉사의 진짜 대책은 존재 자체라고 할 수 있다. '나'라고 하는. 이 이야기에서 재봉사는 '우리 같은 사람unserer einer'

이라고 말하고 있거니와, 이 말은 종족적 자의식 내지 자긍심을 반영한 표현이 된다. 트릭스터라는 특별한 종족의.

대책 없는 무모함으로 다가오는 행보가 실은 자기 확신에 따른 거침없는 행동력이고 해결력이라는 것. 이는 또 한 사람, 정만서에게도 해당한다. 그 또한 재봉사와 같은 종족이므로.

[정만서-2] 저기 그때부터 도로에 침을 뱉거나 방뇨를 하거나 이러면 벌금 오십 전을 하기로 돼가 있었어요. 다시 뭐 어디 할 자리도 없고. 여름인데, 그때 보리짚 모자라고 쓰고 댕겼는데, 밀짚 가지고도 만들고 버드나무 가지고 만들고 하는 그 모자를, 보리짚 모자를 쓰고 댕겼는데, 아 그만 길 복판에 가다가 용변(대변)을 봤다 이거요.

보니, 저 밑에 순사가 칼을 차고 일본 순사가 올라거든요. 들키면 오십 전 벌금 해야 될 기고, 마 연구를 냈다 이거요. 그 인자 보리짚 모자를 벗어가지고는 용변 본 걸 덮어 씌워놓고 꼭 누르고 있거든. 그 순사가 곁에 와서,

"니 뭐 하느냐?" 이카거든.

"고운 새가 들어 있다." 이거라.

일본 사람들은 새라 그러면 아주 사랑했어요. [일동: 웃음]

"내가 마 그물을 얻어 올 모양이니, 그물 얻어 올 동안에 이 모자를 좀 누르고 있어라."

"갔다 와라." 이카거든. [청중: 웃음]

그래 인자 이거는 칼을 차고설랑 보리짚 모자를 누르고 있는데.

아, 한 시간이 돼도 안 오거든요. 아이, 지루하니 얼마나 고운 샌가 싶어가, 모자 한쪽 밑으로 손을 요래 넣어가지골랑 만지니 몰랑몰랑. '참 고운 새가 틀림없구나.' 싶거든. 폭닥폭닥하니. [일동: 웃음]

아, 두 시간 기다려도 안 오니 이놈이 손으로, 내가 잡겠다고 말이야, 컥 거머쥐니 뭉크덕하거든. [일동: 웃음] 아, 들어보니 마 그 모양이라.

"개새끼! 고노야로!"

하마 저거는 머 달아나버렸는데 뭐. [일동: 웃음] 그래가지고 순사만 골탕 먹고, 벌금 안 내고.²⁴

앞에서 순라꾼이었던 것이 여기서는 일본 순사로 바뀌었다. 구전되는 이야기라는 게 원래 이렇다. 과거에 일본 순사는 공포의 대상이었으니, 이렇게 함으로써 이야기의 긴장감과 재미가 더 잘 살아난다. 똥을 새인 줄 알고서 덮어 누르고 있는 칼 찬 순사, 그야말로 '가관可觀'이다.

단순한 통행 위반이 아니고 노상에 똥을 눈 터에 순사를 만났으니 단단히 경을 치고 벌금을 내야 할 위기였다. 하지만 저 사람이 누군가? 바로 정만서다. 백주 대낮에 길 한복판에 똥을 싸지르다니 턱없는 무모함이지만 저이한테는 문제가 되지 않는다. 그 자신이 곧 대책이니까. 놀라서 내빼는 것은 당연히 그의 방식이 아니다. 태연자약하게 맞아서 능청맞은 변설을 늘어놓는 것, 그게 정만서의 방식이다. 구연자는 정만서가 '고운 새' 이야기를 한 것에 대해 "연구를 냈다"고 표현하거니와, 여기서 '연구'는 미리 준비해둔 바가 아닌 즉석의 연구라고 할 수 있다.

주어진 상황과 눈앞의 상대에 따른 맞춤형 연구. 그렇게 해서 상황은 완전히 역전된다. 맨손으로 똥을 컥 거머쥐는 순사, 완전 대박이다! 이야기를 주고받는 사람들이 중간부터 계속 웃고 있거니와, 정만서가 그들의 모습을 본다면 아마도 이렇게 말했을 것이다. 심드렁하게. "뭐 그런 걸 가지고."

한 장면 더 본다. 이번에는 먹는 일이다.

[정만서-3] 정만서란 사람이 칠난봉 팔건달이라. 할 일은 많은데 돈이 없어서 할 일을 못해.

　이래서 한번은 삼사 월 긴긴 해에 참 가게 집을 가보니, 국솥에, 개장솥에 파는 곤두박질하는데, 목은 컬컬하지, 한 잔 먹었으면 싶으나마 돈이 없어서 못 먹겠단 말이여. 그래서 하는 말이,

　[혼잣말처럼] "누가 내 코 사면 말여, 코라도 베어서 팔아가지고 술을 먹겠고마는. [여러 사람에게 널리 들으라는 듯이] 코 살 사람 있겠는가?"

　물으니, 그 가운데 친구들이 말이지.

　[큰 소리로] "내가 사지! 이놈의 자식, 네 코 베어 팔라 카면 네 코 내 사지!"

　[당당하게] "그 코 사라! 그러면 코를 파는데, 내가 코를 파는데. 술을 아니 먹고 맨 마음에 어찌 끊어 팔겠노? 먹고 팔지." [청중: 웃음]

　"그럼, 그래라!"

　그래가지고,

"그 국 떠 오라!"

그래 국을 떡 떠놓고 한 잔 먹지! 권커니 받거니 실컷 먹었어.

"이 사람! 친구들 너희도 다 먹어라! 내 코 베어 파는데 뭐 보기 좋을 거 있나? 다 먹어라!"[25]

수중에 돈이 없던 정만서가 개장국이 펄펄 끓는 것을 보고서 자기 코를 베어 팔기로 하고 음식을 먹는 장면이다. 먹는 것도 좋지만 코를 베어서 판다니, 어찌하려고 저러는가 싶은 광경이다. 이 자료에서는 정만서가 스스로 코를 팔겠다고 했다지만, 다른 자료에서는 세도깨나 있는 치들이 음식을 나눠주는 조건으로 코를 내놓으라고 요구했다고도 한다. 어떻든 이런 상황에서 정만서는 천하태평이다. 일단 먹고 보는 건 물론이고 주변 사람들한테까지 선심을 쓴다. 뭐, 먹는 데는 빈부貧富가 없고 상하上下가 따로 없으니까.

저렇게 먹고 난 뒤에 대체 어떻게 하려는 것일지. 우리는 이제 대략 알고 있다. 그가 저 상황을 가볍게 타개하리라는 사실을. 그렇다면 대체 어떻게? 그냥 먹고서 내빼거나 몰라라 발뺌하는 식일 리는 없다. 그건 트릭스터의 방식이 아니다.

[정만서-4] 친구들도 전부 다 권해가, 자 실컷 먹여놓고는, 그래 인자 주모더러,

"여보! 내 코를 벨 모양이니까 도마를 가지고 오시오!"

도마 떡 가져왔다. 도마를 떡 갖다놓고 자 이놈의 정만서 인제,

"내 코 베어 판다!"

턱 놓고는 [신문지를 끌어다가 도마인 양 자기 앞에다 펴놓고는],

"칼 가져오너라."

칼을 턱 도마 위에 얹어놓고는

"정만서 코 벤다."

코를 흥! 풀어가 [웃으면서] 도마에 턱 놓고는 복판을 딱 갈라서

"자! 이건 네 술값이다. 요건 내 코다."

[일동 웃음을 참지 못하는 듯 계속 폭소를 터뜨린다. 구연자도 웃음을 겨우 참아가면서 이야기를 계속한다.]

"이 자식아! 코 베 판다 해놓고 왜 코를 안 베고 왜 코를 파느냐?"

"이 자식아! [자기 콧등을 만지면서] 이거는 코집! 안에 든 거는 코! 곁에 있는 거는 코집!"

[일동 폭소가 계속되는 가운데, 한 청자: 코집 맞다!][26]

이게 바로 트릭스터의 방식이다. 아무 대책이 없는 것처럼 보이지만 사실은 그 안에 무진장의 대책이 들어 있는 식이다. 대책의 부재가 곧 대책의 무궁함이라는 역설이 저 사람 정만서한테 딱 들어맞는다. 돌아보면 앞의 꼬마 재봉사한테도.

저들은 온몸으로 말한다. 궁하면 통하는 법이라고. 어떤 상황이든 다 풀어나갈 방법은 있는 거라고. 왜냐하면 그게 세상이니까. 무한변동 또는 무한가능성의 세상, 거기 정해진 답은 없으며 '여기까지다'라고

하는 한계는 없다. 스스로를 믿고 움직이는 이들한테, 못 할 바는 없다. 왜냐하면 인간은 그 자체로 무궁무진한 존재이므로. 사람들은 자신이 힘들여 익힌 고급스러운 매뉴얼이나 노하우를 대단하게 여기지만 실상 그것은 인간의 무한한 가능성을 규격화한 것이라고 할 수 있다. 하나를 얻는 대신 열을 포기하는 식이다. 그것은 트릭스터의 방식이 아니다. 어떤 정해진 틀에도 얽매이지 않는, 어떤 경계에도 갇히지 않는 탈경계적 자유인, 그가 바로 트릭스터다.

구름처럼 정형이 없고 바람처럼 자유로운 자. 그들에게 돈이나 칼이 무슨 소용이랴. 그냥 자기 자신만으로 충분한 것을. 어떠한가? 저들과 딱 마주친다면 만만히 상대할 수 있으실지?

"사장님? 교수님? 아, 검찰총장님! 저, 감당할 수 있겠습니까?"

트릭스터의 존재론,
주의主義 없음을 주의로 삼다

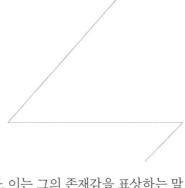

이야기 속의 재봉사, '꼬마'라고 했다. 이는 그의 존재감을 표상하는 말이 된다. 어떤 존재감인가 하면 외적인 존재감. 겉보기에 그는 작고 하찮으며 아무 특별할 게 없는 인물이다. 외모가 대단치 않다는 점 외에 신분이나 직업, 재산, 능력까지 뭐 하나 특별할 게 없다. 요즘으로 치면 '스펙 제로'. 이는 정만서 또한 마찬가지다. 신분이고 재산이고 내세울 게 없다. 늙고 허름한 데다가 변변한 직업도 없이 떠돌아다니는 형국이니 굳이 스펙을 따진다면 한참 마이너스다. 하지만 이들이 현시하는 실질적 존재감은 상상 이상이다. 거인이나 순사님들 한 트럭 실어와도 못 당할 정도. 그야말로 '미친 존재감'이다.

트릭스터는 영웅과 거리가 멀다. 세상에 대한 걱정이나 책무감 따위는 그들의 일이 아니다. 그들은 윤리에 어긋나 보이는 일을 거침없이 벌이곤 한다. '건전한 공동체 윤리' 같은 것을 중시하는 사회적 관점에서 그들은 경계와 거부의 대상이 된다. 일컬어 '사기꾼'이며 '천하잡보'

다. 심리학적으로 말하면 '반사회적 인격장애' 정도가 되겠다. 그리하여 트릭스터가 현시하는 존재감은 평화를 흔들고 안정을 거역하는 불온한 그 무엇이 되곤 한다. 〈용감한 꼬마 재봉사〉는 왕으로 표상되는 사회권력이 재봉사를 축출하기 위해 거듭해서 이런저런 책략을 쓰는 모습을 그려내고 있거니와, 이는 마치 '살아 있는 폭탄'과도 같이 움직이면서 세상을 흔드는 트릭스터 인물에 대한 세상 사람들의 전형적인 반응이 된다.

앞에 인용했던 구술 자료들에서 볼 수 있는 것처럼, 사람들은 정만서에 대해 큰 감탄을 나타내곤 한다. 이를 두고서 사람들이 그를 대단한 사람으로 추앙한 것처럼 생각한다면 오산이다. 정만서에 대한 사람들의 반응은 존경심 같은 것과는, 말하자면 영웅이나 현자에 대한 반응과는 질적으로 다르다. [정만서-3]에서 화자가 언급했던바 '칠난봉 팔건달'이 그를 평가하는 일반적인 시각이다. 영락없는 난봉꾼에 상건달. 제삼자로서는 재미있게 웃어넘길 수 있을지 모르나 직접 당하는 입장에서는 얘기가 달라진다. 만약 당신이 다음과 같은 상황에 처한다면 어떻겠는가?

[정만서-5] 정만서가 서울에 갔다가 용변이 급해서 한 가정집에 들어가 변소를 쓰자고 하자 안주인이 안 된다고 했다. 정만서가 사정하자 여자는 변소 값으로 일 원을 내라고 했다. 일 원을 내고서 변소에 들어간 정만서는 떡까지 꺼내 먹으면서 퍼질러 앉아 나오지 않았다. 아무리 해도 그가 안 나오자 여자가 와서 벌써 두 시간이 넘었

는데 어찌 된 일이냐며 빨리 나오라고 했다. 그러자 정만서는 "허허, 여보시오. 내가 일 원 주고 샀는데 내가 어딜 나간단 말이요?" 하면서 꼼짝을 안 했다. 여자가 답답한 마음에 이 원을 주겠다고 했으나 정만서는 요지부동이었다. "이 원짜리 이런 좋은 집이 어디 있소? 안 됩니다."

자꾸 시간이 흘러서 남편이 돌아올 시간이 되자 애가 탄 여자의 입에서 나오는 금액이 삼 원, 사 원을 거쳐 십 원으로까지 올라갔다. 정만서는 십 원을 받아 들고서 변소에서 나와 길을 떠나면서 이렇게 말하는 것이었다. "아이고 마, 이 좋은 집을 팔고 나가네. 십 원짜리 집이 또 이런 좋은 집이 어디 있는고."[27]

옆에서 구경하는 입장에서는 꽤나 우스운 일이며 사뭇 대단한 일일 수 있으리라. 저렇게 가만히 앉아서 투자 금액의 열 배를 벌다니, 그 수완이 과연 놀랄 만하다. 하지만 우리가 저 여자의 입장이라면 어떨까? 그야말로 미치고 팔짝 뛸 노릇일 것이다. 터무니없는 억지에다 약점을 이용하는 교활함까지, 세상에 진상도 이런 진상이 없다. 처음에 여자가 돈을 받고서 변소를 내준 야박함이 있었다고는 하지만, 저렇게 강짜로 돈을 우려내는 건 심하다고 하지 않을 수 없다. 모름지기 정만서가 떠난 뒤 저 여인, 대문 앞에 소금을 한 바가지는 뿌렸을 것이다. "살다 살다 재수가 없으려니까! 에잇!"

그나마 저 여인은 말 그대로 '재수가 없어서' 당한 것으로 치고 넘어가면 그만일 수 있겠다. 하지만 정만서 같은 사람이 나의 곁에서 늘 함께 지내고 있다면 어떨까? 말하자면 가족으로서 말이다. 앞서 말했지만 정만서한테는 아내도 있고 자식도 있었다. 정만서를 서방으로 두고 살았던 아내는 과연 어땠을까? 남편의 대단한 재간으로 무슨 큰 덕이라도 보았는가 하면 그럴 리가 없다. 대개들 예상하겠지만, 그 반대다.

[정만서-6] 정만서가 집안일은 돌보지 않고요. 매일 인자 주막에 가서 술이나 자시고 놀다 보니까, 거 안으로는 참 딱하거든요. 하루는 이웃집 늙은이한테,

"저 어른이 매일 그저 주막에 가서 술만 자시고 있으니 집 모양이 안 된다. 오늘은 무슨 수를 써서라도 집에 오시도록 해야 된다."

"그러면 어떻게 해야 되노?"

"그런데 딴 말은 할 거 없고," 그 정만서 아들이 이름이 범이던 모양이다. "범이가 죽었다고 가가지고 해라." 이카거든.

그래 이웃집 늙은이가 인자 그 주막에 찾아갔어요.

"만서 아저씨 여기 계시는교?"

"그래 우예(어째서) 찾습니까?"

[아주 낭패가 난 어투로] "아이고 답답해라, 범이가 죽었습니데이."

"오, 그래? 어디 포수가 와 잡았다 말이고?" [일동: 웃음]²⁸

[정만서-7] 한번은 비가 착착 이래 오니까네, 비가 새가주고 물이 한 강이 돼가, 방에 바가지를 복판에 들여놓고 빗물 새는 걸 떡 받아 있으니, 정만서 안양반은 저 구석에 앉았고 정만서는 이쪽 구석에

앉아 있고. 마 정만서 안양반이 종종거리고 지껄인다.

"만날 댕기며 놀기나 놀고, 술이나 먹고 댕기며 돌고 이래가지고 비가 새서 이게 무슨 모양이고!"

쫑쫑거리고 지껄이니까네,

"마 배가 없어가. 배만 있으면 타고 건너가 당장 올 저녁에 절단을 내면 좋겠구마는." [일동: 웃음]**23**

원문으로 보는 게 더 실감날 것 같아서 인용했는데, 내용을 이해하셨는지 모르겠다. [정만서-6]의 경우 정만서의 아내가 남편을 집에 오게 하려고 이웃집 남자를 시켜서 아들 범이가 죽었다고 말을 전했더니, 정만서가 강 건너 남의 일인 양 "범(호랑이)이 죽었다고? 어떤 포수가 쐈대?" 이렇게 답했다는 내용이다. [정만서-7]은 집에 비가 새서 방 안이 물 천지가 된 상황에서 아내가 잔소리를 하자 정만서가 배만 있으면 타고서 (방 안에 생겨난) 강물을 건너가 혼쭐을 내줄 텐데 배가 없어 아쉽다고 했다는 것이다.

모름지기 '확 깬 분들'이 많으실 것이다. 순라꾼이나 순사를 골탕 먹일 때 통쾌하다고 응원했던 독자들 가운데, 특히 여성 독자들 가운데 완전한 배반감이 밀려오면서 정만서를 대단하게 여겼던 스스로가 미워진 분이 계실지도 모르겠다. "아니, 뭐 저런 놈이! 이거 완전 민폐남 끝판왕이잖아!" 어쩌면 솟구치는 짜증이 이 글을 쓰는 나한테까지 미칠지도 모르겠다. "그래서, 이런 작자를 본받기라도 하라는 건가요!"

이건 단지 상상 속의 반응이 아니다. 실제로 여러 사람들한테 정만서의 일화를 읽게 하고 인물에 대한 반응을 물었더니 결과는 극과 극이었다. 정만서를 대단한 사람이라고 보는 반응과 최악의 민폐남이라고 보는 반응이 딱 갈렸다. 비율을 보자면 더 우세한 것은 후자였다. 특히 처자식과 관련되는 앞의 일화들에 대한 반응은 십중팔구 부정적인 쪽이었다. 정만서가 무책임하기 짝이 없다는 것이었다. 우리 아빠(또는 오빠, 남편)가 꼭 저랬다며 강한 적개심을 나타내는 여성도 있었다. 그 때문에 주변 사람이 얼마나 힘들었는지 기막힌 사연을 하소연하듯이 풀어내기도 했다. 그 앞에서 정만서를 옹호하기라도 했다가는 이상한 사람으로 찍힐 것 같은 기세로 말이다.

자연스러운 반응이다. 우리가 상식으로 갖추고 있는 윤리도덕의 측면에서 볼 때 정만서는 좋은 사람이라 하기 어렵다. 꼭 선과 악의 문제가 아니다. 기본적인 도리와 책임의 문제다. 저 정도라면 인간으로서 지켜야 할 최소한의 무엇조차 저버린 것이 아니겠냐는 말에 달리 답할 말을 찾기 어렵다. 저 사람 정만서, 어떻게 봐도 윤리적이지 못하다. 무책임하며, 반사회적이다.

하지만 이러한 판단은 타당한 한편으로 일방적인 것이기도 하다. 트릭스터는 '윤리학'이 아닌 '존재론' 차원에서 접근하는 것이 어울리는 존재다. 그가 현시하는 것은 윤리도 반反윤리도 아닌, 한 인간으로서의 존재성일 따름이다. 윤리학 차원에서 접근할 때 정만서와 같은 트릭스터가 설 자리는 없다. 이른바 '윤리적인 사람들'이 그에게 원하는 것이란 소소한 재미를 전해주는 감초 정도의 역할일 따름이다. 그걸 넘어서 제 식으로 세상의 질서를 흔들 때 그는 배제의 대상이 된다. 이른바

'세상의 평화'를 위해서. 그러나 저들 트릭스터는 절대 '감초'로 머무를 인물이 아니다. "내가 왜? 누구 좋으라고!" 누가 뭐라고 하든 개의치 않고 자기 식으로 밀고 나갈 따름이다. 그들은 사람들의 칭송은 물론이려니와 혐오나 비난 따위에도 영향받지 않는다. "그런 건 개나 주라고 해." 그냥 자기 욕망에, 자기 느낌과 동선에 충실한 존재, 그것이 트릭스터다.

사회의 윤리 내지 질서 체계를 존중하는 사람들의 입장에서 트릭스터는 '비非윤리' 내지 '반反윤리'의 존재다. 국어사전에 딱 박혀 있듯 "도덕과 관습을 무시하고 사회 질서를 어지럽히는" 존재다. 우리가 유의할 바는 그러한 규정이 모종의 사회적 규범을 전제로 한 것이라는 사실이다. '사람은 이러이러해야 한다'라고 하는 규범 말이다. 윤리학자들은 그 규범이 '하늘로부터 온 본연의 것'이라 하겠지만 과연 그럴까? 만약 그렇다면 시대나 지역에 따라 윤리규범이 상반될 정도로 다른 것을 어떻게 설명할까. '최소한의 규범'을 말하고 '절대적인 규범'을 말하지만 기실 그것은 세상이 만들어낸 하나의 틀일 따름이다. 절대성을 말할수록 오히려 무서운 감옥이 되고 폭력이 될 수 있는 그런 틀이다. 세상의 모든 규범이나 '주의(主義, ism)' 가운데 처음부터 편파적이고 폭력적이었던 것이 어디 있으랴. 하지만 실제 현실에서 그것은 얼마나 많은 경계와 등급으로 사람들을 억압해온 것인지. 저 구석구석 숨은 일상까지, 나아가 꿈속까지 그 힘이 미치지 않는 곳은 거의 없다.

어떤가 하면 트릭스터는 그러한 규범이나 주의를, 차별과 억압을 거부하는 인물이다. 세상 어떤 고귀한 규범이나 가치도 인간 그 자체보다

앞설 수는 없다고 보는 이들이다. 크고 작은 윤리에 얽매이지 않고 수많은 경계와 차등을 넘어서 움직이는 사람, '주의 없음'을 주의로 삼는 사람, 그게 트릭스터다. 군이 세상의 언어로 표현한다면, 그들은 '탈경계인'이다. 윤리 이전 또는 윤리 너머의. 요즘 말로는 '아웃사이더'에 가깝다 하겠으나, 그와도 질적으로 다르다. 왜냐하면 그들한테는 '사이드side'가 없으므로. 이른바 '핵인싸'가 되기 위한 발버둥은 트릭스터들이 보기에 부질없는 짓거리일 따름이다.(초고에서 나는 사람들이 알량한 기준으로 트릭스터를 평가하고 재단하는 일에 대해 "참새가 붕鵬을 평가하는 식이고 일개 소시민이 니체를 재단하는 식"이라고 썼었다. 하지만 돌아보니 이러한 표현 또한 엄중한 층차를 전제한 것이었다. 나도 모르게 내면 깊이 '주의화主義化'되어 있는 그 수많은 '등급'의 사유들…….)

정만서와 같은 트릭스터한테는 사회적이든 정치적이든 어떠한 '입장立場'도 없다. 이것은 옳고 저것은 그르다는 식의 이분법은 그들에게 어울리지 않는다. 그들에게는 따로 해야 할 일도 없고 하지 말아야 할 일도 없다. 그냥 세상이 있고 자기가 있어서 몸 가는 대로 마음 가는 대로 움직일 따름이다. 그 밖에 일이야 오불관언吾不關焉이다. 자식이나 아내라고 해도 다를 바가 없다. 그들은 또한 그대로의 삶을 살면 그뿐. [정만서-6]에서 아들 범이가 죽었다는 말은 꾸민 것이었지만, 설사 그 말이 사실이었다고 해도 정만서의 반응은 크게 다르지 않았을 것이다. 사람은 누구라도 어떻게든 떠나게 돼 있는 것이므로.(실제로 일부 자료에서는 자식이 실제로 죽어서 그 일을 알린 상황에서 정만서가 아무렇지 않게 반응했다고 전한다.)

아무리 그렇더라도 세상은 혼자 사는 곳이 아닌데, 이런 태도는 오로지 제 자신만 생각하는 극단적인 이기성이고 반사회성 아니냐고 항변할 수 있겠다. 틀린 말이 아니다. 다만 트릭스터의 그런 태도는 다른 사람만이 아니라 제 자신을 향한 것이기도 하다는 사실을 말하고 싶다. 제 삶과 죽음 또한 가볍게 보는 인물이 트릭스터라는 말이다. "어차피 한번 왔다 가는 것. 인생 뭐 있나!" 대략 이런 식이다. 정만서의 다음 일화들은 대충 넘기지 말고 잘 음미해보기를 권한다.

[정만서-8] 그 뭐 서울 가서 병을 탁 얻었네. 병을 탁 얻어서, 그게 요새 말하자면 그 늑막염일까 복막염일까? 마 배가 이래 붓는다. 물 차는 병 그거거든. 늑막이지. 배가 떡 부어서 앞으로 업을라 카이 배가 나와가지고. 아들이 인자 그 아프다는 소문을 듣고 갔거든. (중략) 그래 가지고 아들이 업는데, 등더리(등) 대고 업고, [청중 : 뒤비 업어야 된다 그거는.] 뒤비(뒤집어) 업었는 기라. 등더리 등더리 마주 대고.

그래 업혀가 뭐라 카는 게 아니라,

"야야, 이러니 만고에 좋구나." 이캤거든.

"만고에 좋기는 뭐 아버지가 이 사경死境 중에, 중병에다 사경 중에 이게 좋은 게 뭐, 가망 없는 길이……."

[점잖게] "어어 이놈아! 등 따시고 배부르고 하니 이만치 좋은 일이 어디 있나!" [일동: 폭소]³⁸

[정만서-9] 죽을 때 얘기는요. 그 참 정만서가 인자 많이 아퍼가 몸이

지쳐가 누워 있으니, 아들네들이 그 참 걱정을 해가지고 슬퍼하고 눈물을 흘리며,

"아부지, 이래가 어떻게 하겠습니까?"

"야 이놈의 녀석들아. 걱정 마라. 죽음이 초初죽음이 돼가. 아이 죽어봐야 알지." [일동: 폭소] "죽어봐야 알지 아직 모른다."

[청중: 말은 바른 말이라. 죽어봐야 알지, 안 죽어보고 어예 아노? 참 그 말이 맞어.][31]

이런 모습에 대해서도 참 한심하고 대책 없는 사람이라고, 곁에서 걱정하는 사람은 안중에도 없는 무책임한 행동이라고 눈을 찌푸리는 이들이 있을 것이다. 하지만 나에게 저 사람 정만서가 보여주는 존재적 무게감은 한량이 없다. 너무 무거워서. 또는 너무 가벼워서. "등 따시고 배부르고 하니 이만치 좋은 일이 어디 있나!" 하는 저 말에 대한 나의 입장은(아, 여기서 또 '입장'이라니! 그 외에 다른 말을 찾기도 어려운, 언어의 참을 수 없는 제한성!), 그저 리스펙respect! 물론 그건 나하고 같거나 비슷해서가 아니다. 나하고 좀 다르기 때문이다. 대략 땅과 하늘만큼. 이는 단지 나만의 느낌은 아닐 것이다. 저 이야기판 속에도 그런 사람들이 몇몇 보인다. 아니 대다수.(흠, 이 말을 들었다면 정만서는 무어라 했을까? 땅은 땅이고 하늘은 하늘이로다? 땅과 하늘, 그 경계가 무엇이리. 결국 다 하나인 것을? 인정! 다 별다를 바 없는 일이고 좋은 일이다. 따신 방 안에 편안히 앉아 이렇게 글을 쓰고 있으니 이만치 좋은 일이 어디 있나!)

넘어가기 전에 짚고 넘어갈 사실 한 가지. 윤리나 주의主義로부터 자

유로운 삶이라는 면모는 정만서뿐만 아니라 꼬마 재봉사 또한 마찬가지라는 것이다. 이야기 속 재봉사의 동선을 보자면 정만서와 달리 반윤리성이 두드러지지는 않는다. 그는 따로 애매한 피해자들을 만들어 내지 않는다. 거인들이 거듭 그한테 당하고 일각수나 멧돼지도 큰 봉변을 당하지만 그들에게는 악당 내지 괴물의 이미지가 강하다 보니 딱히 비윤리적인 느낌을 받게 되지는 않는다. 하지만 그렇다고 해서 재봉사가 윤리적인 존재인가 하면 그것은 아니다. 전혀! 상대가 누구든지 간에 툭툭 속여 넘기는 것이 그의 일이며,(그 대상에는 거인이나 괴물, 왕 이외에 제 아내도 포함된다. 아내가 제 정체를 의심하고 꺾어 누르려 하자 재봉사는 보란 듯이 그를 속여 넘겨서 응징한다. 다시는 넘볼 수 없도록.) 제 욕망을 한껏 발현하는 것이 그의 일이다. 아니, '욕망'보다는 역시 '존재성'이라는 말이 어울리겠다. 있는 그대로의 존재성을 척척 드러내는 것이 저 재봉사의 동선이다. 윤리적 배려 따위는 그의 몫이 아니다. 윤리 이전 또는 윤리 너머의 존재. 그 원형적인 존재성은 낯설면서도 강렬하다.

트릭스터에게 보내는 나의 리스펙, 그것은 거침없는 당당함이나 남다른 존재감보다 더 매혹적인 그 무엇, 바로 '자유'를 향한 것이다. 제 존재로부터의 자유. 정만서가 결국 죽음을 맞게 되듯이, 재봉사 또한 때가 되면 세상을 하직할 것이다. 중요한 사실은 그가 거기 연연하지 않으리라는 것이다. 언제든 떠나갈 목숨, 무언가에 얽매여 아등바등할 일이 무엇이겠는가. 텍스트에 나와 있지 않은 내용이지만, 이렇게 보는 근거는 없지 않다. 자그마한 몸으로 거인들 앞으로 척척 다가가는 재봉사였다. 만약 제 몸을 어떻게든 간수해서 목숨을 부지하는 데 연연했다면 바이 그렇게 할 수가 없었을 것이다. "그까이꺼, 인생 뭐 있나! 부딪치다 가는 거지. 오늘 가면 오늘 가고, 내일 가면 내일 가고!" 그렇게 그는 거침없이 '존재적 자유'를 펼쳐낸 것이었다.

세상 사람들 대다수가 그렇지 못하다 보니, 별종 아닌 별종이 되어 버린 사람. 오래 흘러온 이야기들 속에 저러한 트릭스터의 형상이 생생히 살아 있다는 것은 하나의 축복이다. 현실 속에 갇혀서 어느새 잃어버린 원형적 자유에 대한 기억과 충동을 저들의 모습을 통해 다시 지필 수 있다는 것은.

일차원 또는 사차원적 단순성, 웬 패러다임의 힘

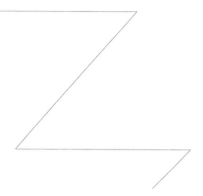

돌아보면 걸림이 참 많은 세상이다. 그런 세상에서 걸림 없는 존재적 자유를 펼치는 일은 어떻게 가능한 것일까? 아니, 대체 가능하기는 한 것일까! 작은 일 하나에도 이리저리 휘둘릴 수밖에 없는 이 현실 속에서 말이다. 해야 할 일들을 이리저리 생각하면 벌써 머리가 아파오는 것을…….

이에 대해 그런 '복잡한 상념'에 문제가 있는 것은 아닌지 돌아볼 필요가 있다. 복잡하다면 한없이 복잡하지만 단순하게 생각하면 또 단순한 것이 세상사다. 잘 보면 꼬마 재봉사나 정만서 같은 트릭스터들은 어떤 일이든지 간에 복잡하게 고민하지 않는다. 오히려 단순하게 대함으로써 쉽게 해결하는 쪽이다. 단순하기 때문에 거침이 없고 변함이 없으며 힘이 넘친다. 일컬어 '단순성의 미학'이다.

옛이야기에 대한 이론서들을 살펴보다가, "그래. 이거야!" 하고 외치게 한 책이 있었다. 민담의 일차원성과 평면성, 그리고 자유로움을 쉽고 명쾌하게 설파한 막스 뤼티의 명저 《유럽의 민담》이 그것이다. 문학이란 모름지기 입체적 캐릭터와 심오한 사려, 생생한 리얼리티를 갖춰야 한다는 식의 고정관념을 보기 좋게 깨뜨리는 책이다.[32] 이 책에서 뤼티가 민담을 민담답게 만드는 요소로 든 자질은 일차원성과 평면성, 추상성, 고립성 등이다. 소설과 같은 본격문학의 관점에서 볼 때 '저급한 문학'의 증표라고 할 만한 것들이다. 그런데 이런 요소들이 세상의 수많은 민담으로 하여금 수백 수천 년 세월을 관통하면서 특유의 생명력을 발휘하게 한다는 것이다.

뤼티는 민담은 일차원적이고 평면적이라고 딱 잘라 말한다. 민담에는 세속 세계와 신성한 세계가 어떤 거리감도 없이 연결돼 있다. 인물들은 그 사이를 이웃집 드나들듯 수월하게 오간다. 그러다 보니 민담의 구성에는 '깊이감'이 없다. 인물들 또한 마찬가지다. 민담의 등장인물들은 입체성도, 내면세계도, 주위세계도 없는 형상들이다. '역사'라고 일컬을 만한, 시간과의 관련성도 없다.[33] 그들은 그저 행동할 뿐이다. 진기한 것에 놀랄 시간도 없으며, 그런 성향도 아니다.[34] 그냥 늘 제모습 그대로 움직이는 것, 그것이 민담 주인공의 방식이다. 어찌 보면 초급적 유치함으로 보이는 이러한 평면성에 대해 뤼티는 그것이 서술자의 무능력 때문이 아니라 단호하고 확실한 형식의지에 따른 것임을 강조한다. 민담은 사물과 현상의 모든 입체성을 제거한 채로 그들을 빛이 환히 비춰진 평면 위에 압축해서 보여준다.[35] 그러한 평면성의 미적 효과는 생각보다 크다. 경계와 층차를 넘어서 모든 것이 손쉽게 연결되거니와, 그러한 연결은 흥미롭고 신선하며 창조적이다. 문제부터 해법에 이르기까지, 모든 것이 단순하면서도 명확하다. 그것은 매우 어수선하고 비논리적일 수도 있지만, 구비전승의 필터가 거기 논리성과 인과성을 부여한다. 세월의 검증을 거친 민담은 단순하고 명확하면서도 논리적이고 정합적이다.

뤼티가 또 하나 강조하는 민담의 특징은 고립성과 자유로운 연결성이다. 이때 '고립孤立'은 '외롭게 서 있는 것'이 아니라 '홀로 서 있는 것'으로서의 고립을 뜻한다. 민담에서는 상속권 박탈자, 막내, 고아, 길을 잃은 사람 등등이 진정한 주인공이 된다. 그들은 고립된 자들로서 다른 누구보다도 모든 것에서 자유롭기 때문이다.[36] 그들은 자유롭게 세상과 관계를 맺으며, 하고 싶은 일을 마음껏 한다. 이런저런 관계나 소유로부터 벗어나 있기 때문이다. 뤼티의 표현을 그대로 인용하면, "민담 속 등장인물은 자신이 고립되어 있어도 모든 것과 접촉할 능력이 있는 것이 아니라, 그 고립 때문에 모든 것과 접촉할 수 있는 것이다."[37] 아무것도 가진 게 없고 누구하고도 얽힌 것이 없으므로 자유로우며 그렇기 때문에 뭐든 할 수 있다는 말이다. 궤변으로 들릴지 모르나, 그보다는 역설逆說이라는 말이 더 어울린다. 곱씹을수록 이치에 닿는 멋진 역설이다.

뤼티의 논의는 신화나 전설 등에 대한 민담의 양식적 특성을 설명하는 차원에서 제시된 것인데, 민담 특유의 형식미학과 함께 민담 주인공의 캐릭터적 본질을 인상적이면서도 핵심적으로 짚어낸다. 공간성이나 시간성, 관계성 등에 영향을 받지 않고 '지금 여기의 삶'을 살아가는 일차원적인 존재, 단독자로서 움직이기 때문에 오히려 자유롭게 세상 모든 것과 연결되는 존재, 순수하고 가벼우며 투명한 움직임과 손쉬운 연결을 통해 삶을 하나의 즐거운 유희로 만들어내는 존재, 그것이 뤼티가 말하는 민담 주인공의 특성이다.

　내 생각에 이는 단순한 캐릭터 설정 차원의 특징에 머물지 않는다. 거기에는 민담 특유의 존재론적 철학이 내포돼 있다. 사람은 그냥 자기 삶을 살 뿐이라고 하는, 단호하고도 확실한 원형적 존재론이다. 그 속성을 가장 뚜렷하고 투명하게 보여주는 이들이 바로 트릭스터들이다. 위의 설명을 꼬마 재봉사와 정만서한테 대입해보면 얼마나 꼭 맞아떨어지는지 금방 알아챌 수 있을 것이다. 이미 우리는 정만서나 꼬마 재봉사가 가진 것 없고 잃을 것이 없기에 자유롭고 거침없는 존재라는 사실을 알고 있다. 그들이 삶을 하나의 즐거운 유희처럼 펼쳐나간다는 사실 또한 따로 설명이 필요치 않을 것이다.

　돌아보면, 꼬마 재봉사와 정만서는 참으로 단순한 사람들이다. 그들, 그냥 늘 자기식으로 움직일 따름이다. 이리저리 자를 들어 재면서 헤아리지 않으며, 상황에 따라 일희일비하지 않는다. 그들의 표정이나 행동은 변화가 없이 일관적이다. 꼬마 재봉사는 늘 쾌활하게 웃으며, 정만서는 늘 태연하고 심드렁한 무표정이다. 그들이 감정에 휩싸여 울그락불그락하는 모습은 찾아볼 수 없다. 불안이나 걱정, 감동이나 분노 따위는 그들의 일이 아니다. 늘 같은 표정으로 옆이 아닌 앞만 보면서 쭉쭉 나아간다. 하나의 '선線'으로서. 그 도저한 단순성! 삼차원은 물론 이차원이라는 수식도 그들에게는 어울리지 않는다. '일차원'이라는 표현이 딱 어울린다.

놀라운 사실은 그들의 단순하고 일차원적인 행보가 놀라움과 두려움을 유발하면서 세상을 흔든다는 사실이다. 정만서가 가는 곳마다 사람들은 놀라고 긴장한다. "뭐지! 저거 정만서 아니야?" "오, 진짜네! 빨리 이쪽으로 피해. 무슨 봉변을 당할지 몰라!" 그러다가 누군가가 '재수 없이' 그한테 부딪쳐서 넘어지면 아주 야단법석을 떠는 것이다. "우와, 역시 정만서! 대단하다 대단해." 그러나 정작 정만서 자신은 무표정이다. 왜냐하면 별다른 일이 없었던 거니까.

이는 꼬마 재봉사의 경우도 별반 다르지 않다. 그는 그냥 세상 구경을 하려고 앞으로 나아가고 있을 뿐이다. 그런데 그와 부딪히는 이들이 제풀에 놀라고 두려워하면서 전전긍긍하는 것이다. 다음과 같은 식이다.

[꼬마 재봉사-5] 꼬마 재봉사는 그의 뾰족한 코가 향하는 쪽으로 계속 나아갔다. 한참을 걸은 끝에 어느 왕궁 마당으로 들어간 재봉사는 노곤함을 느끼고 풀밭에 누워서 잠이 들었다. 그가 누워 있는 동안에 사람들이 와서 구석구석 그를 살펴보다가 혁대에 적힌 '한 방에 일곱 놈'이라는 글자를 보았다.

"아아, 이렇게 위대한 전쟁 영웅이 이 평화로운 곳에서 뭘 하려는 걸까? 엄청난 분이 분명해."

그들은 왕에게로 가서 보고를 드리고, 전쟁이 일어나면 중요하고 쓸모 있는 사람이 될 테니 어떤 값을 치르더라도 그를 잡아둬야 한다고 말했다.[38]

[꼬마 재봉사-6] 군인들은 재봉사에게 적의를 나타내면서 그가 천리 만리 밖으로 떠나기를 바랐다. 그들은 서로 이렇게 말했다.

"그하고 다툼이라도 생기면 한 칼에 일곱씩 쓰러질 텐데, 대체 어떻게 되겠어! 우리로서는 감당할 수 없는 일이라고."

그들은 결심을 굳히고서 모두 함께 왕에게 가서 작별을 고했다.

"우리는 한 방에 일곱을 처치하는 사람 곁에서는 견딜 수가 없습니다."

왕은 한 사람 때문에 충실한 부하들을 모두 잃게 되는 것이 슬펐다. 그는 재봉사를 눈에 안 띄는 곳으로 멀리 보내기를 원했다. 그러나 왕은 감히 그에게 그런 말을 할 수가 없었다. 그가 자기 사람들을 모조리 쳐죽이고서 왕좌에 앉을 것이 두려웠기 때문이다. 왕은 한참을 이리저리 궁리한 끝에 마침내 좋은 방도를 찾아냈다.**33**

쾌나 황당한 전개다. 재봉사는 그냥 제 '코끝'이 향하는 대로, 곧 몸이 이끄는 대로 나아가서 잠시 쉬었을 뿐인데, 그 일이 복잡한 파장을 일으킨다. 왕궁 마당에 퍼질러 누운 '요상한 침입자'를 구석구석von allen Seiten 살펴보는 사람들. 이상하고 낯선 것을 발견할 준비가 돼 있던 그들한테 '한 방에 일곱 놈!'이라는 글자는 마치 천둥처럼 다가온다. 그들의 상상력은 그가 전쟁 영웅이라는 확신으로 가닿고, 그의 출현 자체가 미래의 전쟁에 대한 불안으로 연결된다. "그래, 이 사람. 재앙에서 우리를 구하러 온 영웅이야! 임금께 알려야 해. 어떻게든 이 영웅을 붙잡아야 해." 그렇게 나라의 군대를 맡게 되는 저 사람. 그것으로 끝이 아니다. 불안에 빠진 군인들의 집단행동과 이러지도 저러지도 못하는 왕의 전전긍긍까지, 블랙 코미디는 꼬리에 꼬리를 물면서 규모가 커진다. 재봉사가 왕이 계책 삼아서 낸 임무를 가볍게 완수하여 당당히 왕의 자리에 오르는 그 순간까지 말이다.

이야기적 과장으로 치부할 일이 아니다. 자기랑 완연히 다른 모습, 다른 표정으로 다르게 움직이는 사람을 만났을 때 사람들이 보이는 반응이 꼭 저와 같다. "쟤, 뭐지? 뭔데 여기서 저러고 있는 거야?" 그런 궁금증이 이런저런 망상과 불안을 낳으며 분주한 반응을 일으키는 것이다. "대체 정체가 뭘까. 누구 편이지? 우리한테 도움이 될까, 아니면 해가 될까?" "하늘이 보낸 구원자 아닐까?" "아니, 해가 될 수도 있어. 조심해야 해. 단칼에 목이 날아갈 수 있다고." 기타 등등. 본인은 길을 가다가 잠깐 머물렀을 따름인데, 저마다 이렇게 지지고 볶으며 난리를 치는 형국이다. 이 장면에서 혹시 떠오르는 사람이 없는지? 스스로 걱정을 만들어 그 감옥 속에 갇힌 사람. 그렇다. 영리한 엘제. 소설형 인간을 전형적으로 대변하는.

꼬마 재봉사는 이렇게 세상 사람에 의해서, 수많은 소설형 인간에 의해서 한 명의 별종別種이 된다. 왜냐하면 그들과 달랐으므로. 다들 이리저리 복잡한데 그만이 유독 단순했으므로. 세상의 갖가지 체계와 관습, 이해관계 등에 얽혀 있는 이들한테 꼬마 재봉사는 별종이 맞다. 사람들이 보기에 그는 '정상正常'이 아니다. 이른바 세상의 평화를 위해, 오래 몸에 익어 자연스러워진 삶의 방식을 훼손당하지 않기 위해, 어디론가 사라져서 눈에 보이지 않는 편이 좋을 존재다. 그는 위험하며, 불온하다.

　물론 이러한 관점은, 또는 '입장'은 편파적이다. 꼬마 재봉사나 정만서 같은 트릭스터는 별종이라기보다 '원종原種'이라고 보는 것이 더 합당하다. 왜냐하면 그들은 원래 생겨난 그대로 움직이고 있기 때문이다. 제 몸과 마음, 곧 제 '존재'에 충실하면서 말이다. 허튼 헤아림이나 편 가르기 따위는 그의 사전에 올라 있지 않다. 그들은 언제 어디 어떤 상황에서든, 앞에 누가 서 있든 늘 같은 모습, 같은 동선으로 움직인다. 상대가 거인이든 난쟁이든, 왕이든 하인이든, 남이든 가족이든 따로 구분이 없이 늘 그대로인 사람. 생각과 행동이 하나이고 느낌과 행동이 하나인 사람. 그리하여 늘 거침없이 당당하고 자유롭게 온 세상과 통하는 사람. 그렇게 스스로 하나의 우주인 사람. 그가 트릭스터다.

　주목할 것은 그 일차원적 단순성이 발휘하는 놀라운 파괴력이다. 재봉사의 동선에서 잘 나타나듯이, 그것은 커다란 힘으로 기성의 패러다임을 흔들어 깨뜨린다. 헤아려보면 이 세상에서 작동하는 패러다임이란 얼마나 많고 복잡한지! 능력에 따라, 처지에 따라, 상대에 따라, 장소에 따라, 시기에 따라, 기타 등등, 복잡다단한 수많은 상황에 맞추어 작동하는 패러다임이 제각각이다. 우리가 존재하는 이 삼차원의 세상이 크고 작은 패러다임으로 꽉 차 있다고 해도 과언이 아니다. 그에 따른 실행 매뉴얼은 또 얼마나 많고 복잡하고 까다로운지! "아, 도대체 이럴 땐 어떻게 해야 하는 거야? 도저히 모르겠어!" 그 감당할 수 없는 복잡함을 깨는 힘, 그게 바로 단순성에 있다고 하면 엉뚱한 말일까? 그냥 '있는 그대로의 나 자신'이라고 하는 단 하나의 패러다임, 또는 원초적 패러다임 말이다. 일컬어 원原 패러다임, 또는 원one 패러다임이다. 말장난 같지만 말이 안 되는 것도 아니다. 근원은 하나로 통하는 법이니까.(따로 설명하지는 못했지만, 언어적 규범을 흔들고 비틀어서 전에 없던 새로운 의미를 만들어내는 것 또한 트릭스터의 특징적인 면모다.[40])

트릭스터의 존재감이 영웅에 못지않다고 했다. 잘 알듯이 영웅은 체계를 지키고 가치를 수호하는 존재다. 이에 비해 트릭스터는 그것을 흔들어 깨는 존재다. 무언가 깨뜨려 출구를 찾아야 하는 때라면, 미로나 감옥에 갇혀서 행복하지 못한 상황이라면, 그때 필요한 것은 트릭스터의 힘일 수 있다. 단순함으로 복잡함을 깨뜨리는. 한 방으로 일곱을, 또는 수십억을 처치하는. 밖에서 오는 것이 아니라 내 안으로부터 솟아나는.

여기서 남는 의문 한 가지. 재봉사나 정만서와 같은 트릭스터가 현시하는 저 단순성은 정말로 '일차원'에 해당하는 것일까? 일차원이라면 이차원이나 삼차원으로 나아가지 않았다는 말이다. 말하자면 백지와도 같은 태생적 단순성 같은 것. 언제든 시커멓게 때가 타거나 찢어져 조각날 수 있는 그 무엇이다. 만약 트릭스터의 단순성이 이런 식의 일차원성이라면 그건 현실 앞에 매우 취약한 것일 수 있다. 마녀가 내미는 물건에 혹해서 손을 내밀었다가 세 번이나 쓰러진 백설공주의 경우처럼 말이다.

이 지점에서 우리가 상기할 바는 꼬마 재봉사나 정만서가 어린아이가 아니라는 사실이다. 재봉사는 한 명의 직업인으로 생활하면서 생계를 이어가던 사람이며, 정만서는 처자식까지 둔 늙수그레한 사람이다.

인생의 산전수전 내지 쓴맛을 볼 만큼 본 사람인 셈이다. 그렇다면 저들의 단순성은 일차원이라고 말하기 어려운 것이 아닐까?

그렇다면 몇 차원? 이에 대한 나의 답은 '사차원'이라는 것이다. 저들의 단순성은 삼차원을 넘어선 지점에서 찾은 그 무엇이라고 볼 수 있다. 현실 세상의 수많은 질서와 법도와 소유와 이해관계와 희로애락과 생로병사 따위를 훌쩍 넘어서서 그것을 한꺼번에 무화시킨 형태의 단순성 정도가 되겠다. 요컨대 저들은 남들과 크게 다를 바 없이 '인생의 굴레' 속에 들어 있다가 어느 순간 그것을 벗어던지고서 있는 그대로의 자기 자신으로 돌아간 이들이라는 것이 나의 해석이다. 그러므로 쉽사리 흔들리지 않고서 끝까지 밀고 나갈 수 있는 것이다.

그렇게 볼 수 있는 근거는? 물론 있다. 이야기 텍스트 속에. 숨어 있는 형태로.

그들은 언제 어떻게
'장화'를 신었나?

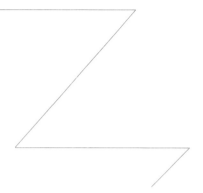

꼬마 재봉사나 정만서가 처음부터 트릭스터로서 살았던 것은 아니었으리라고 했다. 일단 그들은 '모글리'(《정글 북》에 등장하는, 늑대들과 함께 자라난 아이)가 아니다. 처음부터 남들과 전혀 다른 환경 속에서 별종으로 움직여온 사람이 아니다. 오히려 그들은 지극히 평범한 쪽이었다. 왕이나 귀족도 아니고 지식인이나 예술인도 아닌 일상 현실 속의 생활인이었다. 수많은 관습 체계와 생활양식, 이해관계 같은 세속적 패러다임으로부터 자유로울 리가 없었을 보통 사람 말이다.

두 인물 가운데 트릭스터로 움직이기 이전의 행적이 구체적으로 확인되는 것은 꼬마 재봉사다. 정만서의 경우 트릭스터로서 펼쳐낸 일화가 집중적으로 전해오는 것과 달리 재봉사는 세상을 향해 길을 나서기까지의 과정이 이야기 앞부분에 직접 서술돼 있다. 조금 간추린 내용으로 보기로 한다.

[꼬마 재봉사-7] 어느 여름날 아침, 몸집이 자그마한 재봉사가 창가의 책상에서 기분 좋게 열심히 바느질을 하고 있었다. 그때 농사꾼 아낙이 거리로 와서 맛 좋은 잼이 있으니, 사라고 소리쳤다. 그 소리를 사랑스럽게 여긴 재봉사는 창밖으로 머리를 내밀고서 물건을 보고 싶으니, 위로 올라와 달라고 했다. 아낙은 무거운 바구니를 들고 삼 층까지 계단을 올라와서 잼이 든 그릇을 쭉 펼쳐놓았다. 재봉사는 이리저리 꼼꼼히 살펴보고 냄새도 킁킁 맡더니만 맛있겠다면서 4로트 또는 4분의 1파운드(1파운드는 약 0.45킬로그램)만 달라고 했다. 물건을 많이 팔 거라고 기대했던 아낙은 요청한 만큼의 잼을 덜어주고는 짜증이 나서 투덜대며 가버렸다.

재봉사는 하느님을 향해 그 잼에 축복을 내려서 힘이 세지도록 해달라고 외친 뒤, 빵 조각에 잼을 발랐다. 조금 있다가 먹으면 맛이 좀 떨어지리라 생각했지만, 작업 중이던 재킷을 마무리해야겠다며 빵을 놔두고 바느질을 계속했다. 마음이 들뜨다 보니 바늘땀이 커져갔다. 그때 달콤한 잼 냄새를 맡은 파리 떼가 우르르 몰려와 빵 위에 내려앉았다. 재봉사가 팔을 휘둘러 불청객들을 쫓으려 했지만 말을 못 알아듣는 파리들은 점점 더 몰려들었다. 화가 치밀어 오른 재봉사는 한쪽에 있던 천 조각을 들어서 힘껏 후려쳤다. 그 천을 들추고서 보니 파리 일곱 마리가 뻗어 있었다. 그 모습을 본 꼬마 재봉사는 자신의 용감함에 찬탄하면서 말했다.

"너 이렇게 대단한 녀석이었어? 이건 온 도시가 다 알아야 해!"

꼬마 재봉사는 곧바로 혁대를 하나 만든 뒤 거기 커다랗게 '한 방에 일곱 놈!'이라는 글자를 새겨 넣었다.

"왜 이 도시뿐이겠어? 온 세상이 다 알아야지!"

그의 심장이 마치 어린 양의 꼬리가 찰랑이듯이 요동쳤다. 자기 같은 용감한 사람이 있기에는 그 작업실이 너무 좁다고 생각한 재봉사는 혁대를 차고서 넓은 세상으로 가기로 마음먹었다. 가져갈 만한 것이 있나 하고 집 안을 둘러보니, 오래된 치즈 한 덩이가 눈에 들어왔다. 그는 그것을 주머니에 찔러 넣었다. 성문 앞에서 덤불에 갇힌 새를 발견한 재봉사는 그 새도 치즈와 함께 주머니에 넣고서 힘차게 두 발을 내디뎌 걸어 나갔다.[41]

아마도 재봉사는 본래부터 긍정적이고 쾌활한 성격이었던 것 같다. 즐겁게 일을 하는 모습도 그렇고, 맛난 잼에서 기꺼이 행복을 찾는 모습도 그렇다. 입가에 늘 미소가 깃들어 있었을 것 같은 느낌이다. 하지만 저때의 그가 거침없고 당당했다고 여겨지지는 않는다. 그보다는 좀 소심했던 것으로 보인다. 빵 하나에 바를 소량의 잼을 사면서 물건을 이리저리 다 살펴보고 냄새까지 맡아보는 모습은 꽤나 신중하고 조심스럽다. 어느 정도냐면 잼을 파는 사람을 짜증나게 할 정도. 하느님을 향해 빵을 먹고서 힘이 나게 해달라고 비는 모습에도 뭔가 애잔함 같은 게 있다. 빵에다가 잼을 발라놓고는 바로 먹는 대신 한 옆에 내려놓고서 하던 일을 계속하는 모습은 또 어떤지. 혹시 빵을 바로 먹어치우기가 아깝기라도 했던 것일까? 어떻든 이런 '지연된 행동'은 뒷부분에서 보는 재봉사의 모습과는 꽤 차이가 있다. 생각한 일은 바로바로 행동으로 옮기는 사행일치思行一致, 그것이 용감한 꼬마 재봉사의 방식인 것이다.

관전 포인트는 파리와의 한판 승부다. 욕망(빵 먹기)과 행동(바느질) 사이의 낙차가 파리 떼를 불러들인 상황. 팔을 휘둘러 파리를 쫓는 모습은 영락없이 볼품없는 소시민의 모습이다. 이야기는 이때 재봉사가 '화가 치밀어서' 파리를 공격했다고 하거니와, 이 또한 우리가 기억하는 용감한 재봉사의 모습과는 거리가 멀다. 그 용감한 꼬마는 분노와 같은 소모적인 감정에 휘둘리는 사람이 아니지 않은가 말이다. 잼을 바른 빵조각에 천 조각을 휘두르는 일이란 기실 아주 멍청한 짓이다. 그래서는 빵을 먹을 수가 없게 된다. 더군다나 거기 파리까지 죽어서 널브러진다면 말이다.

아니나 다를까, 파리가 죽어서 쓰러졌다. 한둘도 아닌 일곱 마리가. 그 모습을 보면서 재봉사는 스스로를 대단하게 여기면서 길을 떠났다고 하는데 실제로 일이 그렇게 간단히 진행된 것일까? 거기 뭔가 숨어 있는 의식의 흐름 같은 게 있었던 것은 아닐까? 휘두른 천 조각에 망가진 빵, 잼이 묻어 더럽혀진 천, 바들거리며 죽어가는 파리들……. 재봉사는 혹시 저 순간에 '존재의 참을 수 없는 허무함'에 휩싸여 일곱 마리의 파리를 하염없이 바라본 것은 아니었을지. 자기와 별반 다를 게 없는 그들을…….

'무상하고 무상하구나. 나의 생生, 어떻게든 한 입 먹어보겠다고 발광하다가 저렇게 속절없이 쓰러지고 말 텐가. 알아주는 이 하나 없이. 한 톨의 먼지처럼…….'

그 순간 그는 문득 일어나서 움직였던 것은 아닐지. 일곱 마리 파리의 생의 무게를 몸에 새기고서.

'어차피 한 번 왔다가 가는 인생. 어찌 이 좁은 방구석에서 평생을 썩겠나. 넓고 넓은 게 세상인 것을……. 그까이꺼, 한번 나가보는 거다! 뭐가 되든 보란 듯이 부딪쳐보는 거다! 인생 뭐 있나. 한 방에 일곱 놈을 저세상으로 보낸 나. 언제 어떻게 쓰러져 사라진들 무슨 상관이리. 어차피 때가 되면 떠나게 될 것을.'

물론 이건 텍스트에 없는 나의 상상이다. 개인적 경험이나 서사가 절반가량 투사된. 하지만 거기 절반 정도의 진실은 담겨 있지 않을까 생각해본다. 인생의 결정적인 계기란 아득한 밑바닥에서 문득 생겨나는 것이 인생사의 이치다. 앞에서 러시아 민담 〈두 종류의 운〉과 〈불운〉에서 이미 보았던 이치이기도 하다. 불운의 밑바닥에서 문득 인생의 전기를 찾았던 주인공들을 통해서 말이다. 만약 재봉사가 그동안의 자기 삶에 만족했다면, 거기 변화가 생겨나기를 욕망하지 않았다면, 저렇게 하루아침에 전연 다른 사람이 되어서 훌쩍 나서지는 못했을 것이다.

한 명의 재봉사로 살아가는 저 사람의 삶이 얼마나 미천하고 보잘것없는 것이었을지를 보여주는 내용이 실은 이야기 속에 들어 있다. 앞에 인용한 부분이 아닌 한참 뒤쪽, 그가 왕이 된 뒤의 대목에서다. 그는 꿈결에 이렇게 말했던 것이다.

"어이, 나를 위해 조끼를 만들고 바지를 꿰매줘. 안 그러면 내가 잣대로 귀빰을 올려붙여 주지!Junge, mach mir den Wams und flick mir die Hosen, oder ich will dir die Elle über die Ohren schlagen."**42**

좁은 방구석에서 먼지를 먹으면서 고생은 고생대로 다 하고서 험한 욕을 얻어먹는 것, 그것이 미천한 재봉사의 일상이었음을 보여주는 대목이다. 그 억울함이나 상처가 어찌나 컸던지 인생역전을 이루어 왕이 된 뒤에도 꿈속에 저렇게 나타나고 있는 중이다. 트릭스터의 '숨은 역사'를 단적으로 보여주는 내용이다.(이야기에서 꼬마 재봉사는 이 잠꼬대 때문에 맞게 된 위기를 거인을 물리치고 일각수와 멧돼지를 처치한 역사歷史의 힘으로써 이겨낸다. 무의식 속에 가라앉아 있던 지난날의 트라우마를 그렇게 떨쳐냄으로써 비로소 재봉사는 완전한 한 명의 자유인이 된 것이라 할 수 있다. 한 명의 오롯한 트릭스터가 된다는 것, 간단한 일이 아니다.)

이 지점에서 우리는 재봉사가 길을 떠나면서 챙겨간 물건들의 의미를 헤아려볼 필요가 있다. 재봉사는 방구석에 있던 오래된 치즈 한 덩이를 가지고 집을 나가며, 성문 앞에서 덤불에 갇힌 새를 꺼내서 가지고 간다. 그 치즈나 새는 저 재봉사의 또 다른 모습이 아니었을지. 아무도 알아주는 이 없이 덤불과도 같은 현실의 감옥에 갇힌 채로 혼자서 썩어가고 죽어가는 허튼 존재 말이다. 그 오래된 치즈는 물방울을 짜내는 돌이 되어 거인을 놀래키고, 작은 새는 하늘로 높이 날아올라 되돌아오지 않는다. 이런 역전, 재봉사의 서사와 딱 맞지 않나!

이 지점에서 강력한 힘으로 다가오는 것은 '장화'의 메타포다. '장화홍련'의 장화薔花가 아니고 발에 신는 장화長靴다. 그것을 신는 주인공은 한 마리의 고양이다.

어느 방앗간 주인이 재산 전부를 세 아들에게 남기고서 죽었다. 큰 아들은 방앗간을 갖고 둘째는 당나귀를 챙겼는데, 막내아들한테 돌아온 것은 고양이 하나뿐이었다. 제 처지를 한탄하는 막내한테 고양이는 자기를 위해 자루 하나와 장화 한 켤레를 주면 좋은 일이 생길 거라고 했다.

막내가 자루와 장화를 만들어주자 고양이는 장화를 신고서 밖으로 나갔다. 토끼들이 있는 데로 간 고양이는 자루 속에 미끼를 넣어놓고 가만히 기다려서 토끼 한 마리를 잡았다. 고양이는 왕한테로 가서 카라바 후작이 보내는 것이라며 토끼를 바쳤다. 고양이는 같은 방법으로 자고새 두 마리를 잡아서 다시 카라바 후작의 이름으로 왕에게 바쳤다. 이런 일은 몇 달 동안 계속됐다.

어느 날 왕은 아름다운 딸과 함께 강가로 나들이를 나왔다. 고양이는 주인을 강물에 들어가게 한 뒤 카라바 후작이 물에 빠졌다고 소리쳤다. 그 말을 들은 왕은 근위병을 시켜 후작을 구하게 했다. 도둑들이 주인의 옷을 훔쳐갔다고 하자 왕은 그를 위해 좋은 옷을 마련해주었다. 후작이 마음에 든 왕과 공주는 그를 마차에 태우고 나들이를 계속했다. 고양이는 먼저 앞질러서 나아간 뒤 농부들을 위협해서 그곳의 땅이 카라바 후작의 것이라고 말하게 했다. 왕은 자신의 마차가 다다르는 모든 땅이 카라바 후작의 소유라는 말을 듣고 놀라며 기뻐했다.

그들이 지나간 땅은 실은 어느 아름다운 성에 사는 식인귀의 소유였다. 먼저 성에 다다른 고양이는 식인귀한테 인사를 올리며, 변신의 능력을 보여달라고 부탁했다. 식인귀가 사자로 변하자 고양이는 깜짝 놀라 숨었다가 나와서 혹시 생쥐로도 변할 수 있냐고 물었다. 식인귀가 당연하다면서 생쥐로 변하자 고양이는 단숨에 덮쳐서 잡아먹었다. 이어서 왕 일행이 탄 마차가 성에 다다르자 고양이는 그들을 맞으며 카라바 후작의 성에 온 것을 환영한다고 말했다. 성의 훌륭한 모습에 반한 왕은 카라바 후작을 사위로 삼았다. 고양이는 대영주가 되었고, 재미 삼아서가 아니면 더 이상 생쥐들을 쫓지 않았다.[43]

유명한 〈장화 신은 고양이〉의 스토리를 요약한 것이다. 개인적으로 어린 시절에 충격에 가까운 강렬한 인상으로 다가와 마음 깊이 자리 잡은 이야기다. 고양이가 펼쳐내는 맹랑하고 놀라운 수완에 완전히 기가 눌리고 말았었다. 세상에, 어쩌면 저렇게 눈 하나 깜짝 안 하고 거짓말을 할 수가 있지? 그런 거짓말이 완전히 통해서 보잘것없던 주인이 후작으로 변해서 공주와 결혼하다니, 이건 또 뭐야! 그건 낯설고도 놀라운 경이였다. 저 고양이가 펼쳐내는 맹랑하고도 거침없는 행동력은.

장화 신은 고양이가 트릭스터라는 데 대해서는 따로 설명이 필요 없으리라. 다만 지금 이 이야기를 가져온 것은 또 한 명의 트릭스터를 소개하기 위함이 아니다. 트릭스터의 '탄생'에 대해서 살펴보기 위함이다. 잘 보면 이 이야기에서 고양이는 처음부터 특별한 능력자는 아니었다. 그냥 평범한 고양이였을 따름이다. 이 부분은 원문으로 살펴보는 것이 좋겠다.

얼마 안 되는 유산이지만 세 아들은 즉시 제 몫을 챙겼다. 큰아들은 방앗간을, 둘째 아들은 당나귀를 물려받았다. 그러자 막내아들은 남은 고양이를 물려받을 수밖에 없었다. 막내는 너무 빈약하게 떨어진 자기의 몫에 도무지 만족할 수 없었다. 그래서 형들에게 말했다.

"형들은 함께 어울리며 번듯하게 살겠지만, 나는 고양이 고기를 먹고 나면 그 털로 토시나 만들 거야. 그러면 난 굶어 죽게 되는 거지 뭐."

이 말을 들은 고양이는 못 들은 척 짐짓 차분하고 진지한 표정으로 말했다.

"주인님, 주인님, 조금도 걱정하지 마세요. 제게 자루 하나만 가져다주세요. 장화 한 켤레도 만들어주시고요. 가시덤불 속으로 들어가야 하니까요. 그러면 주인님은 곧 알게 될 거예요. 주인님이 보잘것없다고 생각하시는 그 몫이 그리 나쁘지 않다는 것을요."

고양이 주인은 그 말에 별반 기대를 하지 않았지만, 고양이가 보통 쥐나 생쥐를 잡으려고 발을 들고 흔들어대거나, 밀가루를 뒤집어쓰고 죽은 척 누워 있다가 민첩하게 먹잇감을 잡아채는 것을 그동안 많이 보아서 알고 있었다. 그래서 막내는 자기가 절망적으로 느끼고 있는 비참한 상태를 고양이의 도움으로 벗어나는 방법도 나쁘지 않겠다고 여겼다. 고양이는 주인에게 부탁한 물건을 받자마자, 얼른 장화를 신고 자루를 목에 걸었다.[44]

쓰여 있는 바와 같다. 그는 본래 특출 날 것이 없는 고양이였을 따름이다. 한번 먹히고 나면 토시 하나만 남게 될. 그 평범한 고양이가 저런 놀라운 능력자로 움직이게 된 것이다. 그 사이에 무엇이 있느냐면 바로 '장화'가 있다. 가시덤불 속으로도 갈 수 있는 장화. 그 장화를 받아서 신는 것을 계기로 고양이는 변신을 이루어낸다. 무엇이든 못 할 것이 없는 존재로. 보잘것없는 방앗간집 아들을 멋들어진 후작으로 만들어내는 존재로.

이때 장화의 상징이 무엇인지 이해하는 것은 어렵지 않을 것이다. 발에 신으면 어디든 갈 수 있는 것이 장화다. 그것을 신으면 진흙탕이든 돌밭이든 가시덤불이든 가리지 않고 갈 수 있다. 그 장화는 거침없는 행동력을 상징한다. 이리저리 헤아리고 고민하는 대신 일단 움직이고 보는 행동력이며, 되든 안 되든 갈 데까지 가보는 행동력이다. 누군가를 트릭스터로 만드는 핵심 요소다.

이를 꼬마 재봉사 이야기와 연결시키면, 별 볼 일 없이 평범하게 살던 재봉사는 어느 날 저 고양이처럼 장화를 신었던 것이라 할 수 있다. 한 방에 파리 일곱을 죽인 바로 그때에 말이다. 그는 좁은 방구석에서 내내 그렇게 쭈그리고 있는 대신 큰 세상으로 나아가서 보란 듯이 움직이기로 마음먹었고, 실제로 그렇게 한 것이었다.

"인생 뭐 있나. 갈 데까지 가보는 거다. 떠날 때 떠나더라도 뭔가를 한번 해봐야 하지 않겠나!"

여기서 잠깐, 꼬마 재봉사는 제 발에 장화를 신은 셈이지만 방앗간집 아들은 가만히 앉아서 고양이 덕만 본 게 아니냐고 물을 수 있겠다.

또는 이렇게 따질 수도 있겠다. 트릭스터란 있는 그대로의 제 삶을 사는 존재라고 했는데, 장화 신은 고양이는 '주인'을 위해 봉사하고 있으니 주체라기보다는 부속적인 존재가 아니냐고.

이에 대한 나의 답은 방앗간집 막내아들과 고양이가 별개의 존재가 아니라는 것이다. 페로가 풀어낸 이야기 텍스트에서는 그런 느낌이 잘 살지 않지만(샤를 페로의 동화는 소설 방식의 창작적 묘사가 덧붙여져서 구전자료와 성격이 달라진 면이 있다), 서사적 맥락으로 보자면 둘 사이의 겹침은 단연 두드러진다. 고양이를 막내아들의 내면적 자아라고 보면 딱 어울린다. 일컬어 마음속의 고양이. 막내아들의 고양이는 원래 별 볼 일 없이 햇빛이나 쬐면서 빈둥대는 존재였다. "내가 할 수 있는 일은 없어. 아무것도 가진 게 없는걸!" 이러면서 말이다. 하지만 그 고양이가 장화를 신는 순간, "그렇다고 이렇게 그냥 주저앉을 수는 없잖아. 뭐가 되든 부딪쳐봐야지! 그까이꺼, 한번 움직여보는 거야. 넓은 세상으로 나가서!" 이렇게 마음먹고서 '주인'의 몸을 움직이는 순간, 그는 완전히 다른 사람으로 변하게 된 것이었다. 세상 모든 것이 그를 위해 존재하는 존귀한 능력자 '카라바 후작'으로. 그동안 스스로의 존재를 갉아먹던 '부정적인 생각'이라고 하는 식인귀食人鬼로부터의 해방을 성취하고서. 그 식인귀는 사자처럼 압도적인 한편으로 생쥐처럼 하잘것없는 적敵이었다. 장화를 신은 저 사람한테는.

'내 마음속의 고양이에게 장화를! 이왕이면 튼튼한 가죽 장화로!'

이것은 내 삶의 모토이자 새로운 출발을 앞둔 젊은이들한테 들려주는 잠언이기도 하다.

여기서 한 가지, 장화를 신고 나아가는 저 트릭스터들은 늘 성공하는 것일까? 뜻한 바를 다 이루는 것일까? 아니, 그럴 리가 없다. 튼튼한 장화를 신고 있다고 해서 어찌 걸림 없이 쭉쭉 나아갈 수만 있겠는가. 발을 헛디뎌 넘어질 수도 있고, 진창에 빠져서 발이 묶일 수도 있다. 기껏 한참을 나아가고 나니, 길이 꽉 막혀버릴 수도 있다. 중요한 것은 저들이 거기 얽매여 신음하지 않는다는 사실이다. 넘어지면 일어나고, 발이 빠지면 빼내고, 길이 막히면 돌아 나와 다시 찾는 것, 그것이 트릭스터의 방식이다. 잘못된 일은 그렇게 '없던 일'이 되어버린다. 요컨대 과거에 연연하지 않는 저들에게 실패란 없다. 트릭스터가 늘 성공을 거두는 존재일 수 있도록 하는 마법의 노하우다.

그렇다면 또 한 사람 정만서는 언제 어떻게 '장화'를 신었을까? 이에 대한 이야기는 간단히 하기로 한다. 그가 장화를 신은 과정은 텍스트적 분석보다는 상상적 추리의 몫이기 때문이다. 어떻든 분명한 것은 그에게도 분수령이 되는 시점이 있었고 그것을 넘게 된 계기가 있었으리라는 사실이다. 무엇보다도 정만서한테 처자식이 있다는 사실이 이런 짐작을 하게 한다.

앞서 우리는 정만서 옆에서 속을 끓이며 스트레스를 받는 아내의 모습을 보았었다. 아마 자식들도 비슷했을 것이다. 이에 대해서, 정만서가 '칠난봉 팔건달' 트릭스터로 나돌던 중에 한 여자와 결혼을 하고 자식을 낳았을 것 같지는 않다. 만약 그랬다면 그것은 무책임한 사기일 것이다. 트릭스터 이미지와 잘 맞지 않는 면모다.(물론 그랬을 가능성도 배제할 수는 없다. 늘 예상을 깨뜨리는 인물이 정만서이므로.) 트릭스터는 존재의 가벼움과 자유를 추구하는 인물이거니와, 정만서가 그런 존재성을 본격적으로 펼쳐내기 시작한 것은 소시민 가장으로 평범하게 살아가던 어느 날의 일이 아니었을까? 싯다르타가 결혼을 해서 자식도 낳고 살다가 어느 날 결연히 출가해서 해탈의 길로 나아갔던 것처럼 말이다.

그가 장화를 신게 된 계기나 과정에 대해서, 나는 아는 바가 없다. 이런저런 짐작을 쓰면 괜한 일이 될 것이다. 다만 이렇게 말하고 싶다. 트릭스터의 존재성이란 처음부터 그렇게 타고나는 것이 아니라고. 마음속에 깃들어 있던 무엇이 어느 날 홀연히 발현될 수 있는 것이라고. 때로는 꼬마 재봉사처럼 청춘의 어느 날에. 때로는 정만서처럼 장년의 어느 날에. 그건 나이의 문제가 아니다. 나이 예순이 넘고 일흔이 넘어서 홀연 '자연인'이 되겠노라고 홀로 깊은 산속으로 들어가는 사람들, 현실에 얼마든 있지 않은가.

하루아침에 자연인이 된 사람의 가족만큼이나 정만서의 가족 또한 황당하고 아득했으리라. 하지만 그들도 나름 인정하고 이해하지 않았을까? 병들어 배가 나온 몸으로, 등 따시고 배부르니 세상에 더 좋을 게 없다고 하는 저 사람을. 다 죽어가면서도 아직 죽어보지 않아서 그게 어떤 건지 모르겠노라고 태연히 눙치는 저 사람을…….

러키 사람들과 켈올란, 트릭스터는 현실이다!

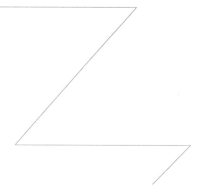

갑자기 나온 '자연인' 얘기에 좀 뜬금없다고 느꼈을지 모르겠다. 나로서는 그것이 트릭스터의 일과 별반 다르지 않다고 여기고 있다. 이야기 속 트릭스터의 구체적 형상은 허구이고 과장이지만, '비현실'이 아니라는 말이다. 트릭스터들이 현시하는 민담형 인간의 존재론은 실제 삶 속에서 다양한 형태로 구현된다는 것이 나의 믿음이다. 그렇기에 이렇게 책을 쓰고 있는 것이기도 하다. 나 자신을 향해서. 그리고 세상을 향해서.

근래에 만난 한 명의 인상적인 트릭스터가 있다. 이름은 켈올란. 터키 민담의 주인공이다. 정만서보다도 훨씬 많은 이야기들을 남긴 인물이다. 그것도 짧은 일화가 아니라 길고 흥미로운 이야기다. 켈올란은 영화와 드라마, 애니메이션 등으로 거듭 되살아나면서 터키 사람들에게 지속적인 사랑을 받고 있다고 한다. 일종의 '국민 캐릭터'에 해당하는 존재인 셈이다. 터키 이스탄불대학교에 교수로 가 있는 제자의 연구 발표로 켈올란의 존재를 알게 되었거니와, 이미 켈올란에 대한 이야기책이 한국어 번역서로 나와 있다.[45] 뜻밖의 큰 선물!

책에 실려 있는 이야기만 50종 이상이다. 이야기의 편폭이 넓은 만큼 켈올란의 캐릭터적 면모도 꽤 다양한 쪽이다. 귀찮은 일을 면하려는 게으름뱅이부터 악의 없는 장난꾼, 그리고 공격적인 사기꾼 느낌까지. 하지만 그를 켈올란으로 만드는 기본적인 요소들이 있다. 먼저 외모. 그는 어려서부터 대머리였으니, '대머리 소년 켈올란'이 그의 공식 호칭처럼 쓰인다. 또 하나는 늘 가볍고 유쾌하며 거침이 없다는 것. 어떤 곤란한 상황을 겪든 무사태평에 가까운 인물이 켈올란이다. 모든 일이 참 단순하고 쉽다. 일차원적 또는 사차원적 단순성. 트릭스터 특유의 행동방식이다.

켈올란에 대한 수많은 이야기 가운데, 전형적인 것을 하나만 보기로 한다. 〈켈올란의 꾀〉라는 제목으로 실려 있는 이야기다.

어느 날 켈올란이 당나귀를 팔려고 시장에 갔다. 한참 길을 가는데, 어떤 사람이 다가오더니 꼬리하고 귀를 자르면 당나귀를 더 비싸게 팔 수 있을 거라고 했다. 켈올란이 그 말을 믿고서 당나귀 꼬리와 귀를 자르고서 시장으로 갔더니, 사람들이 그를 비웃으면서 절대 못 팔 거라고 했다.

켈올란은 자기를 속인 사람을 찾으러 나섰다. 마침내 그 사람을 발견한 켈올란은 멀리 그 사람 뒤를 쫓아가서 집을 알아냈다. 그러고는 밤에 몰래 그 집에 매여 있는 소를 끌고서 집으로 갔다. 어머니한테는 당나귀를 소와 바꿨다고 말했다.

다음 날 켈올란은 밖에 나가서 다람쥐 두 마리를 잡았다. 한 마리를 집에 묶어놓은 켈올란은 어머니한테 저녁 식사를 닭고기가든 밥으로 준비하라고 하고서 다른 다람쥐 한 마리를 들고 밖으로 나갔다. 소 주인이 그를 발견하고 다가오자 켈올란은 다람쥐한테 "애야, 집에 가서 어머니한테 닭고기가 든 밥을 하라고 해" 하고 말하면서 놓아주었다.

이상하게 여긴 소 주인은 켈올란을 따라서 그의 집으로 갔다. 집에는 다람쥐가 매여 있고 어머니가 닭고기 밥을 준비하고 있었다. 깜짝 놀란 소 주인은 자기 소를 포기하겠다면서 돈을 더 줄 테니 다람쥐를 팔라고 했다. 켈올란은 큰 값을 받고 다람쥐를 팔았다.

소 주인은 켈올란이 한 것처럼 다람쥐한테 집으로 가서 고기 든 밥을 준비하라고 전하게 했다. 집에 와서 아무것도 없는 걸 발견한 그는 비로소 속은 사실을 알고 화를 내면서 켈올란을 찾아 나섰다. 그가 켈올란을 찾아서 자루 안에 집어넣고 가다가 잠시 눈을 붙일 때 안에서 켈올란이 "살려주세요. 나는 왕의 딸과 결혼하기 싫어요" 하고 소리쳤다. 양 떼를 몰고 가던 목동이 그 말을 듣고서는 자루에 있는 켈올란을 꺼낸 뒤 자기가 대신 들어앉았다.

잠에서 깬 소 주인은 다시 자루를 들고 걸어가서 개울 속에 던져버렸다. 그러고서 한참을 가는데 켈올란이 양 떼를 몰고 가면서 흥겹게 노래를 부르고 있는 게 아닌가. 대체 어찌 된 노릇이냐고 묻자 켈올란이 웃으면서 말했다. "개천 안에서 양 떼를 꺼냈지 뭐예요. 아직 많이 남아 있는데 힘이 부족해서……." 그 말을 들은 소 주인

은 개천으로 뛰어들었고 다시 올라오지 못했다. 켈올란은 양 떼를 몰고 집으로 가서 행복하게 살았다.[46]

이 이야기는 켈올란 이야기들 가운데 짧은 편에 속한다. 꼬리에 꼬리를 물고서 훨씬 길게 이어지는 이야기가 수두룩하며, 그 속에서 켈올란이 펼치는 활약이 꽤나 기상천외하다. 위의 이야기를 보면 어떤 식인지 대략 짐작이 갈 것이다. 단순하고 유쾌하며 행동에 거침이 없는 사람, 어리숙한 면도 있지만 꾀가 말짱해서 되로 받고 말로 갚는 사람, 그가 켈올란이다.

위 이야기에서 소 주인은 괜히 켈올란을 건드렸다가 본전도 못 찾고서 쫄딱 망한다. 왕의 딸하고 결혼하겠다는 허튼 욕심을 부린 목동의 운명도 다르지 않았다. 그들이야 어떻게 되든 말든 눈도 깜짝하지 않고서 즐겁게 웃으며 제 삶을 살아가는 저 사람 켈올란, 만만치 않다. 유쾌하고 영민한 사기꾼? 아니, 그 이상이다. 이런저런 사정 안 가리고 사차원으로 쭉쭉 나아가는 그를 표현하는 말로 '트릭스터' 이외의 다른 것이 떠오르지 않는다. 아, 하나 더 있다. 민담형 인간! 극치에 가까운.

켈올란을 만나고 나서, 그가 터키의 오래된 '국민 캐릭터'라는 사실을 알고 나서, 아 그랬었구나, 하고 깨달은 사실이 있다. 그때는 미처 몰랐었지만, 돌이켜서 헤아려보니 터키 여행 중에 만났던 수많은 사람이 영락없이 켈올란이었다. 살아 있는 켈올란. 특히 사내들이 그랬다.

2010년이었다. 연구년을 맞아서 떠난 나의 첫 유럽 여행, 그 첫 목적지는 그리스 아테네였다. 며칠 동안 여러 신전과 아크로폴리스와 아고

라를 누비고 메테오라의 놀라운 풍경을 마음에 담은 뒤, 테살로니키로 해서 터키로 넘어갔다. 이스탄불부터 사프란볼루, 카파도키아, 카이세리, 에페우스, 트로이를 거쳐 에르디네로 해서 불가리아로 넘어가기까지 터키에서 보낸 일정이 약 2주일이었다. 그때의 모든 인상이 지금껏 생생하고 구체적인 형태로 마음속에 남아 있다.

그리스 사람들과 터키 사람들은 무척 대조적이었다. 분명 그리스가 더 선진국이고 잘사는 나라라고 알았었는데 그곳 사람들의 표정은 심각할 대로 심각했다. 턱을 괸 채로 인상을 잔뜩 찌푸리고 있는 석고상의 그 이미지처럼.(물론 이는 경험적으로 받은 주관적인 인상이니 성급한 일반화는 금물이다.) 그런데 터키에 들어가고 보니, 어찌 그리 다른 세상인지! 환경은 더 복잡하고 지저분하고 시끄럽고 정신이 없는데도 사람들은 더없이 유쾌했다. 표정에 여유와 웃음기가 넘쳐흘렀다. 도시도 그렇거니와 시골은 더더욱 그랬다. 아이들은 훌쩍 다가와 카메라 앞에 자기만의 멋진 포즈를 선보였고 어른들은 웃으면서 손짓을 하고 차를 권했다. 한국에서 왔다고 하면 폈던 얼굴을 더 활짝 펴서, "오, 형제의 나라!" 하는 외침과 함께 손을 꽉 잡는 식이었다. 터키 사람들의 그런 유쾌한 모습 안에 켈올란의 유전자가 들어 있다고 말하면 지나친 비약일까?

경험 부족과 어수룩함 때문에 그 여행에서 도난도 당하고 사기도 당했다. 도난을 당한 곳은 그리스 테살로니키. 터키로 가는 열차편이 없다고 해서 심야 버스를 알아보려고 헤매던 중에 버스정류장에서 아내의 손가방이 사라져버렸다. 현금과 카드가 한순간에 허공으로 날아간 상황. 그나마 여권을 따로 둔 것이 천만다행이었다. 속상한 마음에 파출소(?)를 찾아가 도난신고를 했을 때의 장면이 지금도 생생하다. 오만상을 다 찌푸리면서 귀찮음을 온몸으로 표현하던 젊은 경찰관. 그가 보기에 우리가 꽤나 한심했겠지만 그래도 그 표정을 잊을 수가 없다. 손가방을 잃어버린 것보다 더 황당했을 정도였다. '그래. 어차피 찾을 수도 없는 노릇인데 신고하겠다고 찾아간 우리가 잘못이지 뭐.' 이렇게 자위했지만, 아테네와 메테오라에서 보낸 경이의 시간이 잔뜩 퇴색되는 느낌은 지울 수가 없었다.

사기를 당한 것은 터키에서였다. 며칠간 묵은 민박집을 떠나기 전에 숙소 앞의 세탁소에 아내의 재킷을 맡겼는데 그 주머니에 상당량의 현금을 넣어둔 것을 깜빡한 터였다. 돌아온 재킷의 주머니는 비어 있었다. 잠시 후 우리 앞에 선 세탁소 사내의 표정이라니! 난감함이나 당황스러움, 미안함 같은 것은 눈곱만큼도 없었다. 그야말로 태연자약에 여유만만. 너그러운 미소까지 띠고 양손을 올리면서, "노No! 난 몰라." 좀 어이가 없는 장면이었다. 다른 곳도 아닌 마을 세탁소인데……. 세탁을 처음으로 맡긴 것도 아닌데……. 답은 딱 하나뿐이었다. 나의 불운과 그의 행운을 인정하면서 깨끗이 포기하는 것.

켈올란을 알게 된 지금 생각하면 더욱 그렇지만, 그때 당시에도 불쾌하다기보다는 황당한 쪽이었다. 세상에, 그런 편안하고 즐거운 표정이라니! 그 앞에서 울그락불그락해봤자 나만 손해일 따름이었다. 참 요상한 것은 그가 돈을 꺼내간 당사자임에도 그리스의 젊은 경찰관보다 더 밉지가 않았다는 사실이다. 신기한 마법이다.

다시 한 번의 주관적인 단순화. 그리스인의 신화적 비장함, 터키인의 민담적 유쾌함, 그렇다면 한국인은? 사람따라 천차만별이겠지만, 내가 보기에 두드러진 것은 소설형의 피곤함과 무표정, 그리고 분주함 쪽이 아닌가 한다. 과연 우리는 그렇게 움직여서 행복한 것인지. 경제지표나 생활환경 같은 걸로 치면 터키 정도는 상대가 안 될 만큼 앞서가고 있다지만, 그게 우리를 진정으로 충만하게 해주고 있는 것인지 의문이다. 따져보면 어느 모로 보든 내로라 할 만한 선진국이다. 더 흔쾌히 누리고 즐겨도 좋은 것 아닐까?

제자들의 초청으로 10년 만의 터키 여행을 앞두고 있다. 기본으로 해야 할 일들 외에 이번 여행의 목표를 딱 두 가지로 잡고 있다. 하나는 트로이 벌판을 마음껏 걷기. 어릴 적의 고향 같던 그 마을과 들판은 지금도 그대로일지 궁금하다. 또 하나는 살아 있는 켈올란들 만나기. 그 유쾌한 웃음에 기꺼이 박자를 맞춰주리라. 혹시라도 미소를 띠면서 다가와 사기라도 치려 들면 모른 척 들어주다가 "노No!" 하면서 가볍게 돌아서리라. 여유롭게 웃음을 띠면서. 그러면 그 또한 유쾌하게 웃으면서 손을 흔들 것이다. 만약 그가 켈올란의 후예라면 말이다. 혹시라도 얼굴을 찌푸리면서 화를 내기라도 하면? 뭐 그러든 말든! 그건 그의 몫일 따름. 끝.

(간단한 사후 보고. 터키 여행을 하면서 켈올란들을 많이 만났다. 기꺼이 유쾌한 웃음을 보내는 사람들. 이른 아침 낯선 방문객한테 턱 거수경례를 올려붙이는 시골 노인 앞에서는 절로 감탄이 흘러나왔다. 나 또한 웃으면서 인사하기를 주저하지 않았고, 그만큼 즐거웠다. 다만 그곳에도 무언가 '찌들어 보이는' 사람들은 있었다. 특히나 젊은 사

람들 중에. 슬픈 일이었다. 터키인들이여, 아무쪼록 켈올란을 버리지 마시길. 영원토록!

아, 트로이 들판은 여전히 푸르고 마을 안에 닭이랑 양이 한가로이 노닐고 있었다. 다만

예전의 흙길은 대부분 번듯하게 포장돼 있었다. 좋은 일로 여겨야 하리라.)

4장

걸림 없는
자유의 삶,
그 자체로 성공이라

엄지동자 주먹이가 펼쳐낸
아찔하고 장대한 스토리

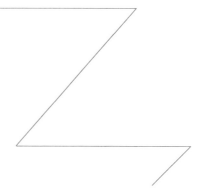

트릭스터는 짐이나 도구 같은 것을 가지지 않고 제 몸 하나로 가볍게 움직인다고 했다. 돈이나 칼과 같이 험한 길을 가는 데 꼭 필요해 보이는 것도 그한테는 없다. 그런 가벼움은 역설적이게도 세상을 헤쳐가는 데 중요한 힘이 된다. 가벼우므로 쉽게 움직이며, 넘어져도 쉽게 일어난다. 민담에서 그러한 가벼움은 흔히 '작음'으로 표현된다. 용감한 재봉사한테 '꼬마'라는 수식어가 붙어 있거니와, 정만서나 켈올란 등도 그리 크지 않았을 것 같다.

신화나 전설과는 달리 민담에서 거인이 주인공이 되는 경우는 거의 없다. 거인은 대개 주인공의 상대역일 따름이다. 거대한 대상 앞에 선 작고 가벼운 존재. 이것이 민담형 인간의 전형적인 이미지다. 그 이미지가 인상적으로 극화된 사례로 '엄지만 한 아이'들을 들 수 있다. 크기가 손가락만큼밖에 안 돼서 눈에 잘 띄지 않는 아이들. 그런 아이들이 좌충우돌로 누비고 다니면서 세상을 흔든다.

'엄지'가 벌이는 모든 행보는 그 자체로 특별한 모험이 된다. 생쥐나 개구리, 거미나 사마귀 같은 조그만 동물조차도 그들한테는 엄청난 괴물이었을 터이니 어찌 큰 모험이 아닐까. 세상에 있는 모든 것이 치명적 위협이라고 보아도 좋다. 그럼에도 민담 속의 엄지들은 방 안에 꽁꽁 숨는 식으로 그것들을 피하지 않는다. 오히려 자청해서 밖으로 나가 그들과 부딪친다. 그래서 어떤 일이 벌어지는지 두 명의 엄지를 통해서 보기로 한다. 그림 형제 민담의 주인공 '엄지동자'와 '엄지둥이'를 통해서.(두 엄지를 각기 '엄지동자'와 '엄지둥이'로 표현한 것은 김경연의 번역을 따른 것이다.)[47]

엄지동자Daumesdick[KHM 37]

#1. 엄지는 아버지한테 청해서 자기가 마차를 몰겠다고 한다. 그는 말의 귓속에 들어앉아 명령을 내려서 마차를 훌륭히 목적지로 몰아간다.

#2. 낯선 남자들이 엄지를 사겠다고 하자 엄지가 부모한테 그 말대로 자기를 팔라고 한다. 엄지는 그 남자들과 길을 가다가 볼일이 급하다면서 내려달라고 하고는 이리저리 깡충대다가 작은 쥐구멍 속으로 들어가 남자들을 따돌린다.

#3. 달팽이 껍질 속에서 잠들려던 엄지는 도둑들이 목사 집을 털려고 모의하는 말을 듣고는 자기가 돕겠다며 나선다. 목사관으로 숨어든 엄지는 큰소리를 내서 하녀가 깨도록 한다. 도둑들은 도망가 버린다.

#4. 엄지가 건초 더미에서 잠들었는데 아침에 암소가 건초를 삼켜 버린다. 엄지가 깜깜한 위 속에서 건초들과 싸우며 소리를 치자 그 소리를 들은 사람들이 귀신이 씌었다며 소를 죽인다.

#5. 엄지가 한쪽에 던져진 소의 위 속에서 나오려 할 때 늑대가 그를 삼킨다. 엄지는 달콤한 말로 늑대를 꾀어서 자기 집으로 가게끔 한다. 늑대가 식료품 저장실에서 잔뜩 음식을 먹고 배가 불러 못 움직일 때 엄지가 배 속에서 고래고래 소리를 지른다. 그 소리를 들은 부모님이 나와서 늑대를 처치하고 엄지를 꺼낸다.

엄지둥이의 모험Daumerlings Wanderschaft[KHM 45]

#6. 엄지는 세상 구경을 나서기로 하고 아버지한테서 바늘과 촛농으로 만든 칼을 받는다. 그는 조리 중인 음식을 살펴보려다가 증기에 날려서 굴뚝을 관통해 땅으로 떨어진다.

#7. 엄지는 어느 재단사의 보조가 됐으나 그 집 음식이 맛없어서 떠나고자 한다. 그 말을 들은 안주인이 화가 나서 후려치려는 것을 이리저리 피하지만 결국 붙잡혀서 밖으로 쫓겨난다.

#8. 도둑 무리가 엄지한테 자기들과 함께 보물창고를 털자고 하자 엄지가 일행에 합류한다. 작은 틈으로 창고에 들어간 엄지는 보초들을 놀리면서 금화를 빼돌린다. 그는 금화 한 닢을 가지고서 도둑들과 하직한다.

#9. 여관 종업원이 된 엄지는 하녀들이 몰래 하는 짓들을 보아두었다가 주인한테 일러바친다. 하녀들은 엄지가 풀에서 노는 걸 보고

서 그 풀을 베어 암소에게 던져준다. 엄지가 소의 배 속에서 소리를 질렀으나 아무 소용이 없었다.

#10. 다음날 사람들은 암소를 잡았고, 엄지는 소시지용 고기에 파묻혔다. 엄지는 겨우 칼질을 면했으나 순대 속에 갇힌 상태로 매달린다. 요리사가 순대를 썰 때 엄지는 겨우 칼날을 피해서 빠져나온다.

#11. 들판을 가던 엄지를 여우가 입으로 문다. 엄지는 여우가 요구하는 대로 제 목숨 대신 집에 있는 닭을 다 주겠다고 한다. 그들이 집으로 가자 아버지는 닭을 여우한테 주고서 엄지를 구한다. 엄지는 그때껏 가지고 있던 금화 한 닢을 아버지한테 준다.

보듯이 두 명의 엄지는 갖가지 우여곡절을 겪는다. 대부분 생사가 걸린 사건이었다. 특히 무언가에 통째로 먹히는 상황을 겪는 점이 눈길을 끈다. 엄지동자는 소에 이어서 늑대한테 삼켜지며, 엄지둥이는 소를 거쳐서 여우한테 물리는 신세가 된다. 그들 모두는 엄지한테 불가항력의 압도적인 대상이었다.

엄지가 소나 늑대, 여우한테 먹힌 상황은 서사적 은유로 보는 것이 합당하다. 작고 미력한 존재로서 감당할 수 없는 큰 힘에 걸려들어서 아득한 함정에 빠진 상황. 작은 출구도 없는, 소생 가능성이라고는 눈곱만치도 찾기 힘든 완전한 절망의 상태다. 하지만 엄지들은 그 상황에서 반전을 만들어낸다. 없는 출구를 스스로 만들어내서 탈출에 성공한다. 두 이야기에서 엄지가 소나 늑대, 여우로부터 벗어난 것은 단순한 우연이 아니었다. 절반 이상은 그가 안에서 죽을힘을 다해 아우성을 쳤기에 가능했던 일이었다. 또는 머리를 써서 상대를 집으로 유인하거나 거래에 성공함으로써 가능하게 된 일이었다. 그렇게 문제를 해결해가는 엄지들, 완연한 능력자다. 작음의 강점을 잘 활용하는 한편으로 작음의 약점을 극복해냈으니 거의 전방위적인 능력자의 면모다.

개인적으로 엄지들에게서 주목하는 것은 문제를 해결하는 능력보다 그들이 움직이는 태도와 방식이다. 그들은 자청해서 세상으로 나아간다. 그들이 겪은 일은 떠밀려서 한 것이 아니라 기꺼이 감수한 것이었으며, 그리하여 그것은 즐거운 모험이 된다. 갖은 우여곡절 끝에 보금자리로의 귀환에 성공한 저 아이들한테 지나온 과정은 모두가 신나는 이야깃거리가 된다. 그리하여 그들, 세상에 나다니는 일을 저것으로 끝낼 리가 없다. 그들의 모험은 이제 시작일 따름이다. 처음부터 죽을 고비를 몇 번이나 넘겼으니, 어디로 어떻게 나아가야 하며 무엇을 하거나 하지 말아야 할지 터득한 상황이다. 다시 상대의 배 속으로 들어갈 가능성은 이전보다 최소 절반 이하일 것이다. 그들이 나아가는 길, 또 다른 즐거운 모험과 함께 빛나는 성공이 기다리고 있다고 보아도 되지 않을까? (두 엄지를 비교하면 엄지동자보다 엄지둥이가 더 천방지축으로 멋대로 행동하다가 더 큰 곤경과 결정적인 위기를 겪는다. 세상이 얼마나 무서운지를 온몸으로 실감한 상황이다. 하지만 그렇다고 해서 그 후 그가 편안한 곳에 머물렀으리라고 생각되지는 않는다. 전혀.)

엄지만 한 아이들의 좌충우돌 유쾌한 모험담. 이런 민담은 독일 말고도 전 세계에 널리 퍼져 있다. 우리한테는 이런 재미있는 이야기가 없느냐면 그럴 리 없다. 비슷한 방식의 모험을 겪는 자그마한 주인공이 있다. 엄지보다는 조금 커서 크기가 주먹 하나 정도. 그래서 이름이 '주먹이'다. 전래동화로 큰 인기를 누리고 있는 이야기다. 원전이 그리 풍부하지는 않지만, 꽤 이른 시기에 채록된 구성진 자료들이 있다. 그중 하나, 임석재 선생이 1930년대에 평안도에서 조사한 이야기를 소개한다. 녹음이 아니라 구술을 받아 적은 것인데, 방언을 맛깔나게 살린 것이 특징이다. 길지 않으니 원문에 가깝게 옮겨본다.

옛날에 한 영감 노친네레 살구 있드랬는데 아들이 없어서 늘 부테님(부처님)한테 아들 하나 낳게 해달라구 빌었다. 그랬더니 하루는 부테님이 오늘은 원하는 거를 줄 터이니 잘 들으라 하면서 집 뒤에 구덩이를 세 길 파면 원하는 것이 나온다구 했다. 이 부처夫妻는 인차 집에 돌아와서 구덩이를 팠더니 달걀만 한 알이 하나 나왔다. 이 걸 방에 가지고 와서 깨보니꺼니 그 안에서 주먹만 한 아레(아이가) 하나 나왔다. 이 영감 노친네는 기뻐서 잘 키우는데 암만 키워도 크질 않고 그냥 늘 고만했다. 그래서 이름을 주머구(주먹이)라 지었다.

하루는 아바지레 주머구를 주머니에 넣고 낚시질하러 갔다. 그리고 심심하면 주머니 안에 있는 아하구 말을 하곤 했다. 옆에서 낚시질하는 사람이 보고는 아무 개도 없는데 말을 하고 있으니꺼니 '저 사람 미쳤는가' 하고 이상히 생각했다.

주머구는 주머니 안에 있어서 갑갑하니꺼니 내놔 달라고 했다. 그래서 이 사람은 주머구를 꺼내서 쓰고 있던 감투를 벗고 그 안에 다 넣어두었다. 주머구는 강 속에서 노는 고기를 보고 자기도 물속에 들어가서 놀고파서 물속으로 뛰어 들어갔다. 그랬더니 큰 고기가 이거 먹을 거다 하고 주머구를 통째로 집어삼켰다. 그 고기는 아버지 옆에 있는 사람의 낚시에 걸려서 잡혔는데, 고기 배 속에서 사람의 말소리가 나니꺼니 이상히 생각하고 고기 배를 째봤다. 그러니까 주머구가 나와서 뛰어서 멀리 가삐렸다.

　주머구는 여기저기 돌아다니다가 소가 풀 뜯어먹는 데까지 왔다. 풀섶 사이에 서서 소를 보고 있었드랬는데 고만 소가 풀을 뜯어먹는데 풀에 휩쓸려서 소 배 속으로 들어가게 됐다. 주머구 집에서는 주머구가 돌아오질 않아서 걱정이 돼서 이리로 저리로 찾아다녔는데도 없어서 집에 돌아와서 걱정하고 있었다. 그리고 저녁밥을 먹구 있는데 밖에서 "아바지 아바지" 하고 부르는 소리가 나서 방문을 열고 내다보니꺼니 주머구가 소띠(소똥)를 왼몸에 묻혀가지고 와 있었다. "어드러캐서 소띠를 왼몸에 묻혀가지고 있니" 하니꺼니 소꼴에 함께 휩쓸려서 소 배 속에 들어갔다가 소가 띠(똥)를 누어서 밖에 나오게 돼서 돌아왔다고 말했다.[48]

엄지에 비하면 거인이겠으나 우리의 주먹이(주머구) 또한 눈에 잘 띄지 않을 정도로 작은 친구다. 주머니에 쏙 들어가고 감투가 널널할 정도. 주먹 크기면 눈·코·입이 웬만큼 보일 테니 엄지보다 조금은 더 현실적인(?) 것 같기도 하다.

흥미로운 사실은 주먹이 또한 통째로 먹힌다는 사실이다. 이번에는 물고기와 소다. 엄지들과 달리 물과 땅 두 곳에서 곤경을 겪는 점이 특징이지만 특별한 차이라고 할 정도는 아니다. 그보다는 소라고 하는 공통점이 더 눈길을 끈다. 주목할 것은 소에서의 탈출 과정이다. 앞의 엄지들이 밖에서 소를 죽임으로써 출구를 찾은 것과 달리 주먹이는 남의 도움 없이 스스로 탈출에 성공한다. 소똥에 파묻힌 채로 밖으로 빠져나왔다는 것은 더러우면서도 재미있어서 웃음을 자아낸다. 몸에 뒤집어쓴 소똥을 이리저리 털어내는 주먹만 한 아이. 명물이 될 만한 장면이다.

개인적으로 이 이야기에서 가장 놀라운 부분은 주먹이가 물고기 배 속에서 나오는 대목이다. 배 속에서 살려달라고 소리를 치던 저 아이, 막상 거기서 나오니까 어떻게 했는지. "겨우 살았네! 흑흑흑." 이러면서 아버지한테 안겼을 만도 한데, 구술자가 전하는 내용은 판연히 다르다. "나와서 뛰어서 멀리 가삐렸다"고 하며, "여기저기 돌아다니다가 소가 풀 뜯어먹는 데까지" 가서 "소를 보고 있었드랬"다고 한다. 이거 놀랍지 않은가! 완전한 민담형 인간의 동선動線이다. 하나의 위기가 마감되자 곧바로 새로운 모험에 나서는 저 아이, 크기가 주먹만 하다지만 영 만만치가 않다. 마침내 소의 배 속이라는 깜깜한 절망으로부터 자력으로 출구를 찾아내서 자유를 되찾은 저 아이가 펼쳐낼 미래가 어떤 것일지 가히 측량하기 어렵다. 과연 주먹이는 그 뒤에 어떤 삶을 살았을까? 이에 대해서는 따로 뒷이야기가 전해지지 않으니 각자 즐겁게 상상해보면 좋겠다.

유쾌한 모험담 하나 즐겁게 잘 봤군, 하고서 넘어갈지 모르겠다. 과연 전래동화로 인기가 있을 만하겠어, 이렇게 생각하고 넘길지도. 하지만 이 이야기는 여기 우리의 삶과 무관한 것일까? 말하자면 사회생활을 하고 있는 다 큰 어른들한테는? 아니, 그렇지 않다. 저건 우리들 자신의 이야기다. 우리가 뭐 엄지동자나 주먹이가 되기라도 할 수 있는 거냐고? 맞다! 바로 그거다.

돌아보면 정말로 크고도 넓은 게 이 세상이다. 하늘이든 땅이든 아득해서 끝이 없다. 아무리 덩치가 큰 사람이라도 저기 높은 데서 보면 개미보다 작아 보일 정도다. 아니, 아예 눈에 안 띄기 십상이다. 우리 사는 현실 사회는 또 얼마나 크고 험한지! 우리를 한입에 집어삼킬 태세를 갖추고 있는 소나 늑대, 여우, 물고기 같은 거대한 존재가 부지기수다. 그 앞에 선 우리들, 엄지나 주먹이가 아니고 무엇이겠는가. 어쩌면 피라미나 하루살이일 수도!

중요한 것은 세상을 대하는 태도다. 세상이 크고 무섭다고 해서 숨고 피한다면 그건 주먹이가 아버지 주머니 속에 갇혀 있는 것과 같은 일이다. 편하고 안전할지 모르지만, 지루하고 따분한 노릇이다. 작은 주머니 속이니까 꽤나 어둡고 답답할 것이다. 게다가 주머니 속이라고 해서 꼭 안전한 것도 아니다. 거기 가만히 웅크리고 있다 보면 오히려 큰 병이 날 수 있다. 누가 주머니를 짓누르거나 꽁꽁 막아버리면 그 속에서 찌그러지거나 질식할 수도 있다. 위험은 오히려 자기를 피하는 자를 따라가서 그를 껴안는다는 사실!

저 엄지들처럼, 주먹이처럼 밖으로 나와서 이리저리 움직이는 게 답이다. 안에 가만히 앉아서 한세월을 다 보낸다면 그건 인생의 낭비일 따름이다. 심하게 말하면, 살았다고 말하기도 어렵다. 세상 속에서 이리저리 부딪치면서 힘든 일도 겪고 그것을 애써 헤쳐 나가는 것이 '사는 일'일 것이다. 궁하면 통한다고, 또는 하늘이 무너져도 솟아날 구멍이 있다고, 어려운 일이 있으면 거기서 벗어날 방도도 있기 마련이다. 그렇게 힘들여 찾아내고 펼쳐내는 자유가 진정한 가치를 지니는 법이다. 일단 지나고 나면 그 모든 일은 멋진 모험이 되고 빛나는 추억이 된다. 엄지들과 주먹이의 여행이 그랬던 것처럼 말이다.[49]

수업을 듣는 대학생들한테 주먹이 이야기를 읽게 하고 느낌을 물었다. 이야기에 대한 평가가 무척 긍정적이었다. 주먹이가 참 대단해 보인다는 반응이 대다수였다. 주먹이처럼 마음껏 세상을 누비고 싶냐는 물음에 그렇다는 대답이 많았다. 그런데 한 가지 함정이 있었으니, 온몸이 똥 속에 빠지는 일을 감수할 수 있겠느냐는 질문에는 부정적인 답이 많았다는 사실이다.(저 앞에서 보았던바 〈구렁덩덩 신선비〉에서 남편을 찾아 길은 떠나겠지만 복주께에 올라서는 일은 못할 것 같다는 대답과 평행을 이루는 반응이다.) 즐거운 모험을 펼치고 싶지만 저런 곤경을 겪고 싶지는 않다는 것. 거기에는 이상과 현실, 또는 욕망과 현실의 괴리가 개재해 있다. 말하자면 세상사의 양면 가운데 빛만을 욕망하고 그림자를 회피하는 식이다.

위험과 실패에 대한 두려움에 사로잡힌 상태에서 제대로 된 행동을 기대하기란 어렵다. 그 삶은 모름지기 '주머니 속에 머물러 있는 주먹이'가 될 공산이 크다. 또는 세상에 나섰다가 막상 곤경에 부딪히면 당황하면서 후회하는 '나약한 주먹이'가 될 수도 있다. 엄밀히 말하면 그것은 '주먹이의 서사'라고 하기 어렵다. 눈을 반짝이면서 빠릿빠릿 움직여야 주먹이인 것이다.

　돌아보면 꼬마 재봉사나 정만서는 '성장한 주먹이'였다고 말할 수 있다. 그들, 저러한 과정을 거쳐 능력자가 됐다는 말이다. 또는 그들, 방 안이나 주머니 속에 머물러 있다가 뒤늦게 박차고 나온 주먹이었다고 볼 수 있다. 아마도 기억할 것이다. 재봉사가 한 방에 파리 일곱을 처치하고서 홀연히 집을 나선 그 장면을. 그것이 의미하는 바는? 우리 모두 주먹이가 될 수 있다는 말이다. 언제든!

대나무통 속 새끼손가락,
그의 짜릿한 변신

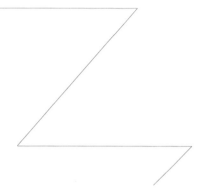

넓고 거친 세상 속의 작고도 큰 주인공 주먹이, 그는 사랑받는 아이였다. 부모가 간절히 원한 끝에 얻은 귀한 자식. 엄지동자나 엄지둥이도 마찬가지다. 엄지둥이의 부모는 아들을 되찾기 위해 집의 모든 닭을 여우한테 내주기를 주저하지 않는 사람이었다.

> "그런데 왜 그 가련한 닭들을 여우가 먹을 수 있게 한 거예요?"
> "아, 이런 바보하고는! 네 아빠한테는 마당의 닭보다 자식이 훨씬 중요하단 말이다."[50]

〈엄지둥이의 여행〉은 위의 대화로 이야기가 끝이 난다. 엄지가 얼마나 소중한 존재인지를 확인하면서. 부모가 선사하는 저런 사랑은 엄지가 특유의 긍정적이고 낙관적인 태도로 세상을 누비도록 하는 동력이었을 것이다. 언제든 돌아오면 따뜻하게 자신을 맞아줄 보금자리가 있고 가족이 있다는 것은 얼마나 큰 힘이 되는지! 언제든 돌아올 곳이 있으므로 더 즐겁고 씩씩하게 세상을 나다닐 수 있는 것이라고 해도 좋겠다.

그런데 여기, 돌아올 곳이 없었던 한 아이가 있다. 집에서 아득히 내쳐진 아이. 그 이름은 '새끼손가락'이다. 엄지보다 더 작고 보잘것없는 소녀. 베트남에서 전승돼온 민담의 주인공이다. 베트남에서 한국으로 이주해온 한 여성이 전해준 이야기로, 제목은 〈대나무 소녀 새끼손가락〉이다. 아직 세상에 보고되지 않은 따끈따끈한 자료다.(나는 제자들과 함께 해외에서 온 이주민들을 대상으로 모국 설화 구술 채록을 진행해서 천 편 이상의 설화 자료를 모았으며, 최종 보고와 자료 공개를 앞두고 있다.) 구술자의 말투를 사이사이 살려서 이야기식으로 정리해본다.

옛날에 대나무통 안에 사는 막내 아가씨가 있었어요. 크기가 새끼손가락만큼이라서 이름이 새끼손가락이에요. 공주는 아니고 그냥 새끼손가락.

옛날에 어느 마을에 나이 든 부부가 있었는데 아기가 없었대요. 너무 외로워서 하늘에 빌었어요. 작아도 좋고 못생겨도 좋으니, 아기 한 명만 있게 해달라고요. 그래서 갑자기 아내가 임신했는데, 애가 통 안 나오다가 3년이 지나니까 태어났어요. 근데 몸이 새끼손가락만큼밖에 안 돼서 이름도 새끼손가락이 됐어요. 이렇게 작아서 어떻게 사나, 그래도 크겠지, 이렇게 생각했는데 십몇 년을 살아도 그대로예요. 그러니까 아내가 남편한테 그랬대요.

"그냥 이 애를 데리고 가서 산속에다 버립시다."

더 이상은 안 되겠다는 거지요. 남편도 동의했는데 십몇 년 같이 산 정이 있다 보니, 마음이 아파서 버리러 가는 날에 먹을 것을 이리저리 준비했대요. 살림을 챙겨서 딸을 조그만 대나무통 안에 넣고서 얘기를 했대요.

"여기 밭에 수박씨도 있고 먹을 것도 있으니까 네가 알아서 살아가거라. 아빠가 가끔 와서 봐주마."

그래서 새끼손가락이 거기 산속에서 사는 거예요. 가끔 아빠가 와서 보고요.

어느 날 왕자님이 부하들을 데리고 사냥을 나왔는데, 배가 고프고 목이 말랐어요. 돌아보다가 수박 밭을 발견했는데, 주인이 안 보여서 그냥 수박을 잘라서 먹었어요. 근데 수박이 커서 반만 먹고 반을 남겼어요. 그러고 왕자가 간 뒤에 새끼손가락이 나타나서는 남은 수박이 아까워서 그걸 먹었어요. 그런데 얼마 안 돼서 임신을 한 거예요. 새끼손가락만 한 여자가요. 임신하고 일 년 만에 아기를 낳았는데 잘생긴 남자아기가 태어났어요. 그래서 다른 여자처럼 아기를 잘 키웠대요.

어느 날 왕자님이 또 사냥을 왔어요. 거기 밭을 지나가는데, 좋은 자장가 소리가 들려왔어요. 살펴보니까 어른은 없고 잘생긴 아기만 있는 거예요. 근데 아이를 보니까 사랑하는 감정이 생겼어요. 그래서 잠깐 아기를 안았더니, 아기가 우는 거예요. 그러니까 어쩔 수 없이 새끼손가락이 나타나서 말했지요.

"내 아기 이리 주세요."

새끼손가락만 한 사람이 나타나서 내 아기라고 하니까 왕자님이 깜짝 놀랐대요. 누구냐고 물어보니까 새끼손가락이 그동안 있었던 일을 얘기했어요. 그러니까 왕자님이 새끼손가락한테 자기랑 결혼해주겠냐고 했대요.

"내가 이런데도 왕자님은 괜찮은 거예요?"

새끼손가락이 물어보니까 괜찮다는 거예요. 그래서 둘은 결혼하고서 왕자님이 거기를 왔다 갔다 하면서 잘 지냈어요. 그런데 왕자님의 형들한테 소문이 들어간 거예요. 그걸 왕한테 얘기하니까, 왕이 그거 귀신이나 마녀 아니냐고, 안 되겠다고 했어요. 그래서 아들 세 명한테 며칠에 며느리들을 다 데리고 오라고 했어요. 막내 왕자님이 어명을 듣고서 아내를 어떻게 보여드릴지 걱정하니까 새끼손가락이 말했어요.

"걱정하지 말고 그냥 아버님 뜻대로 하겠다고 전해주세요."

그래서 막내 왕자님이 그리했는데, 그때 왕이 이렇게 얘기했대요.

"며느리들이 나를 위해 좋은 옷하고 좋은 음식을 준비하게 해라. 마음에 드는 아들한테 나라를 물려주겠다."

그래서 모두가 만나는 날이 됐어요. 그런데 그날 새끼손가락이 갑자기 몸이 커져서 예쁜 여자가 된 거예요. 새끼손가락이 밤에 자는데 선녀가 내려왔대요. 새끼손가락이 원래 하늘에서 살다가 무슨 잘못을 해서 그렇게 몸이 작아진 건데 이제 원래대로 돌려주겠다고 하면서 선녀가 도와준 거예요. 남편이 없는 사이에 그렇게 몸이 변하니까, 나중에 왕자가 보고 깜짝 놀랐지요. 왕자가 새끼손가락은 어디 있느냐고 물으니까 자기라는 거예요.

그래서 함께 왕한테로 갔는데, 세 며느리 중에서 새끼손가락이 만든 옷이 왕의 마음에 들었어요. 왕이 새끼손가락이 만든 빵을 보면서 무슨 뜻이 있는 거냐고 하니까, 부모님 은혜에 감사하는 음식이라고 했어요. 왕이 마음에 들어서 막내한테 나라를 물려주기로 했어요. 동생을 이간질한 두 형은 부끄러워서 궁전을 나갔고, 막내 왕자가 왕이 돼서 새끼손가락이랑 행복하게 살았대요.[51]

이주민 여성이 한국어로 구연한 것임에도 내용과 표현이 그럴듯해서 좀 놀랐을 것이다. 원 구술 자료는 더 길고 생생한데, 지면 문제로 많이 간추린 것이다. 30~40대 또는 20대 이주민 구술자들이 구전설화를 생생히 기억하면서 즐겁게 구연하는 모습은 낯설고도 인상적인 것이었다. 실은 그것이 정상인 것을!

내용을 보자면 '새끼손가락'의 출발은 엄지나 주먹이의 경우와 비슷했다. 자식을 원했던 부부가 하늘에 빌어서 얻은 귀한 자식. 이 아이는 3년 만에 태어났으니 출생부터가 특별했다. 하지만 그렇게 태어난 딸은 부모의 기대와 달랐다. 눈에 안 들어오는 작고 보잘것없는 아이. 그리고 그 상태는 10여 년이 지나도록 변하지 않는다. 말하자면 저 딸은 그 부모한테 있으나 마나 한 자식이었다. 부모의 욕망에 턱없이 못 미치는, 어떤 최소한의 기대도 할 수 없는 존재. 딸이 더 크지 못하고 미미한 상태로 머무른 건 부모의 이런 시선 때문이었을지도 모른다. '새끼손가락'은 그 미약한 존재감의 서사적 표상이 아니었을지. 모름지기 '딸'이라서 더 그랬을지도 모른다. "자식 하나 있는 게 저 모양이라니…… 쟤가 뭘 할 수 있겠어!"

그러한 불신이 고착화되어 확신이 되자 저 딸은 차라리 없는 편이 더 나은 대상이 돼버리고 만다. 귀찮은 작은 짐 같은 존재. 그나마 아빠는 마음이 안 좋아서 주저하는데, 엄마가 제 몸으로 낳은 딸을 버리자고 나서는 것은 역설적인 한편으로 현실적이기도 해서 더 슬프다. 십몇 년을 새끼손가락 상태로 있었다는 아이. 왜 그렇지 않을까. 그 강고한 불신과 비하의 감옥 속에서 무슨 일을 할 수가 있었겠는가 말이다. 있으나 마나 한 미미한 존재로 머무는 것 외에.

하지만 그건 착각이었다. 저 아이가 아무것도 하지 못할 미미한 존재라는 것은. 막상 바깥세상에 던져지자 완전한 반전이 일어난다. 아이는 거인과도 같은 넓은 세상을 갸륵한 삶의 터전으로 삼아서, 그동안 꽁꽁 갇혀 있던 욕망을 보란 듯이 펼쳐낸다. 그 서사적 상징이 '수박'이다. 왕자가 남긴 반 통의 수박을 훌쩍 먹어치우는 새끼손가락. 자신도 엄연한 욕망의 존재임을, 하나의 당당한 생명임을 저렇게 현시하는 중이다. 어쩌면 새끼손가락은 이렇게 말했을지도 모른다. "흠, 이제야 좀 배가 차는군. 어디 뭐 더 없나?" 모르긴 해도 남은 수박이 더 있었다면 두어 개쯤 가볍게 먹었을 것이다. 꽤나 오래 갇혀 있으면서 충분히 허기졌었을 터이므로.

이야기 속의 아버지는 제 딸을 작은 대나무통 속에 넣어놓았다고 한다. 그건 아이가 혼자서 세상을 감당할 수 없는 꼬맹이라고 여긴 탓

일 것이다. 하지만 새끼손가락에게 어울리는 곳은 나무통 속이 아니라 그 바깥이었다. 넓은 세상에서 마음껏 욕망을 펼치는 것이 그가 나갈 길이었다. 그가 수박을 먹어치운 일을 출발로 해서 남자와 인연이 닿고 번듯한 자식을 낳아 훌륭히 키우는 것은 하나의 극적인 반전인 동시에 정해진 필연이었다고 할 수 있다. 언제부터인가 하면 그가 하나의 갸륵한 생명으로 하늘에서 내려온 그 순간부터!

그 갸륵한 한 생명의 가치를 알아차리고 기꺼이 손을 내밀어준 남자. 그 서사적 표현이 바로 '왕자'다. 세상의 왕이 될 자격을 지닌 진짜 왕자!(덧붙이자면, 외면된 존재들의 진정한 존재감을 발견할 수 있어야 왕이라 할 수 있다. 동서양을 불문하고 민담 속의 진짜 왕이나 왕자들은 대개 그런 사람들이다.) 그 사람이 내민 손을 잡고서 새끼손가락이 한 나라의 왕비가 된 일에 대해 나는 그 일의 80퍼센트 또는 90퍼센트는 그 자신의 힘에 의한 것이라고 여긴다. 오랜 세월을 좁은 통 속에서 담금질한 그였다. 그리고 때가 되자 세상에 모습을 드러내며 번듯한 새 생명(잘생긴 아들)을 세상에 내보낸 그였다. 막상 자기를 왕한테 데려가게 되자 걱정에 휩싸인 남자를 향해 걱정 말라고, 잘할 수 있다고 말하는 저 여인. 멋지다! 작고 보잘것없는 새끼손가락 같았던 저 사람, 사실은 그렇게 선녀이고 거인인 것이었다.

편견과 구속의 긴 터널을 거쳐서 세상에 본모습을 드러낸 저 여인이 왕비가 되어 펼쳐냈을 삶이 어떤 것이었을지 상상하기에도 벅찰 정도다. 모르긴 해도 제 옆의 남자보다 더 큰 역할을 했을 것이다. 한 열배 정도. 자유의 가치와 배려의 힘을 누구보다 잘 알았을 저 사람, 구석진 곳에 소외돼 있는 작고 보잘것없는 존재들에게 두루 자유를 주고 기회를 주어서 그 안에 깃든 힘을 한껏 펼쳐내도록 했을 것이다. 일컬어 '하늘의 힘'을. 행하는 모든 일이 역사歷史가 되고 신화가 되는 상황. 할 수만 있다면, 그녀의 왕국 속을 차락차락 거닐어보고 싶다. 나비 같은 걸음으로.

책과 몰리,
거인을 거꾸러뜨린 '젊은 피'

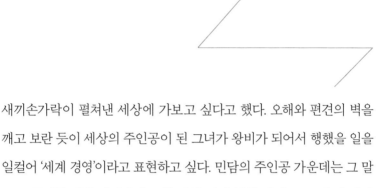

새끼손가락이 펼쳐낸 세상에 가보고 싶다고 했다. 오해와 편견의 벽을 깨고 보란 듯이 세상의 주인공이 된 그녀가 왕비가 되어서 행했을 일을 일컬어 '세계 경영'이라고 표현하고 싶다. 민담의 주인공 가운데는 그 말 고도 특별한 세계 경영자라고 할 만한 이가 무척 많다. 오로지 제 자신 의 감각과 도전으로 인생 역전의 성공을 이루고 세상의 패러다임을 바 꿔낸 인물들을 두고 하는 말이다.

프랑스에 샤를 페로Charles Perrault(1628~1703)가 있고 독일에 야콥 그림Jacop Grimm(1785~1859)과 빌헬름 그림Wilhelm Grimm(1786~1863) 형 제, 러시아에 아파나셰프Aleksandr Afanas'ev(1826~1871)가 있다면 영국 에는 제이콥스Joseph Jacobs(1854~1916)가 있다. 제이콥스는 호주 출신의 유대인으로 영국에 이주한 뒤 각종 전래 민담을 수집하고 갈무리해서 출간한 민속학자다. 한국에도 그의 민담집들이 번역돼 있다.[52] 그 책에 실린 이야기들을 읽어나가는데, 유독 세계 경영자라고 할 만한 인물이

자주 눈에 띄었다. 물론 민담형 경영자들이다.

그 대표적인 주인공이 누구냐면 바로 잭Jack이다. 〈잭과 콩나무〉로 우리한테도 익숙한 그 잭 맞다. 집안의 전 재산이었던 늙은 젖소를 '하늘로 자라는 완두콩'과 바꾼 가난한 소년. 완두콩은 진짜 하늘로 자라났고 잭은 그 줄기를 타고 하늘로 올라가서 거인의 집에 있던 보물들을 취해 놀라운 성공을 이루어낸다. 잭은 세 번에 걸쳐 하늘에 올라가는데 그때 가져온 보물이 각각 무엇이었는지 아시는지? 첫 번째는 황금 자루, 두 번째는 황금알을 낳는 닭, 세 번째는 스스로 음악을 연주하는 하프, 이렇게 세 가지였다. 경영 차원에서 그 화소들을 해석하자면, 잭은 축산에서 농사로, 농사에서 제조업으로, 그리고 문화 사업으로 영역을 바꿔가면서 가치 창출을 확장해간 것이라고 볼 수 있다.[53] 그 마지막 도달점이 '음악'으로 표상된 문화 콘텐츠 쪽이었다는 점이 눈길을 끈다. 오늘날의 세상과 딱 맞아떨어지는 면모다.

잭의 동선에 대해 그건 너무 무모한 것 아니었느냐고 항변할 수 있을 것이다. 여러 사람들한테 물어본 결과 실제로 그런 반응이 많았다. 자기 같으면 절대 젖소를 완두콩과 바꾸지 않겠다는 사람이 대다수였다. 따져보자면 그건 실제로 모험이었다. 성공 가능성을 높게 볼 수 없는. 하지만 잭은 막 세상에 발걸음을 내딛는 젊은이였다. 일컬어 젊은 피. 실패해도 크게 잃을 것이 없는 사람이다. 그렇다면 부딪쳐보는 것이 맞는 일 아닐까? 설사 망한다 하더라도 그것으로 끝이라고 할 바는 아니다. 실패의 경험이 자산으로 남는다. 그로부터 배우면서 다시 부딪치고 또 부딪치다 보면 마침내 성공의 여신은 문을 열게 될 것이다. 혹여 끝까지 원하던 결과를 얻지 못한다 하더라도 문제될 것은 없다. 계속 새로운 도전에 나서서 부딪쳐가는 그 자체가 즐겁고 짜릿한 일이라면 그것으로 충분하지 않겠는가 말이다. 그것이 젊음일 것이다.

이야기에서 잭은 과감하게 하늘나라 거인의 영역으로 치고 들어가 귀한 보물들을 취한다. 겉으로 보면 도둑질처럼 보일지 모르나 이 또한 상징과 은유로 보는 것이 합당하다. 하늘은 드넓은 사회로 연결되고 거인은 그곳을 지배하는 기득권 세력으로 연결된다. 잭은 특유의 창조적 아이디어와 도전적 경영으로 그중 알짜배기를 차지한 주인공이 된다. 이미 거대한 지배력을 확보하고 있으면서 그러한 작은 빼앗김을 용납하지 못하고 소년을 쫓아와 쳐 죽이려고 하는 거인의 죽음은 필연적 귀결이라고 보아도 좋다. 몸집이 크고 노쇠한 상태이니, 저 빠릿빠릿한 '젊은 피'를 가히 따라잡지 못하는 것이 당연한 일이 된다. 마침내 최고의 보물 황금 하프를 자기 것으로 삼은 저 사람. 그가 또다시 하늘로 올라갔다는 이야기는 없다. 멈출 때 멈추는 것, 그 또한 민담형 인간의 방식일 것이다. 지금 가진 것으로 충분한 상황, 이제 할 일은 마음껏 인생을 즐기는 일이다. 아름다운 연주로 온 세상에 좋은 기운을 나누어주면서.

세상을 향한 젊고 창조적인 도전의 길이 어찌 남자의 전유물일까. 어린 소녀로서 거인과 당당히 맞섰던 또 한 명의 주인공이 있다. 이름은 몰리 후피Molly Whuppie. 몰리는 무서운 거인한테 더 가까이 접근하며, 거인을 코앞에서 이리저리 놀리기까지 한다. 대체 어떤 아이이기에 이러는지, 살펴보지 않을 수 없다.

옛날에 한 부부가 살았는데 아이들이 너무 많아서 제대로 먹일 수 없게 되자 제일 어린 세 자매를 숲에다 버리고 왔다. 세 아이는 허기진 채로 숲속을 걷다가 날이 어두워졌을 때 한 집에 도착했다. 문을 두드리자 한 여인이 나왔는데, 남편이 무서운 거인이라면서 그냥 가라고 했다. 아이들은 간절히 청해서 안으로 들어갔지만, 여자가 내어준 빵을 먹기도 전에 거인이 들이닥쳐서 아이들을 잡아먹으려고 했다. 아내가 불쌍한 아이들이니 그냥 두라고 하자 거인은 말없이 저녁밥을 잔뜩 먹은 뒤 소녀들한테 거기서 밤을 보내고서 가라고 했다.

세 자매는 거인의 세 딸과 한 침대에서 자게 됐다. 그때 세 자매 중 막내인 몰리 후피가 가만히 보니까 거인이 세 자매 목에 새끼줄을 감아놓고 자기 딸들 목에는 황금줄을 감아놓는 것이었다. 영리한 몰리는 다들 잠들 때까지 기다렸다가 몰래 일어나서 새끼줄과 황금줄을 서로 바꿔놓고서 자리에 누웠다. 한밤중이 되자 거인은 커다란 곤봉을 들고 와서 잠자는 아이들의 목을 더듬어본 뒤 새끼줄을 감고 있는 제 딸들을 끌어내려서 때려죽였다. 그러고는 만족해서 잠자리에 들었다.

거인이 잠든 것을 확인한 몰리는 지금이 기회라고 생각하고 언니들을 깨워서 그 집에서 빠져나갔다. 자매들은 아침까지 쉬지 않고 달려서 커다란 저택에 도착했는데 알고 보니 그곳은 왕궁이었다. 몰리한테서 지난밤의 일을 전해들은 왕은 영리함을 칭찬하면서 혹시 자신 있으면 거인의 집으로 돌아가 침실 벽에 걸린 칼을 훔쳐오라고 했다. 그러면 큰언니를 맏며느리로 맞겠다고 했다.

몰리는 왕의 제안을 받아들이고 거인의 집을 찾아 들어가서 침대 밑에 숨었다. 거인이 잠들어 코를 골자 침대에서 기어나간 몰리는 거인을 타고 넘어서 칼을 살살 끌어내렸다. 그녀가 막 침대를 넘어섰을 때 칼이 덜그렁 소리를 냈고 거인이 벌떡 일어났다. 몰리는 칼을 들고 문밖으로 나가서 계속 뛰었고 거인은 뒤를 좇았다. 실오라기 같은 다리에 다다른 몰리가 가볍게 건너가자 몸이 무거워 못 건넌 거인이 소리를 버럭버럭 지르면서 두고 보자고 했다.

"두고 보자는 사람 안 무섭지. 앞으로 두 번 더 찾아올 거다, 멍청아. 난 스페인으로 갈 거야. 안녕!"

몰리가 칼을 왕에게 가져다주자 왕은 큰언니를 왕자와 결혼시켰다. 그러고는 자신 있으면 거인 베개 밑에 있는 지갑을 훔쳐오라고 했다. 몰리는 다시 제안을 받아들여 거인 집으로 갔고, 침대 밑에 숨었다가 거인이 잠들었을 때 베개 밑에 손을 넣어서 지갑을 꺼냈다. 몰리가 나가려 할 때 거인이 잠에서 깼고 추격전이 펼쳐졌다. 몰리는 다시 실오라기 같은 다리를 가볍게 건넜고 지난번과 같이 거인을 놀렸다.

거인의 지갑을 받은 뒤 몰리의 작은 언니를 둘째 왕자와 결혼시킨 왕은 몰리의 영리함을 칭찬하면서 거인이 손에 끼고 있는 반지를 가져오면 그녀를 막내며느리로 삼겠다고 했다. 몰리는 기꺼이 길을 나서 거인의 침대 밑에 숨어들었고 거인이 잠들자 손가락의 반지를 돌려서 잡아 뺐다. 반지가 빠지는 순간 거인이 깨어서 몰리를 꽉 붙잡았다.

"요 간사한 녀석. 결국 잡혔구나. 이제 앙갚음을 해야지. 만약 네가 나라면 어떻게 할 거냐?"

"나라면 당신을 커다란 자루에 고양이랑 개와 함께 집어넣겠어요. 바늘하고 실이랑 가위도요. 자루를 벽에 걸어놓았다가 숲에서 두꺼운 통나무를 가져와서 죽을 때까지 팰 거예요."

거인은 자기가 그와 같이 하겠다며 자루에다가 몰리와 개와 고양이와 바늘, 실, 가위를 넣어서 벽에 건 다음 통나무를 찾으러 나갔다. 자루 속에 든 몰리는 "아아, 이 광경을 당신도 볼 수 있다면!" 하고 크게 노래를 불렀다. 무얼 보고 그러느냐고 묻는 안주인에게 몰리는 자꾸 딴청을 폈다. 거인의 아내가 애원하자 가위로 자루를 찢고 나온 몰리는 거인의 아내를 대신 들어가게 하고서 실과 바늘로 자루를 꿰맸다. 몰리가 문 뒤에 숨어 있을 때 거인이 통나무를 들고 와서 자루를 두들기기 시작했다. 안에서 아내가 살려달라고 외쳤지만 개와 고양이가 우는 소리 때문에 알아차리지 못했다.

그때 몰리가 문 뒤에서 나왔고, 거인은 놀라서 급히 그녀를 뒤쫓아갔다. 한참을 달린 끝에 문제의 작은 다리에 도착했고 이번에도 몰리만 그곳을 건널 수 있었다. 분을 못 삭이고 식식대는 거인한테 몰리가 말했다.

"이제 다 끝났다네, 멍청이. 나는 스페인으로 가서 영영 안 돌아올 거야."

몰리는 반지를 무사히 왕에게 가져다주었고 막내 왕자와 결혼

식을 올렸다. 그 후 다시 거인을 볼 일은 없었다.[54]

이 이야기는 번역서에 〈영리한 소녀 몰리 후피〉라는 제목으로 실려 있는데, 원 제목은 그냥 '몰리 후피'다. 다른 수식 없이 '몰리 후피'라는 이름만으로 충분하다는 뜻이리라. 정만서한테 굳이 '천하명물'이라는 호칭을 붙이지 않아도 다들 알아 모시는 것처럼 말이다.

이야기 속에서 몰리는 거인한테 죽을 뻔한 위기를 겪었음에도 다시 제 발로 세 번이나 거인의 집을 찾아간다. 그 남다른 기백이 놀라울 따름이다. 잘 보면 그것은 무모한 기백이 아니었다. 그럴 만한 지혜와 대처 능력을 가지고 있었던 그였다. 처음 거인을 속여서 언니들과 함께 그 집에서 빠져나올 때 이미 거인의 약점을 다 파악했다고 보면 된다. 몸집이 크고 힘이 세지만 우둔해서 같은 실수를 반복하는 괴물 거인은 저 빠릿빠릿한 젊은 피를 바이 이길 수 없었다. 몰리는 왕이 자신을 거인한테 보낼 때 이미 그곳에 세 번 가게 될 것임을 알았고 모든 과업을 완수할 준비가 돼 있었다. 벽에 걸린 칼, 베개 밑의 지갑, 그리고 손에 낀 반지……. 과제가 점점 어려워지지만 '준비된 인재'한테 문제될 것은 없었다. 그 준비는 단지 지혜나 담력, 그리고 날쌤만이 아니다. 주변 상황과 지형지물 따위를 속속들이 살펴서 '실오라기 같은 다리'로 표상되는 퇴로 내지 안전지대를 미리 확보해둔 그였다. 혹시라도 일이 잘못돼서 붙잡히기라도 하면? 이에 대해서는 긴 설명이 필요 없을 것이다. 거인이 자기 사람을 공격하게 만든 저 장면에 이미 답이 나와 있으니까.

몰리는 거인이 자루 속에 든 제 아내를 때릴 때 일부러 한옆에 머물러 있다가 거인 앞으로 툭 나타난다. 순간 '얼음'이 되어버린 저 거인은 몰리가 그렇게 타격을 멈추도록 해준 것을 감사히 여겨야 마땅했다. 다시금 화를 내면서 뒤쫓아 가보았자 결과는 이미 정해진 일. 우스운 놀림거리가 될 따름이다. 그럼에도 굳이 몰리를 쫓아가서 모욕을 당하는 거인의 모습이 애잔할 정도다. 이후 몰리는 거인과 다시 만나지 않았다고 하는데, 그것은 거인이 마음에 걸리거나 무서워서일 리가 없다. 그냥 그하고는 '볼일을 다 봤기' 때문이다. 언제까지 저런 바보하고 상대해주리. 세상은 넓고 할 일은 많은 것을.

　여기서 한 가지, 몰리는 거듭해서 거인한테 스페인으로 갈 거라고 말하는데, 괜히 던진 허튼 말이 아니었을 것 같다. 그는 그전에 거인한테 말하기를 세 번 더 보게 될 거라고 했는데, 실제로 그렇게 되지 않았는가 말이다. 스페인으로 간다는 말 또한 허세가 아니라 실제의 계획일 가능성이 크다. 그렇다면 여기서 스페인이 뜻하는 것은? '크고 넓은 신세계'가 그것이라고 할 수 있다. 참고로, 200~300년 전의 스페인은 세계 최강국이었다. 오늘날의 미국에 부럽지 않은. 거기 가서 몰리가 펼쳤을 일은? 당연히 '세계 경영'이다. 글로벌한.

　만약 몰리 후피가 어려서부터 부유한 집에서 크면서 처세법이나 성공 전략 같은 것을 착착 익혀왔다면, 그리고 그것을 바탕으로 성공을 이루었다면, 그냥 그렇거니 하면서 넘어갈 수도 있을 것이다. 하지만 몰리는 가난한 딸부잣집의 막내였다. 아무 존재감이 없이 밥을 축내는 군식구에 지나지 않던 사람이었다. 부모에 의해 숲속에 버려진 몰리는 말하자면 '새끼손가락'과 비슷한 신세였다. 요즘으로 치면 흙수저도 못 가진 '맨손' 정도가 되겠다. 몰리의 남다른 영리함이나 처세법, 문제 해결력 등은 그와 같은 상황에서 스스로 찾아내고 길러낸 것이었다. 온몸으로 직접 겪으면서 말이다. 그러니 그 힘, 진짜일 수밖에 없다. 오로지 제 몸과 머리 하나로 세상을 뒤흔든 저 아이, 멋지다! 더할 나위 없을 정도로.

다시 잠깐 잭으로 돌아가서, 〈잭과 콩나무〉 이야기를 풀이하는 과정에서 내가 만들어낸 하나의 '신어新語'를 소개한다. '블루 스카이Blue Sky'가 그것이다. 잭이 찾아 올라간 그곳, 드넓은 창공에서 이끌어낸 말이다. 벤치마킹한 용어는 '블루 오션Blue Ocean'이다. 성공을 이루려면 레드 오션이 아닌 블루 오션을 찾아내야 한다는 것은 이미 일반적인 상식이 되어 있다. 하지만 그건 얼마나 힘든 일인지. 기껏 블루 오션을 찾아낸다고 해도 그곳이 빨갛게 물드는 것은 생각보다 빠르다. 다시 새로운 블루 오션을 찾아서 항해를 해야 하는 식이다. 하지만 하늘은 이와 다르다. 사방 팔방으로 무한히 열려 있는 저 하늘은 쉽사리 핏빛으로 변하지 않는다. 인류가 나아가 움직여야 할 미래의 터전은 바로 '블루 스카이'가 아닐지. 그게 구체적으로 무엇이냐고 묻는다면 '상상력'이라고 답하겠다. 완두콩에서 하늘 길을 보는 상상력. 또는 개와 고양이와 더불어 자루로 들어가는 상상. 잘 알다시피, 상상력은 무한하다. 아무리 써도 닳지 않는다. 끊임없이 새롭게 샘솟는다.

인간이 펼쳐낼 수 있는 상상력의 보물창고, 바로 민담이다. 앞서 월트 디즈니를 말했고 펭수를 말했거니와, 상상력이 창출하는 가치는 일반적 상상을 뛰어넘는다. 효용가치는 물론 교환가치까지도. 그 가치 가운데 가장 중요한 것을 든다면? 그것은 바로 '자유와 행복'이라는 것이 나의 답이다. 민담식으로 펼쳐내는 상상력은 밑천이 안 들면서도 전해 주는 행복감이 이루 말할 수 없을 만큼 크다. 지금 이렇게 민담에 대한 이야기를 하고 있는 것만으로도 얼마나 행복한지! 만약 이 글을 보면서 행복한 사람이 있다면 더할 나위 없으리라.

민담 속의 주인공들은, 그러니까 잭이나 몰리 같은 인물은, 그 상상력을 온몸으로 체현한 당사자라 할 수 있다. 머리로 상상하면서 헤아리는 것만으로도 즐거운데, 그런 삶을 실제로 살아낼 수 있다면 그건 얼마나 짜릿한 일일지! 성공하느냐 실패하느냐는 대수가 아니다. 아무도 한 적이 없는 특별한 일을 내 식으로 행한다는 것, 그를 통해 세상에 없던 새로운 길을 만들어낸다는 것, 이 세상에 머물다 간 족적으로 그만한 것이 어디 있을까.

천하약골 보리밥 장군,
쓸모없는 지식과 상상력의 쓸모

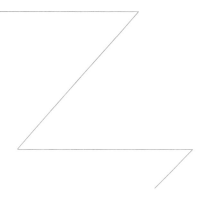

어쩌다 보니 작고 재빠른 인물을 많이 만나게 됐는데, 민담에 그런 주인공만 있는 것은 아니다. 몸집이 크고 둔하며 싱겁기 그지없으면서도 영락없이 '민담형 인간'에 해당하는 인물을 한 명 소개하고자 한다. 일컬어 '보리밥 장군'. 근간에 전래동화로도 곧잘 채택되는 인물이다. 원전 속의 이름은 꽤 다양해서 보리밥 장군 외에 통장군이나 밥장사, 밥포수, 식대장군, 식통장군 등으로 불리고 식충장군이나 식충이라고도 말해진다. 그중 대표적인 명칭인 '보리밥 장군'이 등장하는 자료를 바탕으로 내용을 이야기식으로 풀어내 본다. 창작성을 조금 가미해서. 사실은 좀 많이. 민담이 본래 그런 거니까.(참고로, 임석재 선생이 보고한 원전 자료도 네 구연자가 구술한 내용을 종합해서 정리한 것이었다.)

옛날 보리밥 먹으면서 살던 시절에 밥을 정말로 좋아하는 아이가 있었대. 싹수부터 달랐지. 젖 뗄 무렵부터 보리밥을 한번에 고봉으로 몇 사발씩 먹어댔어. 나이가 들어가니까 거짓말 조금 보태서 한 끼에 서너 말씩 해치웠다지. "얘 이거 먹는 것 좀 보게나. 완전 장군 감이야!" 그래서 아예 이름이 '보리밥 장군'이 됐어.

밥을 그렇게 남들보다 수십 배씩 먹어대니 그게 다 어디로 가겠어. 이건 뭐 세상에 본 적이 없는 엄청난 몸집이야. 키는 껑충 배는 빵빵, 요즘 천하장사들도 거기다 대면 다 어린애야. 아, 근데 말이지, 이 녀석이 이렇게 딱 봐도 대장군 총사령관인데 막상 힘은 하나도 없는 거야. 열댓 살이 돼서 힘깨나 쓸 나이가 됐는데, 제 또래 아이들은커녕 네다섯 살 아이한테도 비비질 못하니 말 다했지. 제 먹을 밥사발 하나도 못 들어서 옆에서 거들어야 할 정도니, 이를 어떡해. 그래도 한 가지, 남다른 점은 있었지. 목소리 하나는 정말로 우렁찼대. 크게 소리를 내면 천둥이 치는 것 같았다지. 먹은 게 다 성대 쪽으로 갔나 봐.

그 아이가 태어난 집안이 본래 살림에 쪼들려서 고생하는 정도는 아니었어. 그런데 보리밥 장군이 먹을 걸 대다보니까, 이게 감당이 안 되는 거야. 매일 그렇게 보리밥을 서너 말씩 먹어대니 어떻겠어! 결혼할 나이쯤 돼서 전보다 더 먹어대니, 기둥뿌리가 다 뽑힐 정도지. 이건 뭐 집에서 도저히 감당할 수가 없어. "이 녀석아. 너 땜에 우리 집 다 망하게 생겼다. 인제 다 컸으니 스스로 살길 찾아봐!" 이러면서 부모는 아들을 집에서 쫓아냈어. 아마 나라도 그랬을걸.

보리밥 장군이 할 수 없이 집을 나가서 터덜터덜 가다 보니까 배가 쪼르륵쪼르륵. 허기가 져서 쓰러질 지경인데, 날은 저물고, 아주 죽을 판이야. 근데 두메산골에 외딴집 한 채가 떡 나타나네. 장군이 그 집엘 찾아가서 혹시 보리밥 없냐니까 할머니가 밥을 차려서 내와. 손님 허우대를 보고 고봉으로 수북이 담아왔는데 뭐 그 정도야 게눈 감추기지. 순식간에 몇 그릇을 비우니까 할머니가 그 모습을 보더니만 이렇게 말하는 거야. "아이고 장군님! 내가 부탁이 하나 있소. 우리 영감이 집채만 한 호랑이한테 잡아먹혀서 내 아들 셋이 원수를 갚겠다고 맨날 호랑이하고 싸운다우. 저러다 자식까지 잃으면 난 어떡해. 부디 장군님이 도와주셔서 호랑이를 잡아주시오." 아, 밥까지 잔뜩 얻어먹은 터에 어떡하겠어. "그래유? 알겠습니다요. 걱정 마셔유." 이렇게 대답할 수밖에. 할머니는 내막도 모르고 인제 됐다며 희희낙락했지.

다음날 보리밥 장군은 삼 형제를 따라서 호랑이한테로 향했지. "이놈의 호랑이! 장군님이 계시니 이번엔 결판낼 거다." 삼 형제는 아주 용기백배야. 자기들이 위에서 호랑이를 몰 테니, 장군님이 아래에서 탁 잡으래. 그래 보리밥 장군이 산 아래서 기다리려니까, 조금 있다가 호랑이 한 마리가 냅다 달려오는데 이건 뭐 엄청난 정도가 아니야. 보리밥 장군은 덜덜 떨면서 나무 위로 기어 올라갔지. 그때 호랑이가 펄쩍펄쩍 뛰어올라서 엉덩이를 콱 물려고 덤비는데 금세 죽을 판이네. 호랑이가 또 한 번 크게 펄쩍 뛰는데, 보리밥 장군이 정신이 아찔해서 소리를 쳤어. "야, 이놈아. 저리 가!" 그러고는 눈을 질끈 감았는데, 갑자기 뭐가 조용한 거야. 보니까 이놈의 호랑이가 나뭇가지 사이에 얼굴이 꽉 끼어서 축 늘어져 있어. 보리밥 장군의 천둥 같은 목소리에 깜짝 놀라서 떨어지다 그리 된 거지.

보리밥 장군이 막 나무에서 기어 내려오니까 때맞춰서 삼 형제가 달려왔어. 어찌 됐는지 물을 것도 없지 뭐. 딱 보니까 장군님이 호랑이를 들어서 나뭇가지 사이에다 척 박아놨거든. "만세!" "만만세!" "드디어 원수를 갚았다!" 난리도 그런 난리가 없어. 보리밥 장군을 집으로 모셔가서 원하시는 게 뭐냐니까, 보리밥이나 실컷 먹게 해달라지. 원수를 갚았는데 밥이 문제겠어. 보리밥 장군이 거기서 아주 제대로 포식을 하더래.

그러고서 보리밥 장군은 다시 길을 떠났지. "이거 생각보다 재미있는걸. 다녀볼 만해. 하하하." 그렇게 가다 보니까 어디선가 웬 여자가 구슬프게 우는 소리가 들려. 뭔가 하고서 소리 나는 데로 가봤지. 가보니까 커다란 기와집인데 웬 처녀가 한구석에 앉아서 울고 있는 거야. 안에서는 드르렁드르렁 코 고는 소리가 들리고 말이지. 웬일이냐고 물으니까 처녀가 보리밥 장군을 보더니만 턱 붙잡고 사정을 하네. "장군님! 우리를 구하러 오신 거 맞죠? 우리 동네 불한당 같은 놈이 집안 식구들을 다 위협해서 재산을 빼앗더니만 나를 색시로 삼겠다면서 저렇게 버티고 있어요. 도망도 못 가고 꼼짝없이 당할 판인데, 하늘이 도와서 장군님이 오셨네요. 저 못된 도둑놈 좀 쫓아주세요." 아, 호랑이도 잡은 몸인데 못 한다고 하겠어? "그것 참! 내가 딱 처리할 테니 걱정 말고 저기로 멀리 떨어져 계시우."

보리밥 장군은 주변에 뭐가 있는가 이리저리 살펴보다가 도끼를 발견했어. 그걸 방으로 가지고 가려는데 이건 뭐 힘이 있어야지. 아주 땀을 뻘뻘 흘리면서 끌다시피 겨우 들어갔어. 그걸 들어서 잠 자는 도둑놈 이마를 치는데 겨우 올렸다가 내리는 식이야. 하여간 그러고는 도끼를 한옆으로 쓱 밀쳐놨어. 아, 어떻든 도끼가 이마를 쳤으니 멀쩡할 턱은 없지. 도둑놈 이마에 상처가 나서 피가 주르륵. 도둑놈이 이거 뭐야, 하고 놀라서 벌떡 일어나니까, 앞에 웬 집채만 한 총각이 있지 뭐야. 그가 손가락을 들더니만 천둥 같은 목소리로 호령을 해. "이 불한당 같은 놈! 어디서 행패인고. 내가 이 새끼손가 락을 살짝 튕겼으니 망정이지 엄지나 주먹을 쓰면 너는 곧바로 황 천길이다, 이놈!" 아, 새끼손가락 한 방에 이마가 터졌는데, 그 주먹 에 맞으면 어찌 되겠어. 그 불한당 도둑놈이 그만 "아이고, 제발 용 서해주십시오. 다시는 안 나타나겠습니다", 그러면서 피를 닦을 틈 도 없이 아주 꽁무니를 뺐대.

그 뒤의 일이야 말해서 무엇 할까. 보리밥을 아주 대여섯 말 해 치운 저 총각, 그 처녀랑 결혼했는지 아니면 다시 길을 떠났는지 그 건 나도 잘 몰라. 얘기해주던 사람이 그 장면에 배가 고프다면서 그 냥 가는 바람에 못 들었거든. 궁금하면 한번 찾아가 봐. 근데 어디 사는지는 나도 몰라. 가다 보면 있겠지 뭘.[55]

조금 뜬금없을지 모르겠다. 이건 뭐지? 주인공 캐릭터도 그렇지만 스토리의 전개가 많이 황당하다. 엄청난 체구에 천하약골이라는 반전 도 그렇지만, 저 엉터리 허풍선이가 제대로 한 것 하나도 없이 큰 성공을 거두는 일이 당최 말이 안 돼 보인다. 호랑이도 황당한 실수로 죽었고, 불한당 도둑놈도 제풀에 속아서 도망갔고……. 최소 90퍼센트 이상 우연과 요행으로 보이는 상황이다. 그런 요행이 연속적으로 벌어지니, 더더욱 말이 되지 않는다. 이런 일이 연속으로 일어날 가능성을 굳이 따져본다면? 한 1퍼센트 정도? 아니 그것보다도 훨씬 작을 것이다.

하지만 우연이 계속되면 그건 필연이라고 했다. 저 보리밥 장군이 놀라운 성공을 계속 거두는 데에는 뭔가 그럴 만한 이유가 있는 것은 아닐까? 소설식 코드로 보면 완전한 엉터리겠지만, 민담의 코드로 보면 얘기가 달라진다. 실제로 거기 뭔가가 있다. 저 사람 보리밥 장군, 물리적 힘은 기대에 한참 못 미치는 밑바닥이었지만 잘 보면 남다른 점이 없지 않다. 먼저 우렁찬 목소리. 목소리만 아무리 커봤자 무슨 소용이겠냐고 할지 모르겠으나 정말 그럴까? 호랑이를 놀라 나자빠지게 하고 불한당이 오줌을 지리게 할 만큼의 포효, 이거 대단한 것 아닐까? 어쩌면 그것은 사람들이 일반적으로 기대하는 육체적인 힘보다 더 특별하고 대단한 것일 수 있다. 따로 손쓸 필요도 없이, 그러니까 무력 같은 것을 동원할 필요도 없이 '입'으로 적을 제압한다면 그거야말로 최고 아닌가 말이다. 따지고 보면 장군이 꼭 힘이 세야만 하는 것은 아니다. 이순신이 최고의 장군이 된 것이, 또는 김구 선생이 최고 지도자가 된 것이 어찌 엄장이나 용력 때문일까. 그보다는 사람을 압도하여 저절로 따르게 하는 '묵직한 말'이 더 결정적인 요인이었다고 볼 수 있다.

가만 보면 단지 목소리뿐만이 아니다. 저 보리밥 장군, 은근히 꾀가 범상치 않다. 새끼손가락을 들어서 불한당 도둑을 처리하는 장면에서 이를 잘 볼 수 있다. 거기에 자기의 남다른 무기인 몸집과 목소리를 더해서 상승 효과를 내니, 멋들어진 전략이 된다. 그리고 또 하나 빼놓을 수 없는 것이 그의 기개와 행동력이다. 힘이 어린아이만도 못한 저 사람, 호랑이와 맞붙으면 바로 명줄이 날아갈 판인데도 선뜻 호랑이를 잡으러 나선다. 뛰어 내려오는 호랑이를 산 아래에서 혼자 맞아야 하니 최악의 조건이지만, 그는 그 일을 행한다. 그리고 경위야 어떻든 호랑이를 감당해낸다. 그다음 삽화도 마찬가지다. 딱히 그 집에서 밥을 얻어먹거나 한 것이 아님에도 불구하고 그는 위기에 처한 사람을 외면하지 않고 홀로 불한당을 치러 들어간다. 이러한 기개, 장군감 아닌지! 만약 그 처녀가 보리밥 장군과 결혼했다면, 그리고 그가 천하약골이라는 사실을 알게 됐다면, 오히려 더 감탄하며 그를 사랑하지 않았을까? 턱없는 약골임에도 자기를 위해 기꺼이 나서준 그 사람을 말이다.

사실 '보리밥 장군' 이야기를 가져온 진짜 이유는 따로 있다. 그 키워드는 바로 지식과 상상력이다. 처음 이 이야기를 만났을 때, 저 사람 저거 대체 뭐지, 이렇게 생각하다가 문득 확 와닿는 게 있었다. 보리밥 장군이 주변 사람들의 걱정을 사면서 쓸모도 없이 밥을 잔뜩 먹어대는 모습에서 '책 읽는 일'이 연상된 것이었다. 유난히 책을 좋아해서 남들보다 스무 배, 백 배를 읽는 사람이 있다. 얼핏 보면 바보스러운 일이다. 저렇게 책을 읽는다고 쌀이 나오나 돈이 나오나, 이렇게 말할 수 있을 것이다. 보리밥 장군이 잔뜩 먹기만 하고 힘을 못 쓴 것처럼, 책을 많이 읽고 지식을 많이 갖추어도 눈앞의 현실에서 아무 힘이 안 될 수 있다. 하지만 그것은, 눈앞의 현실이 그러할 뿐이다. 멀리 보면 결국은 큰 힘을 내게 되어 있다. 마음속에 풍부하게 채워둔 지식은 뒷날 더 큰 일에 요긴하게 쓰인다. 보리밥 장군이 호랑이를 잡고 도둑놈을 쫓아낸 것처럼 말이다. 보리밥 장군이 잘된 일을 보면서 원래 그를 알던 사람들은 "아니, 저 허깨비가 웬일이야?" 하면서 눈이 휘둥그레질지 모르지만, 그것은 원래 그렇게 될 일이었다고 할 수 있다. 사람들이 그의 진정한 실력을 몰랐을 따름.

　보리밥 장군이 먹은 밥이 책이라고 할 때, 그 책은 실용서나 자기계발서보다는 잡학류 쪽이 더 어울릴 것 같다. 당장 아무 도움도 안 되는 그런 지식들 말이다. 물론 거기 '문학'을 빼놓을 수 없다. 허구적 상상을 한껏 펼치는 고담이나 소설책 같은 것들. 요즘으로 치자면 만화나 웹툰, 판타지, SF 등등이 되겠다. 보리밥을 먹고 나면 배가 쉬 꺼지듯이 이런 책들, 읽고 나면 머릿속에서 금방 증발해버린다. 옆에서 보자면 그저 한심할 따름이다. "뭐 하러 저렇게 시간을 허송한대!" 하지만 사실은 그게 진짜 숨은 힘이 된다는 것이 결정적 반전이다. 어찌 꼭 특별한 실제적 문제를 해결해야만 쓸모 있는 것일까. 생각하는 법을 알게 되는 것, 남다른 상상력을 갖추는 것, 이것이야말로 장기적으로 인생을 살아가는 데 최고의 자산이라 할 수 있다. 일컬어, 쓸모없어 보이는 것들의 진정한 쓸모! 보리밥 장군은 그렇게 특별한 성공을 만들어낸 것이 아닐까. 자기가 진짜로 좋아해서 언제라도 손에서 놓지 않았던 그 무엇을 통해서.

영락없이 한심한
얼간이였지만……

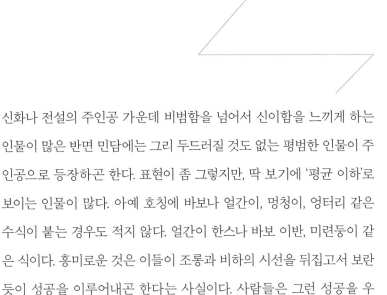

신화나 전설의 주인공 가운데 비범함을 넘어서 신이함을 느끼게 하는 인물이 많은 반면 민담에는 그리 두드러질 것도 없는 평범한 인물이 주인공으로 등장하곤 한다. 표현이 좀 그렇지만, 딱 보기에 '평균 이하'로 보이는 인물이 많다. 아예 호칭에 바보나 얼간이, 멍청이, 엉터리 같은 수식이 붙는 경우도 적지 않다. 얼간이 한스나 바보 이반, 미련둥이 같은 식이다. 흥미로운 것은 이들이 조롱과 비하의 시선을 뒤집고서 보란 듯이 성공을 이루어내곤 한다는 사실이다. 사람들은 그런 성공을 우연한 것이라고 여기지만, 이야기는 그것이 '예정된 성공'이었음을 확인시켜주는 요소들을 그 안에 착착 포함하고 있다. 이제 그 이야기를 해보고자 한다. 얼간이로 치부되던 사람이 어떻게 편견을 깨뜨리고 판을 바꾸어내는지를.

첫 주인공은 그림 형제 민담 속의 얼간이다. 그림 민담에서 얼간이는 '한스Hans'라는 이름을 갖는 경우가 많은데, 이 아이는 그냥 얼간이

(멍청이, Dummling)로 불릴 뿐, 따로 이름은 없다. 말하자면 이름이 '얼간이'인 셈이다. 하지만 내용을 보면 다들 금방 알 것이다. "아, 그 이야기!"

옛날에 한 남자한테 아들이 셋 있었는데 똑똑한 형들과 달리 막내아들은 얼간이로 불리면서 무시를 당했다. 어느 날 맏아들이 숲으로 나무를 하러 가게 되자 어머니는 좋은 과자와 포도주를 챙겨서 보냈다. 숲에서 잿빛 난쟁이가 나타나 인사를 하면서 먹을 것을 좀 나눠달라고 하자 똑똑한 아들은 그러면 자기 먹을 것이 없어지지 않냐면서 갈 길이나 가라고 했다. 그렇게 지나쳐간 그는 나무를 베다가 도끼를 잘못 내리쳐서 팔을 다치고 말았다. 난쟁이가 그리 만든 것이었다. 이어서 숲으로 간 둘째 아들도 마찬가지였다. 난쟁이를 무시하고 지나쳐간 둘째 아들은 다리를 내리치는 바람에 집으로 실려 왔다.

그때 얼간이 막내가 자기도 나무를 하러 가겠다고 하자 부모가 짜증을 내면서 맛없는 과자와 신 맥주를 주었다. 난쟁이가 나타나서 얼간이한테 먹을 것을 나눠달라고 하자 얼간이는 맛없고 시큼한 것도 괜찮으면 함께 먹자고 했다. 그러고서 음식을 꺼내보니까 신기하게도 맛있는 과자와 좋은 포도주로 변해 있었다. 음식을 먹은 난쟁이는 행운을 선사하겠다고 했다. 한옆에 있는 늙은 나무를 베어내고서 뿌리를 보면 무언가를 발견하게 될 거라고 했다. 얼간이는 그 말대로 늙은 나무를 베어서 쓰러뜨리고 뿌리를 살펴보았다. 그곳에는 거위가 한 마리 앉아 있는데, 깃털이 온통 황금이었다.

얼간이는 황금 거위를 안고서 한 여관에 들어갔다. 그 집에 딸이 셋 있었는데 맏딸이 거위의 깃털을 탐내서 손을 대자 그대로 손이 붙어버렸다. 이어서 다가온 둘째랑 셋째 딸도 차례로 몸이 붙어버렸다. 다음날 얼간이가 거위를 안고 길을 나서자 세 딸은 거위에 붙은 채로 그 뒤를 졸졸 따를 수밖에 없었다. 지나던 신부가 그 모습을 보고서 막내딸의 손을 잡아떼려고 하다가 달라붙었고, 이어서 신부의 소매를 잡은 성당지기가 또 달라붙었다. 그들을 떼려다가 달라붙은 농부 둘까지 일곱 사람이 거위에 붙어서 얼간이 뒤를 졸졸 따라가게 됐다.

그때 나라의 왕한테 딸이 하나 있었는데, 늘 심각해서 웃을 줄을 몰랐다. 왕은 공주를 웃기는 사람을 사위로 삼겠노라고 공표한 상태였다. 얼간이가 거위에 붙은 사람들을 이끌고 공주 앞으로 가자 공주가 웃음을 터뜨려서 그칠 줄을 몰랐다.

공주를 얼간이와 결혼시키기 싫었던 왕은 지하실에 가득 찬 포도주를 다 먹을 사람을 데려오라고 했다. 얼간이가 잿빛 난쟁이가 있던 곳을 찾아가니까, 고목이 있던 자리에 한 사람이 앉아 있는데 포도주에 한이 맺힌 사람이었다. 얼간이가 그를 궁궐로 데려가자 그가 술통을 다 비워버렸다. 다시 왕이 산더미만 한 빵을 먹을 수 있는 사람을 찾아오라고 했으나 이번에도 숲속에 해결자가 있었다. 허기졌던 남자는 큰 산만 한 빵을 다 먹어치웠다. 왕은 다시 물과 땅에서 다 달릴 수 있는 배를 요구했는데 이 과제는 난쟁이가 해결해주었다. 배를 구해온 얼간이는 공주와 결혼했고, 왕위를 물려받

아 행복하게 살았다.[56]

유명한 〈황금 거위Die goldene Gans〉[KHM 64]의 내용이다. 세 자매를 비롯한 여러 사람이 거위에 몸이 붙어서 따라가는 장면은 다들 기억하겠지만, 그 앞뒤 내용은 익숙지 않을 수도 있겠다. 예컨대, 주인공이 어떻게 황금 거위를 얻게 됐는지를 사람들은 잘 모르는 것 같다. 누가 보더라도 딱 '얼간이'라고 몸에 쓰여 있었을 것 같은 저 아이가(상상컨대 그는 외모나 행동거지가 영리하고 치밀해 보이지 않았을 것 같다. 나사가 몇 개 빠진 것 같은 이미지. 그러니 다들 그를 얼간이 취급했을 것이다) 그런 특별한 성공을 거둔 일은 어떻게 봐야 할까? 이 또한 우연이나 요행, 희극적 공상 따위로 치부할 수 없는 것일까?

이에 대한 대답은 물론 그렇다는 것이다. 모두가 저 아이를 얼간이로 취급했지만 그것은 사람들의 편견이었을 따름이다. 뭔가 자기들이랑 다르다는 이유로 손쉽게 얼간이 취급을 한 상황이다. 제 먹을 것도 부족한 판에 낯선 사람한테 음식을 덜컥 나눠주는 일은 이해관계를 이리저리 따지는 사람들이 보기에 영락없는 바보짓이다. 난쟁이의 말을 믿고서 커다란 나무를 베어 없애고 뿌리를 확인하는 수고를 감수하는 일은 또 어떤지. 조롱 섞인 손가락질을 받기에 딱 좋은 모습이다.

저 얼간이의 모습에 대해서, 서로 도우면서 살아야 성공할 수 있는 법이다, 하는 식의 교훈을 제시하는 것은 우리의 일이 아니다. 그런 상투적 관점을 넘어서 서사적인 상징을 새롭고 깊게 살피는 것이 우리의 과업이다. 이런 상징적 맥락에서 얼간이의 행동을 보자면, 그가 나타내는 난쟁이에 대한 관심과 소통은 '보이지 않는 작은 것과의 접속'이라고 풀이할 만하다. 남들은 무심코 지나치는 작은 것을 관심 깊게 살피다 보니 무언가 새로운 것을 보게 됐고 깊이 숨어 있던 비밀을 발견할 수 있게 된 상황이다. 그가 고목을 베고 뿌리를 확인하는 일은 무언가 낯설고 신기한 단서를 놓치지 않고서 그것을 파헤친 일에 해당한다. 말하자면 남다른 통찰력이고 집중력이라 할 수 있다. 물론 거침없는 행동력도 빠지지 않는다. 결과적으로 허튼 짓이 될 수도 있지만 이렇게 새로운 실마리들을 찾아서 끝까지('뿌리'라는 화소에 주목!) 파고드는 일을 계속함으로써 그는 마침내 세상에 없던 새로운 무엇을 건지게 된 것이 아닐까? 나는 그가 발견한 '황금 거위'가 그렇게 찾아낸 '새롭고 놀라운 가치'의 표상이라고 믿는다. 뻔히 드러나 있는 건 모두의 눈에 띄는 법. 전에 없던 무언가를 찾으려면 이렇게 들이파야 하는 법이다. 믿음을 가지고서.

재미있는 사실은 누군가 저렇게 새로운 가치를 발견하면 너도 나도 눈을 둥그렇게 뜨고서 달려든다는 사실이다. 황금 거위에 사람들이 줄줄이 달라붙은 일은 단순한 해학을 넘어서 더없이 신랄한 알레고리라 할 수 있다. 남이 발견한 것을 탐내서 거기 매달리는 사람, 결국 저렇게 바보 얼간이가 될 따름이다. 스스로 똑똑하고 사려 깊다고 자부하는 사람들이 사실은 진짜 얼간이라고 하는 서사적 역설에 고개를 끄덕이게 된다. 그런 사실을 끝내 인정하지 않으려고 발버둥치는 왕의 모습은 너무나 현실적이어서 오히려 우습지 않을 정도다. 그런 사람은 세상에 얼마나 많은지! 그와 달리 아무 선입견 없이 '투명한 눈'을 지니고 있어 세상의 낯설고 새로운 것들과 접속되는 저 주인공 얼간이가 다들 불가능할 것으로 여긴 과제들을 착착 해결해가는 것은 더 이상 우연이 아니다. 과제가 어려워질수록 그는 오히려 더 신이 났을 것이다. '쓸모없는 것들의 쓸모'를 전방위적으로 구사할 수 있었던 저 사람은.

공주에 대한 이야기를 잠깐 덧붙인다. 웃음을 잃고서 늘 심각했다는 저 공주. 혹시 주변의 머리 복잡하고 계산적인 사람들의 아웅다웅에 질려 있던 것은 아니었을까? 그러다가 얼간이의 일차원적 또는 사차원적 행동거지를 보면서 그간 억눌렸던 것이 확 터져나갔던 것이 아닐까?

결혼식이 거행됐고, 왕이 죽은 뒤 얼간이가 왕국을 이어받았다. 그는 아내와 함께 오랫동안 행복하게 살았다Er lebte lange Zeit mit seiner Gemahlin.[57]

얼간이가 공주와 더불어 행복하게 잘 살았다는 마지막 문장, 내 생각에 그건 상투적 수사가 아니다. 더할 것도 뺄 것도 없는 진실이다. 얼간이 취급을 받던 천재와 그 천재를 딱 알아본 후원자의 운명적인 만남, 멋지다. 모름지기 나라 사람들도 훨씬 잘 살게 됐을 것이다. 수륙 양용의 신개념 탈것을 개발한 저 괴짜 발명가 왕을 가지게 된 사람들은.

독일의 얼간이에 이은 다음 주인공은 러시아의 얼간이다. 러시아 민담은 얼간이가 유난히 많이 등장하는 것이 특징이다. 그 대표적인 존재가 '이반'인데 여기서 볼 사람은 에밀리야다. 이야기가 더 짧고 간단해서 이쪽을 골랐다. 제목은 〈얼간이 에밀리야〉. 제목에는 분명 이름이 있는데 번역된 이야기 본문에는 그냥 '얼간이'라고만 되어 있다. 앞에서 본 독일의 얼간이처럼 이 사람 또한 '얼간이'가 공식 호칭이었다고 생각하면 될 것이다. 사연을 보자면 앞의 얼간이의 경우보다 더 황당한 쪽이다.

옛날에 삼 형제가 살았는데 위의 두 형은 똑똑하고 막내는 얼간이였다. 형들은 물건을 사러 가면서 얼간이한테 집에서 가만히 형수님 말씀 잘 듣고 있으라고 했다. 그러면 빨간 장화랑 외투랑 셔츠를 사다주겠다고 했다. 얼간이는 형들이 말한 대로 집에 머물러서 난롯가에 누워 있었다. 그러자 형수들이 보고는 그렇게 난롯가에 자빠져서 빈둥거리지 말고 나가서 물이라도 길어오라고 타박을 했다.

물통을 들고 나간 얼간이가 물을 긷고 있는데, 통 속에 창꼬치 한 마리가 들어왔다. "오호, 하느님, 감사합니다. 이 창꼬치를 요리해서 나 혼자 먹을 테다. 내 기분을 상하게 한 형수들 몫은 없어!" 그런데 그 창꼬치가 사람 목소리로 말을 거는 것이 아닌가. "얼간이님, 저를 먹지 마세요. 물속에 도로 놓아주세요. 그러면 행운이 생길 거예요. 무엇이든 말만 하면 다 이루어지도록 하는 행운을 드릴게요." 얼간이는 시험 삼아서 창꼬치가 시키는 대로 외쳐보았다. "내 부탁에 의해 창꼬치의 명령으로, 물통들아, 집으로 가서 제자리로 들어앉아라." 그랬더니 진짜로 물통들이 집을 향해서 가는 것이었다. 집에서 그 모습을 본 형수들이 깜짝 놀랐다.

얼간이가 집으로 와서 난롯가에 눕자 형수들은 다시 타박을 하면서 나무를 해 오라고 다그쳤다. 도끼를 들고 썰매에 앉은 얼간이는 말을 매지 않은 채로 "내 부탁에 의해 창꼬치의 명령으로, 썰매야 달려라" 하고 외쳤다. 썰매는 쏜살같이 달렸고, 읍내를 쭉쭉 지나쳐갔다. 재앙으로 여긴 사람들이 붙잡으라고 소리쳤지만 아무도 막을 수 없었다. 숲에 도착한 얼간이는 도끼를 시켜서 나무를 잘라 다듬게 하고 또 지팡이를 하나 만들게 한 뒤 썰매에 올라탔다. 그가 썰매한테 명령해서 집으로 돌아갈 때, 읍내에서 그를 기다리고 있던 사람들이 그를 붙잡아 때리기 시작했다. "내 부탁에 의해 창꼬치의 명령으로, 지팡이야, 이자들을 손봐줘라." 그러자 지팡이가 뛰어올라 사람들을 추풍낙엽처럼 쓰러뜨렸다. 얼간이는 무사히 집으로 와서 난롯가로 갔다.

그때 얼간이한테 당한 사람들이 왕한테로 몰려가서 얼간이를 고소했다. 빨간 셔츠와 외투와 장화를 준다고 하면 올 거라며 그를 불러서 혼쭐을 내라고 했다. 왕의 부름을 받은 얼간이는 난로에 올라탄 채로 달려서 궁전에 도착했다. 왕은 얼간이를 죽이고 싶어 했지만, 공주가 그를 몹시 마음에 들어 하면서 자기와 결혼시켜달라고 했다. 화가 난 왕은 둘을 결혼시킨 뒤 커다란 통에 넣어서 봉한 다음 바다에 던졌다. 한참을 떠다니던 중에 공주가 해안으로 나가게 해달라고 하자 얼간이는 창꼬치 이름으로 명령을 내렸다. 통에서 빠져나온 아내가 오두막이라도 지어달라고 하자 얼간이는 다시 창꼬치 이름으로 근사한 궁전을 짓게 했다. 단숨에 지어진 멋진 궁전을 본 왕은 거기 누가 사는지 알아보게 했고, 딸과 사위가 주인임

을 알고는 그들을 불러서 용서해주었다. 얼간이와 공주는 오래도록 행복하게 살았다.[58]

보다시피 이 얼간이는 앞의 〈황금 거위〉의 얼간이보다 훨씬 심하다. 틈만 나면 난롯가에 누워서 빈둥대니 옆에서 보기에 성화가 날 만도 하다. 마지못해서 물을 길러 나간 그가 물통 속에 들어온 창꼬치 한 마리 덕분에 무소불위의 능력을 가지게 됐다는 건 완전한 공상으로 다가온다. 창꼬치를 혼자만 맛있게 먹으려 한다든가, 읍내 사람들을 지팡이로 두들겨 패는 일은 또 무언가. "아니, 이런 못난 놈까지도 옹호하겠다는 겁니까?" 이런 항변이 나올 만하다. 이거 조금 만만치 않은 게 사실이다. 하지만 예상대로 나는 이 사람 또한 변호할 것이다. 단지 이야기 주인공이라서가 아니라 그럴 만한 무엇이 있기 때문이다.

이 얼간이한테 반전이 생겨난 것은 물에서 창꼬치 한 마리를 포획하면서였다. 그 창꼬치가 특별한 마법의 힘을 전해줌으로써 얼간이 에밀리야는 대번에 세상에 둘도 없는 능력자가 된다. 대체 창꼬치가 뭐기에 이런 일이 가능하단 말인가. 물론 그건 허구적 공상이지만 숨은 맥락이 있을지도 모른다. 되든 안 되든 그것을 찾아보는 일은 그 자체로 즐거운 과정이다. 혹시 저 창꼬치에 관한 내용에서 무엇이든 떠오르는 게 없으신지?

내가 일단 주목하는 것은 얼간이의 물통에 창꼬치가 들어온 일이다. 창꼬치는 날렵하고 재빠르기로 손꼽히는 물고기다. 그런 창꼬치가 그물도 아니고 물통에 들어와 잡히다니 이건 어찌된 영문일까. 이 일을 그냥 말도 안 되는 행운으로 넘기는 대신 이런 생각을 해본다. 주인공 얼간이는 혹시 창꼬치가 제 발로 물통에 들어오게 하는 특별한 방법을 찾아냈던 것이 아니었을까 하는 것이다. 늘 난롯가에서 빈둥댔다는 저 사람, 실은 거기서 이런저런 '연구'를 한 것일 수 있다는 말이다. 남들 보기에는 턱없는 공상에 해당하는 연구를. 그러니까 썰매가 말이나 개 없이 저절로 움직이고, 도끼가 알아서 척척 나무를 베고, 따뜻한 난로에 올라앉은 채로 이동을 하고……. 이런 식의 연구들이다. 일종의 '오토메이션 시스템' 같은 것. 날도 추운데 힘들고 귀찮게 움직이기를 싫어했던 저 얼간이한테 꼭 어울리는 연구다.(문득 인도 영화 〈세 얼간이〉(2009) 속의 주인공, 과학자 '란초'가 떠오른다. 실은 놀라운 천재였던 그한테 '얼간이Idiot'라는 별명이 붙은 것 또한 우연이 아닐지도 모른다.)

얼간이의 그런 공상을 실현시키는 매개체 구실을 한 창꼬치, 그건 혹시 '마법의 코드' 같은 것이 아니었을지. 요즘으로 치면 전에 없던 새로운 알고리즘이나 플랫폼 같은 것이 되겠다. 명령만 내리면 알아서 탁탁 해결해주는 자동화 메커니즘. 처음 창꼬치 포획에 성공한 얼간이는 그것을 그대로 먹어치우려던 중에, "아니야! 그렇게 없애버릴 일이 아니지. 이 원리를 잘 이용하면 더 많은 놀라운 일을 해낼 수 있어!" 하는 식의 영감을 받고서 그것을 응용할 방법을 찾기 시작한 것이 아닐까? 얼간이의 명령법이 그냥 "나 이거 이렇게 해줘"와 같은 식이 아니라 "내 부탁에 의해 창꼬치의 명령으로"라는 식으로 정해진 틀을 따르고 있음을 무심히 넘길 바가 아니다. 그건 어김없이 '명령어'와 비슷한 형태를 취하고 있다. 요즘으로 치면 "오케이 구글OK Google!" 정도가 되겠다.

숨은 상상력 능력자였던 얼간이는 오래 꿈꿨던 그 마법의 알고리즘을 물가에서 창꼬치를 통해 깨우쳤고, 그리하여 그것을 '창꼬치'로 네이밍 했다는 식의 상상이다. 멀리 아랍 사람들이 그것을 '지니'로 명명했고 동양 사람들이 '여의주'나 '여의봉' 또는 '도깨비 방망이'로 이름 붙였던 것처럼 말이다.(참고로, 여의봉이니 도깨비 방망이를 쓸 때도 특정의 명령어가 붙는다. '우랑바리 나바롱, 무따라까 따라마까 뿌란냐'라든가, '금 나와라 뚝딱, 은 나와라 뚝딱' 하는 식으로.)

놀라운 것은 이 이야기가 만들어지고 전승되던 시절에는 한낱 공상에 불과했을 그 일들이 지금 다 리얼하게 실현되고 있다는 사실이다. 스스로 움직이는 썰매 정도는 아이들 장난감 수준이다. 움직이는 난로라고 부를 만한 자동차 히팅 시스템도 이제는 당연한 일상이다. 글쎄, 스스로 나무를 잘라서 착착 정리해주는 자동 도끼는 아직 잘 모르겠다. 벼를 즉석에서 베어서 탈곡까지 마쳐주는 콤바인 같은 기계를 생각하면 아마 그 비슷한 물건이 있지 않을까 싶다. 하루 만에 번듯한 궁궐을 짓는 것은 아직 무리이지만, 앞으로 또 어떻게 될지 모른다. 조립식 주택이나 이동 주택이 나날이 발달해가고 있는 중이니 말이다. 필요는 창조의 어머니다. 그렇다면 상상은? 창조의 아버지나 할아버지 정도가 되겠다.

저 숨은 창조 능력자를, 말하자면 스티브 잡스나 일론 머스크 같은 사람을 옆에 놓고서, "그 얼간이? 그거 빨간 셔츠랑 외투랑 장화면 충분해! 게으르고 괴상한 놈이거든" 이렇게 말했던 세상 사람들, 사실은 그들이 진짜 얼간이였다고 할 수 있다. 주인공 얼간이가 빨간 외투와 장화를 고집할 때 그 남다름을 눈치챘어야 하는데 말이다.

그래도 그 곁에 그를 알아보고 짝이 될 사람이 아주 없지는 않았으니 다행스러운 일이다. 얼간이를 보자마자 딱 마음에 들어서 결혼하겠다고 나선 공주를 두고 하는 말이다. 그까짓 밀봉한 통쯤은 단번에 깨뜨릴 수 있음에도 짐짓 공주와 함께 물을 출렁출렁 떠다니면서 둘만의 오롯한 시간을 즐기는 저 사람! 그렇다. 그 유쾌한 느긋함은 얼간이의 또 하나의 큰 자산이다. 늘 스스로 말미암아서(일컬어 '자유自由') 걸림이 없던 사람. 저 특별한 민담형 인간의.

평안도 반편이와
밀양 새댁의 걸림 없는 행보

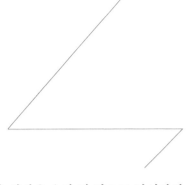

구름 위를 조금 오래 떠다닌 것 같다. 상상은 수만 리 밖으로 날아가서 바다로 하늘로 둥둥 떠다니는데, 한편으로 어깨가 결려온다. 뉴스는 온통 코로나 바이러스 일색. 현실은 크고 작은 걸림 투성이다. 그것을 감당하면서 민담형 인간으로 살아간다는 건 어떤 일인지. 저들이 얼간이 소리를 귀에 달고 산 것은 어쩌면 필연일지도 모르겠다. 그러든 말든 그들은 제 방식으로 거침없이 나아갔으니 대단한 일이다. 걸림이 참 많기도 한 팍팍한 현실에서 그러한 일은 어떻게 가능한 것일지……

　이제 좀 가까이로 와서 구체적이고도 강력한 현실적 질곡 속을 움직여나갔던 인물들을 보기로 한다. 가시덤불과 같은 상황을 헤쳐나간 민담형 인간에 대한 이야기다. 살펴볼 주인공은 두 명이다. 평안도 반편이와 밀양 고을 새댁. 서로 만나면 단숨에 마음이 통할 두 사람이다. 왜냐하면 서로 '서사'가 통하기 때문이다.

　먼저 평안도 반편이. 세간에 '반쪽이'로 많이 알려진 인물이다. 다른 이름은 외쪽이와 외짝이, 반쪽아이 등이다. 여기서 그를 반편이라고 부르는 것은 소개할 이야기의 원전을 따른 것이다. 1930년대에 임석재 선생이 평안도에서 채록 보고한 자료로, 제목은 〈외쪽이〉인데 주인공 이름은 '반편이'다. 이 설화는 아주 길고 자세하게 말해지곤 하는데, 이 자료는 군더더기 없이 내용이 잘 압축돼 있는 쪽이다. 방언 표기만 손봐서 거의 그대로 옮겨본다.

옛날에 어떤 여인이 아이를 낳지 못해서 아이 낳게 해달라고 부처한테 늘 빌었다. 그랬더니 어느 날 새하얀 영감이 와서 고기 세 마리를 주면서 그걸 먹으면 아들 셋을 낳는다고 했다. 여인이 너무너무 기뻐서 그 고기를 받아서 갑 속에 넣어두고서 먹으려고 했더니, 고양이가 세 마리 중 한 마리를 절반째 먹었다. 여인은 고기 옹근 거 두 마리하고 반 마리를 먹고서는 아이를 가져서 삼 형제를 낳았다. 낳고 보니 둘은 옹근 아이인데 하나는 반편이었다.

아들 삼 형제는 잘 자라고 공부도 잘해서 과거를 보러 가게 됐다. 두 형이 동생을 데리고 가기가 싫어서 따라오지 못하게 하는데도 반편은 그들 뒤를 좇아갔다. 형들은 반편을 큰 바위에 묶어놓고 갔다. 여간 힘이 세지 않았던 반편은 낑 하구 힘을 줘서 바위를 뽑아서 짊어지고는 집으로 와서 뜨락에다 내려놨다. 어머니가 보고 그건 뭐 하려고 가져오냐고 하니까, "내 결혼 잔치 때 떡돌 하려고요" 했다. 그리고 또 뛰어서 형들을 따라잡았다. 형들은 동생을 큰 나무에다 묶어놓고 갔다. 반편은 또 끼잉 하고서 나무를 뽑아서 짊어지고 와서 뜨락에 내려놨다. 어머니가 그건 뭐 하러 갖다놓는가 하니까 "내 잔치 할 때 기구 만들려고요" 했다.

반편은 또 뛰어가서 형들을 따라잡았다. 형들은 동생을 칡으로 꽁꽁 묶어서 범 앞에 던져주고 달아났다. 반편이 힘을 내서 묶었던 칡을 끊고 일어서니까 범들이 이게 산신령인가 하고서 잡아먹지 않고 내기를 하자고 했다. 반편은 범들한테 "우리 다 같이 칡으로 몸을 묶어가지고, 칡을 끊고 일어서면 너희가 나를 잡아먹고 그렇지 않으면 내가 너희들 껍데기를 모조리 베끼겠다"고 했다. 그렇게 하자고 해서 칡으로 몸을 묶었는데 범들은 칡을 끊으려 해도 끊지 못했다. 그래서 반편은 범의 가죽을 다 벗겨서 그걸 짊어지고 갔다.

가다가 날이 저물어서 어떤 집에 들게 됐다. 주인은 반편이 범 가죽을 많이 가진 걸 보고 구미가 당겨서 장기 두기 내기를 하자며 "내가 지면 딸을 줄 테니 네가 지면 가죽을 다오" 했다. 반편은 그렇게 하자며 장기를 두었다. 세 번 두었는데 주인이 세 번 다 졌다. 그래서 아무 날 딸을 데려가라고 날짜를 정해주었다.

그런데 주인은 딸을 주기가 싫어서 딸을 데려가지 못하게 하느라고 지붕에도 사람을 두고 연자방앗간에도 사람을 두고 딸이 있는 방 앞에도 사람을 두고 해서 지키고 있었다. 반편은 이걸 알고서 그날은 가지 않고 다음날 노끈과 북과 벼룩과 빈대를 가지고 갔다. 그 집에서는 전날 밤새도록 한잠도 자지 못하고 지키느라고 이날은 사람들이 다 자고 있었다. 반편은 지붕에 있는 사람의 상투를 서로 매놓고, 방앗간에 있는 사람들은 방앗돌에다 상투를 매놓고, 집 안에 있는 사람한테는 북을 달아놓았다. 그러고서 처녀 있는 방에다 벼룩과 빈대를 뿌렸다. 그랬더니 처녀는 "뭐가 문다. 뭐가 문다" 하면서 방에서 나왔다.

반편은 처녀를 얼른 업고서 "처녀 잡아간다!" 하고 외치면서 달아났다. 그러니까 지붕에 있던 사람은 "내 상투 놔라. 내 상투 놔라" 하면서 못 쫓아오고, 방앗간에 있는 사람도 "내 상투 놔라. 내 상투 놔라" 하고만 있고, 집 안에서는 북을 치면서 보고만 있었다. 이렇게 해서 반편은 처녀를 데려다가 잘 살았다고 한다.[59]

아이들 전래동화로 워낙 유명해진 이야기라서 내용이 익숙할 것이다. "아, 반쪽이 이야기네. 생각나. 그랬었지!" 만약 그렇다면 한번 잘 돌아봐 주시길. 기억 속에 남아 있는 반쪽이하고 이 이야기 속의 반편이가 똑같은지를. 혹시 무언가 느낌이 다른 점이 없는지를.

"가만, 반쪽이가 바위랑 나무를 가져와서 어머니를 위한 거라고 했던 것 같은데."

"반쪽이가 나중에 잘생긴 온쪽이로 변하지 않나?"

이런 생각이 들었다면 전래동화의 내용을 제대로 기억하고 있는 것 맞다. 어린이용 동화책에서 반쪽이의 '효자' 이미지와 '온전한 아이로의 변신'은 거의 어김없는 선택이 된다. 반쪽이가 자기를 괴롭혔던 형들을 포용해서 함께 잘 살았다고 돼 있는 경우도 많다. 저 아이가 비록 몸이 성치 않았음에도 품성이 얼마나 착하고 훌륭했었는지를 강조하는 가운데 그렇게 바르게 살다 보면 좋은 날이 온다는 식의 교훈을 전하는 구성이다. 실제로 원 자료에서 주인공이 바위나 나무를 어머니를 위해서 가져왔다고 표현된 사례가 있고 결혼한 뒤에 온쪽이가 됐다고 하는 경우도 종종 있는 것이 사실이다. 하지만 늘 그런 것은 아니다. 앞의 이야기 속의 반편이만 해도 그렇지 않다. 그는 바위나 나무를 자기 잔치에 쓰려고 가져왔다고 말한다.

"이거? 내 잔치 할 때 쓸 거예요. 그대로 두면 돼요."

이 반편이, 좀 쿨하지 않나? '저 몸에 결혼을?' 이건 주변 사람들의 생각일 따름이다. 자기는 당연히 여자를 만나 결혼을 할 것이고, 제대로 잔치를 벌일 것이다. "왜? 왜 안 되는 거지?" 이거 당당하지 않은가. 아니, 담백하다는 표현이 더 어울릴 것 같다. 이야기 속의 반편이, 걸림 없이 담백하다. 한숨을 쉬거나 눈물을 흘리거나 얼굴을 찌푸리거나 하는 것은 그의 일이 아니다. 주변 사람들이 그리 넘겨짚을 뿐이다.

사실 내 마음속에 오랫동안 들어 있었던 반쪽이의 이미지는 '외롭고 슬픈 아이'였다. 자신이 남과 다른 몸을 가지고 있음을 알았을 때, 제 이름 '반쪽이(반편이)'가 '불구不具(갖춰지지 못함)'의 의미를 지닌 말임을 깨달았을 때, 한없이 슬프고 아득했을 거라고 여겼었다. 그런 슬픔을 늘 그늘처럼 어둡게 품고 있었던 아이. 그래서 형들이 자기를 따돌리면서 괴롭히려고 함에도 일부러 바보인 양 웃으면서 그 뒤를 따라가고, 혹시라도 어머니가 자기 때문에 힘들까 봐 내면의 아픔을 짐짓 감춘 채 씩씩하게 효자 노릇을 한 것이라고 풀이했었다. 그런 삶을 살았으므로 겉으로는 불구지만 내면으로는 온쪽이인 거라고 했었다. 영락없는 교과서적 해석이다.

하지만 다시 보면 그런 시선은 그 자체로 하나의 편견이었다. 처음부터 그를 '다른 눈'으로 본 것이니 말이다. 이른바 얼간이들을 대할 때와 같은 식의, 내려다보는 눈이다. 그가 나(또는 우리)보다 부족하고, 그래서 불행하다는 것. 더 정확히 말하면 '다른 눈'이 아니라 '틀린 눈'이다. 이야기를 있는 그대로 읽어나가면 알 수 있듯이, 실제의 주인공은 그런 시선으로부터 자유롭다. 반편이는 그냥 자기대로 쭉쭉 움직일 따름이다. 제 욕망의 동선을 따라서. 부모든 형제든, 또는 바위든 나무든 호랑이든 걸릴 것 없이. 그는 그 자체로 부족함이 없다. 공부든 힘쓰기든 연애든 제 깜냥껏 다 하는 저 사람, 굳이 온쪽이가 되어야 할 이유가 없다. "내가 왜 너희들하고 같아져야 하는데?"

이런 태도는 처음부터 타고난 것이지만 그냥 저절로 발현된 것은 아니리라. 수많은 시선의 감옥과 현실의 질곡들, 그게 어찌 만만한 것이었을까. 한때 남모르게 많이 울었을지도 모른다. 그러던 반편이, 어느 날 '장화'를 신었던 것이라고 믿는다. 소설식의 삶을 툭 털어내고서, 있는 그대로의 자기 삶을 시작한 것이라고. "그래. 그까이꺼. 이게 나다. 그냥 살면 되는 거다." 그는 그렇게 자유인이 되었던 것이다. 그리하여 공부든 힘쓰기든, 또는 놀이(장기 두기)든 연애든 걸림 없이 잘할 수 있었던 것이었다. 오히려 걸림에 갇힌 것은 그를 무시하고 밀쳐낸 사람들이다. 서로 상투가 얽히거나 돌덩이에 묶인 채로, 또는 시끄럽게 북을 쳐대는 상태로.

이어서 볼 또 한 명의 주인공인 밀양 고을 새댁은 반편이와 달리 장애인이 아니다. 하지만 현실의 질곡과 시선의 폭력 속에 있었던 점은 다르지 않다. 왜냐하면 그는 '여자'였고, 그중에도 '새댁'이었으므로. 바야흐로 친정에서의 삶을 마감하고 시댁으로 들어가 시집살이를 시작해야 하는 상황. 살얼음을 밟듯이 행동 하나하나를 신경 써야 하고 시부모와 서방님의 뜻을 알아서 살피면서 삼종지도三從之道를 지켜나가야 하는 것이 그에게 주어진 숙명 아닌 숙명이었다. 그런데 이 새댁, 어떻게 했을까.

아주 옛날 사람이, 대구 밑에 밀양 상당 영남루를 지나가 성주 땅으로, 칠곡 땅을 밟아 시집오는데, 아버님이 배웅을 서고, 신행길을 거창하게 차리고 오다가 밀양 상당 영남루를 보고, 밀양 상당 영남루가 옛날부터 구경이 좋다 카는 기라.

"아버님, 저 밀양 상당 영남루가 구경이 아주 좋다고 소문났는데 여기를 귀경 안 하고 그냥 지나칠 수 있습니까? 얘들아, 너희 여기 노마路馬 등대 대라. 구경하고 갈란다."

그카이 아버님이, "너 그게 무슨 소리고? 신행날 제 날 안 들어가고 아닌 날 들어갈라 카노." 아버님이 야단치니께, "아버님, 그런 게 아닙니다. 사람이란 남녀가 태어날 때 좋고 잘살고 대인되고 소인되고 다 타고났는데, 신행날이 사람이 정하는 게 아닙니다. 그런 말씀은 아주 부당하니께 나는 온 김에 구경하고 갈랍니다. 얘들아, 노마 등대 여기 대라."

구경한다. 이제, 부모라도 할 수 없다. 삼사 일 지나도록 구경하고 다닌께로 시집에선 야단났다. "며느리 안 되겠다. 어디 그런 사람이 있느냐?"고. 복장 작은 사람 못 그러거든.

구경 다 하고, "야들아, 노마 등대 대라." 그래가 시댁에 들어가니 여기 수군 저기 수군 야단이거든. 들어도 못 들은 체하고 암말도 안 하고 있어도 생각은 다 하거든.

그러구러 점심을 치르고 난 뒤 시아버님이 마당에다 행례 드리려고 차려놨는데, 모퉁이에 사당이 있었는데 종년에게, "야, 작은 아씨 모시고 사당 가서 배례 드리고 오너라." 잔치 한 걸 많이 차려 가지고, "작은 아씨, 이리 모실랍니더" 하니, "야야, 빈 사당인데 아무도 없는데 가서 무슨 절 하라 카노. 어른분네 여기 계신데 나는 못 가겠다."

그래 할 수 없이 마당에서 드리고, 그래 점점 더 시댁에서 학을 뗀다. 할 수 없이, "내일 새벽에 사당에 가서 배례를 드리야겠다." 어른들은 이칸다. "작은 아씨 사당에 모시라." "아이구, 거기 빈 곳인데 내 못하겠다."

며느리 보고 어른들이 학을 뗀다. 동네 사람들이 수군수군대고.

그러구러 손자가 하나 난다. 손자 그걸 마 잃어버리고, 그래 손자 셋을 다 잃어버렸어. 고만 어른들이, 시아버님하고 모두, 시킨 대로 안 하고 조상을 안 섬겨 그렇다고 야단이거든.

한날 저녁에는 시아버지 자는 꿈에 조상 현몽에 모두 의관을 해서 주욱 나가더란다. "야야, 너희는 인제 우리 집에 아주 큰 며느리가 들어와서 손자가 나도 한 탯줄에 세 명씩 낳아노면 서울 올라가서 손자가 한 몫에 삼 병사兵使 벼슬할 게다." 이카거든.

그 꿈을 깨고 나니 그렇게 좋아. 그렇게 좋고 개운해서 그 적에는 이카더란다. "아이고, 어쨌든가 참말로 싱그럽다" 카면서, "아이고 야야, 이만저만하고 조상들이 그렇게 나가더라. 그러니께, 네가참 큰 애기다."

그카고 난께 손부孫婦가, 조상으로 보면 손부 안 되나, 새댁이가 그래 한 탯줄에 아들 삼 형제를 낳아, 연년생으로. 손자 삼 형제가 한문을 가르치니 그렇게 재주가 좋아. 한 자 가르치면 두 자 알고, 두 자 가르치면 열 자 알고, 열 자 가르치면 백 자 알고, 재주가 그렇게 대단해. 손자가 한목에 한 서당 글 읽어 서울 가더만 과거를 본다. 그래가 삼 병사 벼슬을 했어. 그 집을 그렇게 빛을 내고 잘 살더란다.[60]

역시 설화는 구술 자료로 보아야 제 맛이다. 처음에는 좀 낯설 수 있겠지만 자꾸 보다 보면 생생한 구술 언어의 매력에 점점 빠져들게 될 것이다. 이런 생생한 구술 설화 자료를 백 권 이상 가지고 있는 나라는 세상 어디에서도 다시 찾아보기 어렵다.(《한국구비문학대계》는 국가사업으로 진행된 전국 규모의 구비문학 조사 사업을 집대성한 것으로, 1980년에서 1987년 사이에 수백 쪽 분량의 자료집 82권이 출간됐다. 그 자료 중 대다수는 디지털 아카이브로 제공되고 있다.[61] 근간에 10년에 걸친 구비문학대계 증보 사업이 진행됐고, 이를 통해서도 수십 권 분량의 자료집이 출간되어 추가 아카이브가 구축된 상태다.[62] 물론 일반인 누구라도 이용할 수 있다.) 그건 더할 바 없는 축복이다. 모름지기 이 자료들은 수십 년쯤 뒤에 더없이 빛나는 세계 문화유산이 되어 있을 것이다.

이 이야기 속의 주인공은 얼마나 매력적인지! 10여 년 전에 처음 이 설화를 만나고서, "그래, 이거야!" 하고 환호했던 기억이 생생하다. 한국 설화에 대한 에세이적 해석서를 쓰면서 '편견을 돌파한 소신의 여인들' 꼭지에 이 주인공 얘기를 넣었었거니와,[63] 이렇게 다시금 이 사람을 소환하는 중이다. 그때 다루었던 여러 인물 가운데 이 사람을 콕 집어서. 그럴 만하기 때문이다.

이 설화의 채록자는 자료에 '신행날 영남루 구경한 새댁'이라는 제목을 붙였는데, 딱 어울리는 것 같다. 이야기 속의 여인이 나를 단숨에 매료시킨 것이 바로 그 대목이었다. 신부가 되어 시댁으로 들어가는 길에 가마를 멈추게 하고 영남루 경치를 구경하는 저 사람, 그것도 잠깐의 돌아봄이 아니라 '삼사 일 지나도록' 제대로 된 구경을 행하는 저 사람, 이거 대단하지 않은가!

영남루는 남들은 일부러 찾아가 구경하는 명소다. 시댁 가는 길이 바쁘다지만, 그런 명소를 옆에 두고서 그냥 지나친다는 건 억울한 일이다. 시댁은 한번 가면 평생 머무를 곳이지만, 이곳은 언제 다시 오게 될지 모른다. 어쩌면 영영 기회가 없을 수도 있다. 그냥 지나쳐가서 그 아쉬움을 오래도록 가슴에 담고 지내는 것보다는, 그렇게 스스로와 불화하고 처지를 원망하기보다는 차라리 마음껏 구경하고서 풀고 가는 것이 나은 일이다. 남이야 뭐라고 하든 무슨 상관이랴. 그들이 내 삶을 대신 살아주는 것도 아닌데 말이다. 이건 나의 삶이니 내 식으로 풀어가겠다는 것, 누구도 부정하지 못할 본원적 인생철학이다. 본인이 하겠다는 것을 누가 막을까. 아버지 아니라 시댁 식구들이 떼 지어 몰려온다

해도 가히 금치 못할 일이다.

　맥락을 헤아려보자면, 그것은 일종의 시위였는지도 모른다. '나는 이런 사람이다'라고 하는. '누가 뭐래도 나는 내 식으로 살아갈 것이다'라고 하는. 시댁에서 수군수군 야단을 했다고 하지만 아마 그 이상으로 '긴장'을 했을 것이다. "새아기 저거, 만만치 않아. 큰일 났어." 그리하여 신부가 사람도 없는 빈 사당에 절을 하지 않겠다고 했을 때, 저들은 '올 것이 왔구나' 하면서 물러선 것인지도 모른다.[54] 세상은 결국 자기 하기 나름이라는 사실! 민담이 거듭 환기하는 깨우침이다. 허튼 교훈이 아니라 삶의 밑바닥에서 길어 올린 철학으로서의.

　저 여인의 삶에 대한 나의 생각은 예전과 비교해서 달라진 부분이 좀 있다. 그때는 저 모든 행동을 힘겨운 싸움이라고 여겼었다. 세상과의, 그리고 자기 자신과의. 저 수군거림과 손가락질 속을 헤치고 나가는 건 얼마나 어려운 일이었을지 많이 아득했었다. 특히나 결혼을 하고 나서 세 아이를 연속으로 잃고 모든 책임을 뒤집어쓸 때의 그는. 하지만 이제는 그의 삶을 좀 다르게 상상해본다. 이미 저 사람에게는 걸림이 없었던 거라고.

　'누가 일부러 그런 것도 아닌데, 이미 죽어버린 아이를 어찌한단 말인가. 운명이라면 받아들일 뿐. 그냥 살다가 가는 거다. 하나뿐인 나의 삶. 내 식으로.'

　현실은 엄중하고 냉혹하다. 그것을 헤치고 나아간다는 건 쉽지 않은 일이다. 설사 장화를 신었다 해도 어렵기는 마찬가지다. 하지만 이미 그 길로 나아가고 나면, 몇 번 부딪혀 넘어져도 다시 일어나 움직이는 일이 몸에 배고 나면, 길은 점점 쉬워진다. 그리고 어느 순간 마침내 걸림은 없어진다. 그렇게 '자유'는 나의 것이 된다. 민담형 인간으로 사는 것은 선택받은 특별한 사람만의 일이 아니다. 누구라도 그 길을 열 수 있다. 나에 대한 남의 시선에 구애받지 않고서, 또는 나에 대한 나의 시선에 갇히지 않고서 앞을 보면서 '무소의 뿔'처럼 뚜벅뚜벅 걸어 나갈 준비가 되어 있다면.

어느 일기日氣 화창한 날, 밀양 영남루에 훌쩍 찾아가보리라. 가서 찬찬히 거닐어보리라. 저 여인이 거닐었을 그곳 그 역사를. 아니, 날씨가 무슨 상관이랴. 비 오고 바람 불면 그것대로 또 하나의 장관인 것을!

정글의 세상,
그는 어떻게 황금 나이팅게일을 가졌나?

여기 한 편의 장대한 민담이 있다. 멀리 그리고 가까이에 크고 작은 수많은 걸림과 함정이 도사린 정글과도 같은 세상을 쭉쭉 헤쳐 나가서 꿈을 이뤄낸 한 사람에 대한 이야기다. 걸림을 오히려 기회로 만든 사람. 이야기는 그가 이뤄낸 빛나는 꿈을 '황금 나이팅게일'로 표현한다. 아름다운 목소리로 노래를 해서 온 세상을 환히 밝히는 새. 어딘가 존재하는 것으로 알려져 있었으나 누구도 가까이 다가갈 수조차 없었던 황금 나이팅게일을 그는 어떻게 가질 수 있었을지, 터키 민담 〈황금 나이팅게일〉 속으로 들어가 본다. 가히 민담의 진수라고 할 만한 파란만장의 모험담이다.

옛날에 어떤 왕이 새하얀 첨탑과 황금 지붕, 색색으로 빛나는 유리창을 지닌 크고 아름다운 사원을 만들었다. 사람들은 모두 그 모습에 찬탄하면서 찾아와 기도를 드렸다. 그런데 하얀 수염을 지닌 노인이 왕한테 와서 그 사원이 아주 훌륭하지만 부족한 게 하나 있다고 했다. 카프산 너머에 있는 황금 나이팅게일이 있으면 비로소 완벽해질 거라고 했다. 그 말과 함께 노인이 사라지자 그가 흐르즈 데데(어려운 사람들을 도와주는 성인. 한국 신화의 '도사'나 '도승'과 같은 존재)임을 깨달은 왕은 황금 나이팅게일을 가져올 생각으로 깊은 고민에 빠졌다. 카프산 너머에 갔다가 살아 돌아온 사람은 아무도 없었던 것이다. 왕의 고민을 알게 된 세 아들은 자기들이 황금 나이팅게일을 구해오겠다면서 길을 나섰다.

삼 형제는 갑옷과 쇠 신발, 쇠 지팡이를 갖추고서 말을 타고 길을 나섰다. 한참을 가던 그들은 길이 셋으로 갈라진 곳에 이르렀다. 두 길은 크고 평탄한데 한 길은 늪지대로 이어져 있었다. 두 형은 차례로 좋은 길을 택했고, 막내는 늪지대 쪽으로 가야 했다. 형들이 택한 길은 얼마 뒤 다시 합쳐져서 도시로 이어졌다. 여관에 자리 잡고 머무르던 형들은 돈이 떨어지자 더 이상 나아가고 싶지 않았다. 갑옷과 말을 판 돈까지 다 써버린 형제는 여관 종업원과 요리사 보조로 일하게 되었다.

늪지대로 나아간 막내는 갖은 어려움을 겪으면서 겨우 그곳을 빠져나갔다. 그때 흐르즈 데데가 나타나서 가는 곳을 묻더니, 카프산으로 가는 길은 산과 고개와 가시밭길이 가득하다며 포기하라고 했다. 막내 왕자가 어떻게든 가서 황금 나이팅게일을 구할 것이라고 하자 흐르즈 데데는 등을 쓰다듬으며 행운을 빌어주었다.

밤낮을 쉬지 않고 가던 막내는 사막에 도착했고 배고픔과 갈증으로 탈진할 지경이 됐다. 막내가 겨우 그곳을 벗어나 언덕을 넘자 커다란 궁전이 나타났다. 궁전의 우물에서 물을 떠먹은 막내가 먹을 것을 찾을 때에 아름다운 아가씨가 나타나서 여기는 목숨이 일곱이나 되는 무서운 거인이 사는 곳이니 그냥 떠나라고 했다. 그럼에도 막내는 아가씨한테 음식을 청해서 허기를 채웠다. 그가 막 일어서려 할 때 거인이 도착해서 벽력같이 소리를 지르며 막내를 잡아먹으려 했다. 막내는 두려워하지 않고 거인을 향해 힘껏 창을 던졌고, 그 창에 심장을 관통당한 거인은 피를 흘리며 쓰러졌다. 반색하면서 막내를 대접한 아가씨는 그가 카프산 너머로 간다는 말을 듣고서 놀라며 말했다. "그곳은 돌아올 수가 없는 길이라고 해요. 목숨을 여덟 개, 아홉 개 가진 거인들이 지키고 있답니다." 하지만 막내는 개의치 않았다. 그는 거기서 하룻밤을 쉬고서 다시 카프산으로 향했다. 돌아오는 길에 그 아가씨를 모시고 가서 큰형수로 삼겠다는 약속을 남기고서.

다시 며칠 밤낮을 쉬지 않고 달린 막내 왕자는 배고픔과 갈증으로 기력이 다했을 때 또 다른 큰 궁전을 발견했다. 샘물에서 목을 축인 막내는 한 처녀한테서 음식을 얻어먹었고, 여덟 개의 목숨을 가진 거인과 맞닥뜨렸다. 막내는 피하지 않고 그 머리 한가운데 창을 꽂고 두 눈을 화살로 맞혀서 거인을 쓰러뜨렸다. 그가 카프산 너머로 황금 나이팅게일을 찾으러 가는 중이라고 하자 처녀가 말했다. "그 길로 가서 살아온 사람은 없어요. 가는 길에 목숨이 아홉인 어머니 거인이 있답니다. 그 거인은 창이나 활로 무찌를 수 없어요. 그녀가 일어나서 젖가슴을 등 뒤로 젖힐 때 다가가서 젖을 빨면 당신을 해치지 않을 거예요. 하지만 실패하면 목숨을 잃게 되지요." 막내 왕자는 감사 인사와 함께, 돌아오는 길에 그녀를 모시고 가서 둘째 형수로 삼겠노라고 약속하고서 길을 떠났다.

한참 동안 길을 가던 막내는 거대한 몸집의 어머니 거인을 발견했다. 거인은 일곱 개의 솥에 불을 때면서 땅바닥의 뱀과 지네를 잡아먹고 있었다. 막내는 덤불 사이를 기어서 몰래 거인한테 다가갔고 그 젖가슴에 달라붙어서 젖을 빨기 시작했다. 거인은 사람이 젖을 빠는 모습에 기분이 좋아져서 이렇게 말했다. "대단한 젊은이로구나. 너는 이제 내 자식이다. 하지만 곧 일곱 아들이 돌아올 시간이야. 내 다리 사이로 들어와 숨거라." 그렇게 왕자를 감춘 거인은 사람 냄새를 맡고서 흥분한 자식들한테 만약 어떤 인간이 자기 젖을 빨아먹었다면 어떻게 할 거냐고 물었다. "형제로 삼겠어요!" 어머니 거인은 왕자를 다리 사이에서 꺼내놓았고, 일곱 거인은 형제를 위해 양 세 마리를 구해 와서 먹게 했다. 막내는 배불리 고기를 먹은 뒤 그곳에서 달게 잠을 잤다.

다음 날 막내가 길을 떠날 때 그가 카프산 너머로 간다는 말을 들은 어머니 거인은 사방에 강과 호수와 바다가 있어서 가기 어렵다며 걱정했다. "어머니, 저는 이미 약속했습니다. 무슨 일이 있더라도 황금 나이팅게일을 손에 넣을 거예요." 그러자 어머니 거인은 막내한테 그 일을 이루기 위해 어떻게 해야 하는지를 차근차근 일러주었다. 해야 할 과업이 무척 많았다. 막내는 그 말을 마음 깊이 새겨두고서 길을 떠났다. 꼭 다시 돌아오겠다는 다짐과 함께.

몇 달간 밤낮을 달린 막내는 바닷가에 도착했다. 그가 어머니 거인이 알려준 대로 대리석 아래에 있던 재갈을 꺼내서 바다를 세 번 치자 거대한 해마 한 마리가 나타났다. 막내는 해마에 재갈을 채운 뒤 해마를 타고서 바다를 건넜다. 이어진 길에서 초록색과 빨간색 나무의 가지를 꺾은 막내는 굳게 닫힌 초록색과 빨간색의 문을 그 가지로 두드려서 열었다. 문안은 온통 가시덤불이라서 온몸에 상처가 나고 손발에 피가 흘렀다. 그는 어머니 거인이 알려준 대로 모든 덤불의 잎을 하나씩 따서 "정말 예쁜 잎사귀야!" 하고 말하며 주머니에 넣었다. 이어서 탁한 샘물이 나타나자 "정말 깨끗한 물이구나!" 하면서 물을 떠 마시고 손발을 씻었다. 다음으로 호랑이와 사자를 만난 막내는 그들 앞에 놓여 있는 풀과 고기를 서로 바꾸어 놓았다.

그때 막내가 머리를 들어서 살펴보니 멀리 거인이 말한 요정 여왕의 궁전이 보였다. 눈부시게 아름다운 궁전이었다. 궁전에 들어간 왕자가 고양이를 따라 한 방으로 가서 안을 들여다보니 요정 여왕이 잠을 자고 있었다. 어머니 거인의 말대로 사방에 촛불이 켜 있고 여왕의 머리맡에 황금 나이팅게일이 있었다. 살그머니 그리로 다가간 막내는 어머니 거인의 가르침대로 촛불의 위치를 바꾼 뒤 황금 나이팅게일을 들고서 밖으로 나왔다. 갑자기 나이팅게일이 구슬피 울자 막내는 새를 쥐고 무작정 뛰기 시작했다. 요정 여왕의 병사들이 뒤쫓아오면서 호랑이와 사자한테 그를 잡으라고 소리쳤다. "아니요. 그럴 수 없습니다. 7년 동안 같은 음식을 먹은 우리한 테 풀과 고기를 바꿔준 사람인 걸요." 잠시 후 탁한 샘물에 도착했 을 때 병사들이 침입자를 빠뜨려 죽이라고 했다. "그럴 수 없어요. 나를 깨끗한 물로 대해준 사람입니다. 어서 가세요, 젊은이." 병사 들이 다시 가시덤불한테 침입자를 막으라고 하자 덤불이 답했다. "이 사람을 해칠 수 없어요. 당신들과 달리 우리한테 예쁘다고 하 면서 잎을 주머니에 넣어준 분입니다. 길을 내줄 거예요." 가시덤불 에 긁히며 쫓아온 병사들이 초록색과 빨간색 문한테 봉쇄를 명하 자 문들이 웃으며 말했다. "당신들이 7년이나 닫아둔 탓에 거미줄 에 덮여 있던 우리로 하여금 세상을 보게 해준 사람입니다. 그를 해 칠 수 없어요."

그렇게 병사들을 따돌리고 바닷가에 도착한 막내 왕자는 숨겨 뒀던 재갈을 꺼내 해마를 불러낸 뒤 그걸 타고서 바다를 건넜다. 몇 달간 말을 달린 막내는 어머니 거인을 찾아가서 다시 그 젖을 빨았 다. "어서 와라 아들아. 네가 탈 없이 돌아와 정말 기쁘구나." 일곱 거인 또한 왕자를 반갑게 맞고는 그가 나아가는 길에 있는 산짐승 과 해충을 없애고 먹을 것을 구해주었다. 고개에서 일곱 거인과 헤 어진 막내 왕자는 작은형수와 큰형수가 될 여인을 차례로 만나서 함께 고향으로 향했다. 예전 그 자리에서 흐즈르 데데를 만난 막내 는 그 손에 입을 맞춘 뒤 자기가 겪은 일들을 이야기해주었다. 그는 형님들을 찾아오겠다며 황금 나이팅게일과 여인들을 흐즈르 데데 한테 맡기고서 홀로 길을 나섰다.

늪지대를 거쳐 예전의 갈림길에 다다른 막내는 좋은 길로 접어들어서 도시에 다다랐다. 여관과 음식점에서 일하는 형들을 찾아내고 보니, 행색이 누추해서 알아보기 어려울 정도였다. 그들도 수염이 덥수룩해진 동생을 알아보지 못했다. 형들한테 지난 사정을 들은 동생은 "형님들, 저 막내입니다!" 하고 말하면서 기쁨의 포옹을 했다. 그는 형들을 모시고 길을 나서면서 그동안 겪은 일들을 말해주었다. 그 말을 들은 형들은 동생을 질투하기 시작했다. 동생이 황금 나이팅게일을 구했다는 말에 질투는 걷잡을 수 없이 타올랐다.

흐즈르 데데와 재회한 막내는 형들한테 신붓감을 소개한 뒤 황금 나이팅게일을 돌려받았다. 그들이 말을 타고서 돌아올 때 두 형은 동생을 없앨 궁리를 하기 시작했다. 그들은 동생이 물을 마시러 깊은 샘물로 들어갔을 때 허리띠로 그를 끌어올리는 체하다가 실수로 미끄러진 양 허리띠를 놓아버렸다. 그러고는 여자들을 데리고 밤낮으로 달려서 고향에 도착했다. 형제는 왕한테 황금 나이팅게일을 바친 뒤, 거인을 죽이고 약혼녀를 구해왔노라고 말했다. 막내의 행방을 묻는 말에는 갈림길에서 헤어진 뒤 다시 만날 수 없었다고 했다. 왕은 막내의 일을 슬퍼하면서 황금 나이팅게일을 사원에 가져다두었다. 하지만 새는 도통 지저귀지 않았다. 아무도 그 이유를 알지 못했다.

우물 바닥에서 며칠을 보낸 막내 왕자는 지나가던 나그네의 도움으로 굶어죽기 직전에 그곳을 나올 수 있었다. 한참을 걸어서 고향에 다다른 막내는 궁전으로 가는 대신 양을 한 마리 사서 창자를 씻어 말린 뒤 머리에 뒤집어썼다. 그렇게 대머리 켈올란으로 변한 그는 여관을 찾아가서 하인 일을 하기 시작했다. 어느 날 그는 병든 주인 딸이 마실 물을 긷기 위해 사원으로 향했다. 그가 사원에서 샘물을 긷고서 그곳을 떠나려 할 때 갑자기 황금 나이팅게일이 노래를 하기 시작했다. 넋이 나갈 정도로 아름다운 노랫소리였다. 막내가 사원을 나가자 새는 다시 노래를 멈추었다.

그 말을 전해들은 왕은 새가 노래를 하게 한 사람을 찾도록 명령했다. 신하들은 온 도시 사람들을 다 시험한 끝에 맨 마지막으로 켈올란을 불러왔다. 그가 사원으로 들어오자 황금 나이팅게일은 아름답게 노래하기 시작했다. 왕이 "이리 가까이 오너라, 켈올란" 하고 말하자 막내는 그 손을 감싸 안으면서 "아버지!" 하고 소리쳤다. 왕은 그 목소리를 단번에 알아차렸다. 잠시 시간을 얻어서 여관으로 간 막내는 주인에게 하직 인사를 한 뒤 머리에 썼던 것을 벗고 몸을 씻어 본모습으로 돌아왔다. 그렇게 다시 아버지와 재회한 막내는 그간 있었던 일들을 아버지한테 이야기했다.

바로 그때 카즈산 너머 요정 여왕이 오랜 잠에서 깨어났다. 촛불의 위치가 바뀌고 황금 나이팅게일이 사라진 사실을 발견한 여왕은 요정들을 시켜서 누구의 짓인지 알아보게 했다. 요정들은 왕의 아들이 그것을 가져갔음을 알아냈고, 요술 거울로 황금 나이팅게일이 있는 곳을 찾아냈다. 요정 여왕은 요정들을 이끌고 하얀 구름에 올라탄 채로 왕의 나라로 갔다. 여왕은 왕에게 전갈을 보내 황금 나이팅게일을 훔쳐간 사람을 즉시 자기한테 보내라고 했다.

왕이 아들들을 불러서 누가 황금 나이팅게일을 가지고 왔느냐고 묻자 큰아들이 얼른 나서서 자기라고 했다. 요정 여왕 앞으로 간 큰아들이 나이팅게일을 구한 과정을 말하지 못하자 여왕은 크게 화를 내면서 그를 쫓아냈다. 이어서 둘째 왕자가 아버지를 속이고서 여왕한테로 갔다가 똑같이 쫓겨나고 말았다. 마침내 요정 여왕 앞에 서게 된 막내는 그녀가 묻기도 전에 먼저 말했다. "내가 황금 나이팅게일을 가져온 사람입니다. 일곱 목숨과 여덟 목숨을 지닌 거인을 죽이고, 아홉 목숨을 지닌 거인에게 안겨서 젖을 먹은 사람이지요." 그는 해마를 타고 바다를 건넌 뒤 빨간 문과 초록 문을 만나고, 가시덤불의 잎을 따고, 흐린 샘물을 마시고, 호랑이와 사자를 만나고, 촛불의 위치를 바꾼 일을 하나하나 말해주었다. "제가 그렇게 해서 황금 나이팅게일을 가져왔습니다. 당신이 이 일로 화가 났다고 해도 두렵지 않아요." 그러자 요정 여왕이 말했다. "아니요. 화 나지 않습니다. 정직하고 용감한 당신이 마음에 들어요. 나는 황금 나이팅게일이 없으면 살지 못합니다. 그러니 나를 당신의 아내로 받아주세요."

요정 여왕은 요정들을 제 나라로 보낸 뒤 막내 왕자와 함께 왕한테로 갔다. 막내 왕자가 형들의 음모로 죽을 뻔한 사실을 그제야 전해들은 왕은 두 아들을 불러서 명령했다. "너희는 내 자식이 아니다. 당장 이 나라에서 떠나 너희 힘으로 먹고살아라. 죽든 살든 상관하지 않겠다." 그렇게 둘을 쫓아낸 왕은 막내아들한테 왕위를 물려주겠노라고 공표한 뒤 요정 여왕한테 막내 왕자의 아내가 되어달라고 청했다. 혼례 준비가 시작됐고 결혼 축하 잔치가 여러 날 동안 계속됐다. 왕이 된 막내는 나라를 부강하게 만들었고, 백성들의 칭송 속에 요정 왕비와 더불어 오래오래 행복하게 잘 살았다.[65]

요약을 한다고 했는데도 이 정도다. 민담의 본령이 어떤 것인지를 실감케 하는 이야기다. 이런 이야기를 만나게 되면 내심 부러운 마음까지도 갖게 된다. 하지만 그럴 일은 아니다. 그건 '다른 나라 이야기'가 아니라 우리가 얼마든지 누릴 수 있는 인류 공통의 자산이므로. 수용해서 즐기는 데 아무 걸릴 것이 없다. 마음껏 응용하고 개작해도 그만이다. 구전돼온 민담에는 따로 저작권이 없다는 사실! 그것을 응용하고 개작하는 것은 월트 디즈니나 드림웍스만의 권리가 아니다. 우리도 그것을 가지고 얼마든지 황금빛 궁전이나 사원을 지을 수 있다. 황금 나이팅게일이 매혹적인 목소리로 아름답게 노래하는.

이 이야기 속의 막내 왕자는 앞에서 만났던 트릭스터형 주인공들과 달라 보이는 면이 있다. 그는 유쾌하다기보다 진중하다. 목표 지향적이며, 관계 지향적이다. 켈올란으로 변장해서 잠행하는 장면을 보자면 소극적이고 우회적으로 보이기도 한다. 이런 면모는 민담형 인간과 거리가 멀지 않느냐고 묻는다면 그렇지 않다고 답하겠다. 세상 사람들이 천차만별로 다양한 것처럼 민담의 캐릭터들도 제 나름의 개성과 스타일을 갖는 것이 당연한 일이다. 무엇보다도 막내 왕자의 동선은 큰 줄기에서 오롯이 민담의 방식을 따르고 있다. 그는 돌아봄 없이 앞을 향해 나아가며, 걸리는 것이 있으면 헤쳐낸다. 싸울 때는 싸워서 쓰러뜨리고, 안을 때는 기꺼이 안는다. 그는 언제라도 낙관적 믿음을 놓지 않으며, 생각하는 바를 곧이곧대로 행동에 옮긴다. 작은 어긋남도 없는 사행일치思行一致의 행동력. 내가 민담형 인간의 특징으로 말하는 바로 그것이다.

막내 왕자한테서 특별히 주목할 것은 그가 늘 '정도正道'를 걷는다는 사실이다. 그는 편안한 길 대신 자기가 옳다고 생각하는 길을 걷는다. 말한 바를 어김없이 지키는 사람. 그의 말과 행동에는 언제든 거짓이 없다. 예측 가능한 삶이다. 스스로 거리낌을 남기지 않으니 헛된 번뇌가 생기지 않는다. 그러므로 자유로우며, 담담하고 당당하다. 진심眞心의 힘! 그 힘 앞에서 온 세상이 통하여 갸륵한 동반자가 된다. 너그러운 성인 흐즈르 데데는 물론이고 뱀과 지네를 먹는 흉한 거인들까지도 말이다(그 거인들은 명백히 야생적 자연성의 상징이다). 왜냐하면 그 힘은 저 아래에서 두루 통하는 존재적 바탕이기 때문이다. 그렇게 온 우주와 통하는 저 사람이 크고 작은 갖가지 걸림을 착착 걷어내고서 길을 열어내는 것은 필연적 결과가 된다. 마침내 황금 나이팅게일을 얻게 되는 것도.

이 이야기의 핵심 화소인 황금 나이팅게일이 상징하는 바는 무엇일까? 나이팅게일은 소리가 곱기로 유명하거니와, 황금 나이팅게일이라고 하면 안팎으로 가장 귀하고 아름다운 무엇이라 할 수 있다. 세상 제일가는 보물. 하지만 그것을 하나의 '소유물'로 생각하는 이들한테, '욕망의 대상'으로 여기는 사람한테 그것은 더 이상 나이팅게일이 아니다.

사원에 놓인 저 새가 노래를 하지 않았다는 내용은 이를 잘 보여준다. 저 새는 그 진정한 가치를 아는 사람들을 위해서만, 있는 그대로의 아름다움을 느끼고 누리는 이들을 위해서만 노래한다. 그들만이 황금 나이팅게일을 가질 수 있다. 황금 나이팅게일 없이는 살 수 없다는 요정 여왕은 곧 존재의 진정한 가치를 아는 사람을 표상한다. 그가 짝으로 삼게 되는 남자, 그가 나서서 움직이면 아름다운 소리가 세상에 울려 퍼진다. 그가 곧 황금 나이팅게일이라는 뜻이다. 그가 펼쳐낸 일련의 여행은 진정한 자기 자신을 찾는 과정이었던 것이다.

그 과정에 대한 작은 의문 하나. 저 막내 왕자가 가시덤불의 잎사귀를 따면서 예쁘다고 한 말, 그리고 탁한 샘물을 바라보면서 깨끗하다고 한 말, 거짓말이 아니었냐고 반문할 수 있겠다. 길을 열기 위한 임시적 수단 같은 것 말이다. 이에 대한 나의 대답은 그렇지 않다는 것이다. 그 잎사귀를 따면서 예쁘다고 할 때 그것은 진짜로 예쁜 것이 되었고, 샘물을 마시며 깨끗하다고 할 때 그것은 진짜로 깨끗한 물이 되었던 것이라고 믿는다. 막내 왕자는 이미 어머니 거인의 젖을 빨고서 그 두 다리 속에 들어갔다가 나오는 재탄생 과정을 거쳐서 자연적 모성의 자식이 된 사람이었다. 스스로 대자연의 일부로 거듭난 그에게 예쁘지 않은 생명이 어디 있고 귀하지 않은 사물이 어디 있을까.

고향으로 돌아온 왕자가 켈올란이 된 것도 비슷한 맥락에서 해석할 수 있다. 그에게 켈올란은 비천한 사람이 아니다. 그 자체로 귀한 사람이다. 우리는 이미 알고 있다. 아무 가진 것 없는 켈올란이 실은 걸림 없이 자기 삶을 사는 자유인이라는 사실을. 막내 왕자는 지금 자기 정체를 몰래 숨기고 있는 것이 아니라 왕자라는 외적 허울을 다 내려놓고 서 '있는 그대로의 한 사람'으로 움직이고 있는 중이다. 그렇게 제 진정한 존재성을 드러내고 있는 중이다. 요정 여왕의 궁전에서 나올 때 구슬피 울었던 황금 나이팅게일이 병든 여인을 위해 샘물을 긷는 켈올란을 보면서 아름답게 지저귀었다는 사실을 심상히 넘길 바가 아니다. 막내 왕자는 그렇게 그 자신이 황금 나이팅게일이 되었던 것이다. 온 세상 사람들의 마음을 활짝 피어나게 만드는. 그러니 왕표!

터키에 가서 사원 안에 들어가게 되면, 조용히 눈을 감고 귀 기울여 들어보리라. 황금 나이팅게일의 노랫소리를. 아니, 지금 바로 마당으로 나가보아야겠다! '길냥이'들이 밥 주기를 기다리고 있을 텐데!(다시 간단한 사후 보고. 터키 여행을 하면서 사원에 들어갈 기회를 거의 갖지 못했다. 하지만 그 대신 들판을 거닐면서 토종닭이랑 양, 젖소 등을 많이 만났다. 그리고 황금빛 일출과 일몰을! 그 황홀한 대자연의 노래 속에서, 행복했다. 혼자 마음껏 소리칠 정도로. 참고로 나의 진짜 사원은 대리석 건물이 아니라 드넓은 들판이다. 일컬어 그린 템플green temple.)

5장

민담형 인간의
유쾌한 동행,
나도야 간다!

정만서와 정만서가 만났을 때
벌어질 일

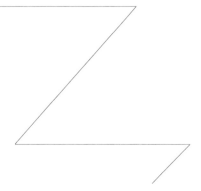

민담형 인간에게서 찾을 수 있는 한 가지 두드러진 특징은 그가 세상을 혼자서 움직여간다는 사실이다. 지금까지 만난 여러 주인공들을 돌아보는 것만으로도 이를 확인할 수 있다. 서천서역으로 복을 찾아 나선 총각, 신선비를 찾아가는 막내딸, 꼬마 재봉사와 정만서, 엄지동자와 주먹이, 잭과 몰리, 보리밥 장군, 얼간이와 반편이. 길 위의 그는 기본적으로 혼자다. 특히 결정적인 장면에서의 그는.

　조금 전에 만나본 주인공, 황금 나이팅게일을 찾아간 막내 왕자도 다르지 않다. 처음에는 형들과 함께 길을 떠났지만, 갈림길에서 그는 혼자가 된다. 그리고 그때부터 본 여행이 시작된다. 가는 길에 그는 많은 이들을 만난다. 흐즈르 데데부터 시작해서 목숨이 여럿인 거인들을 만나고 궁궐에 갇혀 있는 여인들을 만난다. 어머니 거인이랑 일곱 형제와는 서로 한 가족이 되기도 한다. 하지만 이어지는 황금 나이팅게일을 향한 여정에서, 그는 다시 혼자다. 뒷날 형들의 배반으로 우물에 갇힌 뒤의 행보에서도. 그는 마침내 요정 여왕과 결혼해서 영원한 동반자가 되지만 그것은 홀로 움직여온 과정에 따른 결과에 해당한다.

민담의 주인공은 본질적으로 단독자로서 존재하며 단독자로서 행동한다. 도중에 누군가를 만나지만 그들은 상대방이거나 보조자일 뿐 주역은 자기 자신이다. 스스로 결정하고 스스로 행하며 스스로 감당한다. 그렇게 보면 그들은 꽤나 외로운 존재일 것 같지만 그렇지 않다. 혼자라고 하는 사실을 질곡이 아닌 자유로 삼아 움직이는 것이 민담형 인간의 방식이다. 소설에서 흔히 볼 수 있는 '고독한 인간'과 질적으로 다른 양태다.

그렇다면 그런 민담형 인간이 서로 만나 부대낄 경우 어떤 상황이 벌어질까? 예컨대 트릭스터형 인물이 서로 마주친다면 말이다. 타인을 아랑곳하지 않고 제 식으로 거침없이 움직이는 사람들, 그들이 외나무다리 같은 데서 부딪쳤을 때 생겨날 일은? 네가 이기나 내가 이기나 끝까지 밀어붙이기? 이 의문에 대한 답은 역시 이야기를 통해서 확인해 보는 것이 좋겠다.

이제 소환하고자 하는 인물은 정만서다. 일 원에 화장실을 빌려서 십 원을 받고 되팔았다는 사람. 만약 그 사람이 또 다른 정만서를 만나게 된다면 어떤 일이 벌어질까?

그 경주에 사시는 옛날에 정만서라는 분이, '영덕에 방학중이라는 위인이 하나 있다고 하는데 이 녀석이 얼마나 형편없는 사람인가 내가 그 재능을 한번 겨뤄보겠다' 이런 생각을 가지고서 그 영덕을 올라왔답니다. 올라와보니, 남천에 벌써 사람이 하나 물을 건너가지고 버선을 신고 대님을 매는 그런 사람이 하나 있었다 이거지. 정만서 씨가 당도해가 그분한테 묻는 말입니다.

"여보시오, 당신 이 물 건너왔지요?" 그래 인자 코 먹은 소리를 합니다. "예, 그렇소." "건너왔으면 이 물의 깊이가 얼마나 되오?" 그러니까, "나는 모르겠소." 거 인제 정만서 씨가, "당신이 금방 건너왔는데 이걸 깊이를 모른다 해서는 말이 되오?" "아, 이 양반아. 내가 건너온 물은 저기 떠내려갔는데." 이캐. [일동 웃음]

그래 고마 정만서 씨가 그 옆에 허허 웃고 앉아가주고, "그래 귀하는 누구시오?" 그래 물으니, "그래, 당신은 누구시오?" 이래 됐는기라. "나는 경주에 사는 정만서외다." "나는 하저골에 사는 방학중이요." 이래 됐는기라. 그래서 방학중이하고 처음 만나 대화가 됐다는 기라.⁶⁶

경주의 명물 정만서가 영덕의 명물 방학중과 만나는 장면이다. 방학중이 누구냐면 겨울에 찬바람이 솔솔 나가라고 삼베옷을 입고 여름에는 더위가 못 들어오게끔 솜옷을 입었다는 사람이다. 남의 음식을 공짜로 먹는 것이야 기본. 사람들이 그한테 붙인 별칭이 '천하잡보'다. 방학중이라는 이름자만 들으면 어떤 기괴한 짓을 해도 다들 고개를 끄덕이며 인정했다고 하니, 정만서와 막상막하 난형난제가 될 만하다. 그 둘이 서로 딱 마주쳤으니 볼 만한 장면이 된다.

물 깊이를 알려달라는 말에 자기가 건넌 물은 이미 흘러가 버렸으니 알 도리가 없다고 하는 사람. 이거 어떻게 봐야 할까? 상대가 정만서라는 사실을 의식한 너스레? 아니, 그렇지 않다. 저건 본래 방학중의 방식일 따름이다. 정색하고서 따지자면 그것은 기도 안 차는 말이다. "너, 일부러 나 놀리려고 그러는 거지?" 하면서 멱살잡이라도 할 판이다. 하지만 그건 잘 모르는 사람들의 방식일 따름이다. 어떻게든 외부에서 정보를 얻어서 수고를 덜어보려고 하는 사람들의.

어차피 그 강물을 건너가야 할 상황이라면 몸에 물을 안 적실 수 없는 노릇이다. 이리저리 정보를 구한다고 해서 강물이 저절로 건너지지는 않는다. 그리고 그 정보란 나의 것이 아니라 남의 것이다. 사람마다 기준은 다르기 마련이라서 그 사람한테 얕은 것이 나한테는 깊고 그한테 안전한 것이 나한테는 위험할 수 있다. "괜찮아. 들어와!" 이 말을 듣고서 어딘가에 들어갔다가 이거 뭐야, 하고 식겁했던 경험이 다들 없지 않을 것이다. 또는 어느 음식점이 최고라는 말을 듣고서, 어느 여행지가 최고라는 말을 듣고 그 코스대로 따라갔다가 인상을 찌푸린 일도. 스스로 판단하고 해결하는 것이 답이다. '흘러간 물'을 바라보는 대신 '내 앞의 물'을 바라보면서.

보시라. 방학중의 말에 대한 정만서의 대응을. '오호, 역시나!' 하고 허허 웃으면서 그 옆에 털썩 걸터앉지 않는가 말이다. 서술자는 그 상황을 일컬어서 둘이 만나서 '대화가 됐다'고 표현한다. 그렇게 나란히 앉은 두 사람이 주고받았을 대화를 한번 들어보고 싶은 마음이 한가득이다. 아마도 그건 나만의 생각이 아니었던 듯하다. 방학중의 코맹맹이 소리를 흉내 내며 유쾌하게 이야기를 들려주는 구술자와 즐거운 웃음으로 맞장구를 치는 청중의 마음이 또한 그러했음이 분명하다.

정만서와 방학중의 만남을 전하는 일화가 하나 더 있다. 담배 한 대를 둘러싼 작은 공방전 이야기다. 정만서와 방학중은 한평생 남의 담배를 얻어 피운 것으로 유명하다. 제 담배는 축축하게 적셔서 가지고 다니면서, "형씨, 담배 하나만 얻읍시다. 나도 한 대 있는데 그게 젖어서." 이렇게 들이대는 식이다. 그런 두 사람이 길에서 딱 마주쳤을 때 어떤 상황이 전개됐을까?

담배 한 이파리 가지고 서울 왔다 갔다 해도, 제 거는 안 폈다고. [청중: 그 방학중이 이야기 아닌겨?] 방학중이 이야기지. 그러다가 정만서 있는데 뺏겨버렸다 그래. 정만서한테. "녹아 못 피겠다." 그러니, "나는 녹은 거도 없다. 그거 좀 다오. 내 핀다." 카고. 그 뺏겨버렸다는데.**67**

방학중이 늘 그러듯이 자기 것은 녹아서(젖어서) 못 피운다며 담배 한 대를 청한 상황이다. 그런데 하필 상대가 정만서였을 줄이야. "그래요? 나는 녹은 것도 없소이다. 그거 나 주소. 내가 피우리다." 이렇게 돼서 방학중이 꼼짝없이 담배를 빼앗겼다는 내용이다.

앞선 이야기가 방학중의 승勝이라면 이번 이야기는 정만서의 완승이다. 스코어로 치자면 일대일. 막상막하 피장파장이 된 셈이다. 하지만 이건 제삼자의 계산법일 따름이다. 이기고 지는 것이 무에 중요할까. 그냥 저렇게 움직이고 또 인정할 따름이다. 만약 방학중이 정만서한테 담배를 뺏기고서 억울해하거나 짜증을 냈다면 그건 더 이상 방학중이 아니다. 담배를 빼앗아 피운 정만서가 '이놈. 내가 이겼지?' 하는 식으로 생각했다면 더 이상 정만서일 수 없는 것과 같다. 저들, 그냥 저렇게 존재하고 움직일 따름이다. 뒤끝 같은 건 그냥 개나 당나귀한테로. 또는 잘난 양반님이나 선생님들한테로. 트릭스터의 만남에 날카로운 긴장감이나 치열한 갈등 따위는 없다. 쿨한 인정이 있을 뿐이다. 만약 트릭스터의 만남에 대해서 한 명이 남을 때까지 계속되는 피 튀기는 싸움 같은 것을 기대했다면 스스로를 잘 돌아볼 일이다. 그거 '반反민담형'의 표지일 수 있다.

민담형 인간으로 가득한 세상. 그곳은 지옥이 아니다. 오히려 그곳은 파라다이스에 가깝다. 개인과 개인의 자유가 살아서 생동하는. 진짜들로 가득한 세상, 이거 멋지지 않나!

"다 좋아요! 그런데 왜 다들 남자지요? 여자 트릭스터는 없는 거예요?"

이 시점에서 딱 나올 만한 질문이다. 트릭스터에 관심을 갖게 된 여성 제자들 중에 이 의문과 맞닥뜨린 이들도 있다. 실제로 설화자료 속에서 여성 트릭스터는 남성 트릭스터에 비해 상대적으로 귀한 편이다. 앞에서 몰리 후피를 만나보고 밀양 새댁 이야기를 봤지만, 곧바로 떠오르는 여성 트릭스터는 그리 많지 않다. 민담 속의 여성 주인공은 남자들과 달리 주변 사람들을 나 몰라라 하는 경우가 별로 없다. 어떻게든 거두어 챙기는 쪽이다. 트릭스터가 되기에 여성들은 너무 포용적이라고나 할까. 아니, 정확히 말하면 '포용적이어야 하는 존재'라는 표현이 더 맞을 것이다.

남자든 여자든 다 같은 인간인데, 트릭스터적 삶의 지향이 어찌 남자들만의 일이랴. 흔한 것은 아니지만, 숨어 있는 진짜들이 없지 않다. 정만서나 방학중 같은 치들 단숨에 코 떼게 만드는 여성들이. 다음은 그 단적인 사례들이다.

정만서가 갈라 카니까네, 저 앞에 부인네가 하나 가거든. 요새는 치마가 통치마지마는 이전에는 자락치마거든. 자락치마 찍어 맨 것이 빠져가지고 앞에 가면서 바람에 펄렁펄렁 속옷이 뵈거든. 고쟁이까지 환하게 뵌다. 정만서가 뒤따라가며, "여보 문 열렸소. 문 열렸소." 카이, 휘뜩 돌아보며 치마를 썩 당기더니만, "아따, 뒷집에 개 안 짖었으면 도둑맞을 뻔 안 했나." [일동: 크게 웃음]**68**

그런데 정만서가 서울 가 이틀 거기서 자고 식전에 인자, 우물가에 물이 쭐쭐 나오고 하는데. 그래 나가다 보니, 그래 그 집에서는 쌀을 씻어서 뽀얀 물이 나오거든. 그래가지고 뜨물이 쑥 나오니, "그 부인네 물 참 좋군." 그러니까 그 여자가, "내 물이 좋기는 좋다. 나가더니 대번 아이 우는 소리가 나네." 그래가 정만서가 한 코 먹드란다. [일동: 웃음]**69**

늘 그렇듯 별생각 없이 들이댄 정만서식 언행이 영락없이 희롱이 된 상황. 그에 대한 '부인네'들의 대응이 그야말로 일품이다. 천하의 정만서를 한순간에 뒷집 똥개나 갓 태어난 어린애로 만들어버리는 클라스! 그렇다. 지레 움츠리고서 숨어들거나 얼굴을 붉히며 스트레스에 시달릴 일이 아니다. 저런 같잖은 희롱 따위를 툭툭 쳐내면 그뿐. 개가 짖어도 기차는 가는 법이다. 모름지기 저 상황에서 정만서 또한 잠깐 머쓱했다가 호쾌하게 웃어버렸을 것이다. 같은 종족의 '여자사람'을 만난 일을 기껍게 여기면서.

　진짜 중의 진짜는 눈에 잘 안 띄는 법. 내로라 하는 사내들의 코를 납작하게 만든 여인들은 이야기 곳곳에 숨어 있다. 사실은 실제 세상 속에도. 사장님 사모님 선생님은 물론이려니와, 의원 나리나 나랏님 앞에서도 눈곱만큼도 기죽지 않고 걸쭉한 입담을 척척 풀어내는 '아지매'들을 시장바닥 같은 데서 얼마든지 만날 수 있다. 지도 사람이고 나도 사람이고 똑같은 사람인데 꿀릴 일이 무엇이겠는가. 버릇없다면서 꺾어 누르려고 들면? 그러면 뭐, 이판사판이다. "내사 뭐, 잃을 거 하나또 없다!" 그렇다. 손상을 입는 것은 무언가를 가지고 있는 사람일 따름이다. 잃으면 큰일 나는 무언가를.

　옛날에 어떤 사람이 사천泗川 고을 군수로 가다가 배를 타고서 강을 건너게 됐다. 막 배가 건너편으로 가고 있는데 뒤에서 어떤 여자가 오면서 자꾸 배를 돌리라고 했다. 사공이 군수 눈치를 보느라고 감히 돌리지 못하자 군수가 말했다.
　"저 여자가 바쁜가 본데 배를 돌려봐라."
　배를 돌려서 여자가 타자 군수가 말했다.
　"뭐 하는 사람? 무슨 일이 그리 바쁘기에, 다 건너간 배를 돌리라 했는고?”

“예. 천 서방의 아내 되는 사람입니다. 남편이 아파서 급히 약을 지어가지고 가는 중입니다.”

“오, 천 서방? 이야, 대단타. 일천千 서방을 어떻게 감당을 하노?”

그러자 여자가 지지 않고 되받아 말하길,

“아. 댁내 마나님은 사천四千 군수를 감당하는데 천 서방이 뭐 어떻습니까?”

그렇게 군수의 말문을 막더니만 배가 도착하니까 먼저 내리면서 이렇게 말하는 것이었다.

“동생, 어서 나오시게.”

“아니, 동생이라니? 동생이라니!”

“아, 한 배에서 먼저 나갔으니 형이지 뭡니까?”

그만 군수가 영락없이 여자의 동생이 되고 말았다.

그 뒤 고을에 어려운 일이 있을 때면 군수가 ‘누님’을 불러서 그 도움으로 문제를 해결했다고 한다.[70]

이 여인 역시 한 명의 숨은 트릭스터라 할 만하다. 한 고을의 군수를 동생으로 만들어버리는 클라스가 일품이다. 이름도 없고 직책도 없지만 기가 죽을 이유가 없고 아쉬울 것도 전혀 없다. 하늘 아래 다 같은 사람일 따름이다. 그렇다. 배에서 먼저 나갔으니 자기가 누님이다. 그것이 어찌 실없는 농담이랴. 기氣로 보나 지혜로 보나 군수보다 두어 수

위인 저 여인, 누님이 되고 남을 만하다. 두 수는 아니고 '한 수' 위 정도 가 어울리겠다. 저 여인을 누님으로 모시고 훈수를 듣는 사천 군수도 보통은 넘는 것 같으니 말이다.(생략한 뒷부분을 간단히 부연하면 경내에 살인 사건이 나서 오리무중이었는데 저 여자가 나서서 가볍게 해결했다고 한다. '인간'을 알기 에 가능한 일이었을 것이다.)

민담형 인간들이 펼쳐내는 이와 같은 부딪침, 또는 동행은 어떠한 지? 공자님 말씀을 살짝 패러디해본다. 유동족이동행有同族而同行 불역 낙호不亦樂乎. 나와 같은 동족이 있어 함께 나아가면 그 또한 즐겁지 아 니한가.

흥이 좀 남아서 한 가지 이야기를 살짝 더 소개한다. 남녀 트릭스터 의 유쾌한 치고받기식 동행에 관한 이야기다. 제목은 〈서울 기생과 이 선달〉. 그 자신이 오롯한 민담형 인간이었던 탑골공원 이야기꾼 봉원 호 어르신이 1987년에 들려준 민담이다. 조금 긴 이야기다. 어느 정도 냐면 유창한 말솜씨로 한 시간을 구연한 정도. 텍스트로는 200자 원 고지 120매가량 된다. 개인적으로 설화 구술을 들으면서 가장 많이 웃 었던 이야기다. 터져 나오는 웃음을 이성으로 통제할 수 없었을 정도로.

이야기 내용을 제대로 소개하고 싶은 마음을 애써 누른다. 시작하 면 너무 길어질 터이므로. 어쩌면 한 장章이 될 수도 있다. 이야기 대목 을 인용하는 것도 생략한다. 그 이야기는 한 대목만 보아서는 안 된다. 처음부터 찬찬히 곱씹으면서 즐겨야 제 맛이다. 그 이야기, 누구라도 찾아서 즐길 수 있다. 나의 개인 홈페이지에 채록한 설화자료 전문이 올라 있다. 곁들여 이야기꾼의 음성까지도. 한번 찾아서 쭉 감상해보시길."

이렇게만 말하고 넘어가면 아무래도 사기 같으니, 한 대목만 짧게 옮겨본다. 맨 마지막 부분으로.

이래가지구 아 그 이선달 놈이 밥 처먹고 똥만 싸고 가만히 앉아가 지고 여자가 대주는 걸 아주 호의호식으로 잘 먹고 잘 살다 죽었대 유. [청중: 웃음과 박수] [한 청자: "내일 또 나오슈!"]

이 대목만 놓고 보면 이선달이 여자를 등쳐먹은 것처럼 보일 수 있 겠으나 실제 이야기는 그렇지 않다. 두 트릭스터 남녀의 계속된 경쟁에 서 늘 한 수 앞서가는 것은 여자 쪽이다. 어느 정도냐면 이선달이 알몸 뚱이로 높다란 창문에 매달렸다가 뚝 떨어져서 땅바닥에 등짝을 보기 좋게 찧었을 정도. 하여튼 이야기를 직접 보시길 권한다. 한 청자가 이 야기꾼한테 한 말, 거기 답이 있다. "내일 또 나오슈!"(참고로 봉원호 어르신 의 다른 이야기로 '암행어사 골려 먹은 건달'이 《국어시간에 설화 읽기》2(신동흔 지음, 휴머니스트, 2016, 311~337쪽)에 실려 있다. 첨부한 CD로 이야기 원문도 직접 들을 수 있다. 이 이야기의 주인공 또한 완전한 민담형이다.)

'아싸'들로 구성된 드림 팀, 그들의 짜릿한 무한도전!

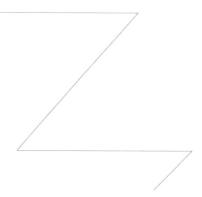

트릭스터는 민담형 인간의 극점에 있는 캐릭터다. 보통의 사람들이 선뜻 감당하기에 좀 부담스러운 쪽이다. 실제 현실에서 저런 트릭스터들과 부대끼면서 살아가라고 한다면, 대부분의 반응은 "좋아요!"보다는 "글쎄요" 쪽일 것이다. 왠지 기가 빨릴 것 같다고나 할까.

옛이야기에 나오는 민담형 인간의 동행이 다 이렇게 드센 것은 물론 아니다. 강한 기세로 부딪치는 대신 서로 도우면서 편안히 나아가는 식의 동행도 많다. 그런 이야기 가운데 그야말로 가볍게 즐길 수 있는 만만한 동행에 대한 것을 먼저 보기로 한다. 잘나가는 이들과 거리가 먼 '아싸'(아웃사이더)들의 동행이다. 다만 제 나름의 무기를 가지고 있었던, 그리고 선뜻 움직여 나서기를 주저하지 않았던 이들의.

첫 번째 이야기는 한국 민담 〈특재 있는 의형제〉다. '신통한 다섯 친구' 같은 제목으로 재화再話되어 많이 읽히고 있는 이야기다. 이 이야기에서 동행을 이루는 인물은 다섯이나 여섯으로 말해지는데, 가장 소박

한 구성에 속하는 세 친구에 대한 자료로 본다. 간단해서가 아니라, 인물들이 재미있어서다. 이름부터가 예사롭지 않다.

옛날에 어떤 부부가 아이를 못 낳아서 안타까워하던 차에 임신을 했다. 아이는 배 속에서부터 엄마 아빠를 부르면서 밥을 달라고 했다. 아들이 태어나자 부모는 아이 이름을 '노랑두대구리'라고 했다. 아이는 곧 근력깨나 쓰게 됐고, 세상 구경을 하겠다며 집을 나갔다. 그가 한 동네에 들어가서 보니 사람들이 연자방아를 고치려고 모여 있었다. 노랑두대구리가 방아를 고치겠다고 하니까 사람들이 조그만 아이가 무슨 소리냐며 그를 밀쳐냈다. 하지만 노랑두대구리는 개의치 않고 그대로 나서서 고장 난 방아를 썩 고쳤다.

노랑두대구리가 다시 길을 나서서 한참을 가다 보니 바람도 없는데 나무가 마구 흔들리고 있었다. 웬일인가 하고서 다가가 보니 한 사람이 누워서 자는데 콧김을 내쉬고 들이쉴 때마다 나무가 통째로 흔들리는 것이 아닌가. 물어보니 그 사람 이름은 '코샘생이'였다. 노랑두대구리는 코샘생이한테 자기랑 의형제를 맺자면서 씨름으로 위아래를 정하자고 했다. 씨름에서 코샘생이가 져서 노랑두대구리의 동생이 되었다.

노랑두대구리와 코샘생이가 함께 길을 가는데 고개 아래에 강물이 생겼다 없어졌다 하고 있었다. 별난 일이라고 여기고서 살펴보니까 한 사람이 고개 아래로 오줌을 누고 있었다. 그 오줌발이 닿는 곳마다 강물을 이루는 것이었다. 그 사람 이름은 '오줌소티기'였다.

노랑두대구리와 코샘생이가 자기들이랑 함께 세상 구경을 가자고 하자 오줌소티기는 좋다며 따라나섰다.

세 사람은 길을 가다가 어느 외딴집에 들어가 하루를 묵고자 했다. 집에 있던 노친네가 그곳은 사람 잡아먹는 삼 형제가 사는 데라면서 그냥 가라고 했지만 세 사람은 그런 것 상관없다면서 안으로 들어가 앉았다. 얼마 후 바깥에서 북소리가 쿵쿵 울리면서 삼 형제가 들어오더니만 사람 냄새가 난다고 킁킁거렸다. 그러자 노랑두대구리가 썩 나서서 삼 형제를 바람벽에 붙여놓고 호통을 쳐서 꼼짝 못 하게 했다.

그날 밤을 지낸 뒤 삼 형제는 노랑두대구리 의형제한테 자기들이랑 내기를 하자고 했다. 의형제가 선뜻 응해서 시합이 시작됐다. 먼저 나무하기 내기를 하는데 코샘생이가 콧김으로 나무를 척척 쓰러뜨려서 의형제 팀이 이겼다. 이어서 나무 쌓기 시합이 시작됐고 의형제가 나뭇단을 받아서 척척 쌓으면서 위로 올라가기 시작했다. 나뭇단이 한참 치솟았을 때 삼 형제가 거기 불을 붙였다. 불길이 마구 치솟을 때에 오줌소티기가 바지춤을 내리고서 오줌을 내지르니까 단숨에 불이 다 꺼지고 주변이 물바다가 됐다. 삼 형제가 목만 내놓고 허우적댈 때 코샘생이가 씨잉 하고 콧김을 내쉬자 삼 형제의 얼굴만 밖으로 나온 채로 물이 꽁꽁 얼어붙었다. 노랑두대구리가 내려와서 발로 툭툭 차니까 목이 댕강댕강 떨어져서 얼음판 위로 데굴데굴 굴러갔다. 노랑두대구리 의형제는 이렇게 사람 잡아먹는 삼 형제를 해치우고서 세상 구경 잘하고 잘 살았다고 한다.[12]

의형제를 이룬 세 사람, 어떠한지? 사람을 잡아먹는 삼 형제라면 일종의 괴물일 터인데(다수의 자료에서 삼 형제는 호랑이로 말해진다) 그들을 아무 걱정 없이 후딱 해치우는 솜씨가 일품이다. 오줌바다에 풍덩 빠뜨리고, 콧김으로 꽁꽁 얼리고, 발로 머리를 툭툭 차는 모습이 생각만 해도 웃음을 자아낸다. 세상에, 오줌물 바다라니!

물론 이 이야기에는 민담적 과장이 많다. 어린아이가 연자방아를 혼자서 고친다거나, 콧김으로 나무를 한다거나, 오줌으로 강물을 이룬다거나 하는 일은 완전한 상상일 따름이다. 중요한 것은 이들 캐릭터의 서사적 은유다. 임석재 선생이 이야기 제목을 '특재特才 있는 의형제'라고 붙였거니와, 이들은 제 나름의 특별한 재주를 가지고 있는 사람을 표상한다. 그 재주가 서로 모여서 식인 괴물을 처치하는 힘을 내고 있는 중이다.

주목할 바는 그 재주가 꽤나 '웃기는 것'이라는 사실이다. 노랑두대구리가 힘이 센 것은 그렇다 치더라도 콧김이 남달리 세고 오줌발이 세다는 것은 자랑스럽게 내세울 만한 재주라 하기 어렵다. 실제로 이들은 세상에서 인재나 영웅 비스름하게 대우를 받는 사람들이 아니었다. 전혀! 그냥 낮잠이나 처자고 아무 데나 오줌발을 갈기는 저들은 세상에서 이상한 놈으로 취급되는 사람, 이른바 '아싸'였을 가능성이 농후하다. "그딴 더러운 재주 얻다가 쓰려고!" 대략 이런 식이다. 이는 노랑두대구리 또한 크게 다르지 않다. 이름으로 보건대 아마도 '노랑머리'였을 가능성이 큰 그는 '덜떨어진 놈' 대우를 받았기 십상이다. 방아를 고치겠다고 나설 때 주변 사람들의 반응이 이를 잘 보여준다. 방아를 고치고 나서도 고맙다는 감사 인사를 제대로 받았을 가능성은 20퍼센트 이하다. "아니, 저 자식. 뭐야 저거?" 대략 이런 반응 아니었을지.

하지만 저 세 사람, 세상이 뭐라 하든 신경 쓰지 않는다. 그냥 제 갈 길을 가고, 낮잠을 흐드러지게 자고, 마음껏 오줌을 갈긴다. 의형제는 또 어찌나 쉽게 이루는지. "의형제? 뭐 그럽시다!" 이런 식이다. 그렇게 일행이 되어서 정한 것 없이 너른 세상으로 쭉쭉 나아가는 저이들, 사람 잡아먹는 괴물 따위 개의치 않고 아무 집에나 들어가 앉는 저이들, 명백히 민담형이다. "인생 뭐 있나. 이렇게 한바탕 놀다가 가는 거지. 안 그렇소, 형제들!" 명백히 이런 식이다. "세상 구경 잘하고 잘 살았다"는 결말이 딱 어울린다.

저들의 동선에서 주목할 것 몇 가지. 하나는 저들이 나름 효율적인 역할 분담을 한다는 사실이다. 서로 다른 재주가 조화를 이루어 상생의 힘을 낸다. 서로 다르기에 더 재미있으며, 더 큰 힘을 낸다. 따로 떼어놓고 보면 '같잖은 재주'들이 하나로 잘 모이니까 막강한 힘을 내는 멋진 마법이다. 주목할 것 또 한 가지, 저들이 형제를 맺는 방식이다. 저들은 '나이' 같은 것을 따져서 형과 동생을 가리지 않는다. 그럼 무엇으로? 당연히 '능력'으로! 나이로 치면 노랑두대구리가 당연히 막내겠지만 그는 자연스럽게 형이 된다. 권위 같은 건 그냥 개한테로. 이 조합, 힘을 내는 것이 당연하다. 마지막으로 또 한 가지, 이들 세 사람은 좌우나 뒤로 움직이지 않고 앞으로만 나간다는 사실이다. 우회 같은 것은 이들의 사전에 없다. 일컬어서, 좌충우돌左衝右突이 아닌 '전충전돌前衝前突'. 그 동선, 만만치 않다. 단순한 것의 크나큰 힘!

이 이야기 속의 의형제는 세 사람뿐이지만 넷이나 다섯, 여섯이어도 좋다. 또는 백이나 천이라도. 각기 저만의 재주가 있고 기꺼이 함께 움직일 준비가 돼 있다면 누구라도 좋다. 다만 한 가지 조건이 있다면, 내가 잘났다 네가 잘났다 하면서 이리저리 재거나 따지지 않고, 필요할 때 알아서 척 나서기. 이상!

이 이야기 속의 상황이 오롯한 진리라고 하는 강력한 증거가 있다. 이와 비슷한 이야기가 전 세계에 널리 퍼져 있다는 사실이 그것이다. 말이 안 되는 엉터리 이야기를 온 세상 사람들이 오래도록 전승해올 리는 없다. 세상 사람들이 다 바보가 아니라면 말이다. 그들이 바보일 수도 있지 않냐고? 천만에! 민담의 전승자들, 현실 속에서 산전수전을 다 겪으면서 몸으로 살아온 이들이다.

다만 세계 각지에서 전해오는 이야기들은 구체적인 내용과 색깔이 조금씩 다르다. 그중 하나를 간단히 살펴보기로 한다. 이왕이면 내가 좋아하는 그림 형제 민담으로. 제목은 〈여섯이서 온 세상을 헤쳐간 이 야기Sechse kommen durch die ganze Welt〉[KHM 71]다. 제목에 나타나 있듯이 주인공의 숫자는 여섯이다. 세부 내용은 생략하고 줄거리만 간략하게 옮겨본다.

옛날에 전쟁에서 큰 활약을 하던 재주 많은 사내가 있었는데, 전쟁이 끝나고 나니 남은 거라곤 노잣돈 몇 푼뿐이었다. 그는 제대로 된 사람들을 찾아내서 왕에게 대가를 치르게 하리라고 마음먹었다. 그는 숲에서 나무를 지푸라기처럼 뽑아내는 사내를 만나서 동행으로 삼았고, 이어서 10리 밖의 떡갈나무에 앉은 파리의 왼쪽 눈을 겨냥하고 있는 사냥꾼을 일행에 끌어들였다. 이어서 한쪽 콧구멍의 콧김으로 10리 밖에 있는 풍차를 맹렬히 돌리는 사내와 두 다리를 다 내려놓으면 새보다도 빨리 뛰게 되기 때문에 한쪽 다리로만 서 있는 사내가 합류했다. 마지막은 모자를 똑바로 쓰면 찬 서리가 내려서 새가 얼어 떨어지기 때문에 한쪽 귀만 가려지게끔 모자를 쓴 사내였다. 그렇게 여섯이 된 일행은 아무 거칠 것이 없었다.

함께 길을 떠나 도시에 다다른 여섯 사람은 왕이 내건 공고문을 발견했다. 자기 딸하고 달리기 시합을 해서 승리하면 사위로 삼겠다는 것이었다. 그 대신 시합에서 지면 목숨을 내놓아야 하는 조건이었다. 퇴역 병사는 다섯 사람과 함께 팀이 되어 여섯 목숨을 내걸고 시합에 나섰다. 그가 새보다 빨리 달리는 사람의 한쪽 다리를 풀어주고 달리도록 하니까 공주는 상대도 되지 않았다. 하지만 그가 항아리에 물을 채우고 돌아오는 길에 잠시 조는 사이에 공주가 그 물을 쏟아버리고서 앞질러 갔다. 멀리서 그 모습을 본 사냥꾼이 달리기꾼이 베고 있는 해골을 정확히 쏘아 맞혀 그를 잠에서 깨웠다. 그는 얼른 다시 뛰어가 항아리 물을 채운 뒤 마음껏 달려서 공주를 따돌리고 들어왔다.

시합에서 지게 되자 제 딸을 하찮은 퇴역 병사에게 주고 싶지 않았던 왕은 여섯 사람을 대접하겠다면서 쇠로 된 방 안으로 들인 뒤 문을 잠그고서 쇠가 달아오르도록 불을 때게 했다. 모자 쓴 사내의 차례. 그가 모자를 똑바로 쓰니까 더위가 싹 가시고서 한기가 퍼졌다. 그들이 멀쩡히 살아나오자 왕은 공주 대신에 그들이 지고 갈 수 있을 만큼의 금을 주겠다고 했다. 퇴역 병사는 집채만 한 자루 속에 온 나라의 금을 쓸어 담은 뒤 나무 뽑던 사람을 시켜서 짊어져 옮기게 했다. 나라의 재산을 다 뺏긴 왕은 두 연대의 기마대를 보내서 자루를 빼앗아오라고 시켰다. 하지만 콧김 센 사내가 한쪽 콧구멍으로 김을 내뿜자 기마대가 온통 하늘로 날아올라 이 산 저 산 너머로 떨어졌다. 왕은 그들을 잡는 것을 포기했고, 여섯은 재물을 나누어서 죽을 때까지 즐겁게 살았다.[13]

앞의 〈특재 있는 의형제〉에서 셋이었던 일행이 여섯이 된 것 외에 이야기의 기본 구조는 다르지 않다. 서로 다른 재주를 가진 사람들이 의기투합으로 팀을 이루어서 크나큰 위력으로 성공을 만들어내는 일이 그것이다. 그들이 거침없이 앞으로 나아가는 민담형 캐릭터라는 사실도 서로 다르지 않다. 팀이 아닌 개인으로서는 별 볼 일 없거나 괴상한 '아싸'에 불과한 존재였다는 사실도.

저 여섯 사내들, 전쟁이 끝나자 낙동강 오리알 신세가 된 퇴역 병사 말고도 누구 하나 세상에서 제대로 쓰임을 입지 못하고 있었다. 힘센 장사는 나무나 뽑고 있고, 사냥꾼은 파리의 눈 따위를 겨냥하고 있으며, 콧김쟁이는 바람을 대신해 풍차나 돌리고 있다. 스스로 한쪽 다리를 묶은 채 서 있는 사람이나 한쪽 귀만 걸치게 모자를 비껴쓴 사람은 정상으로 살지 못하는 '반편이' 신세의 표상이 된다. 그런 아웃사이더들이 제대로 모이니까 완전한 '드림 팀'이 돼서 나라를 뒤흔들게 된 형국이다. 일컬어, '아싸들의 유쾌한 반란'이다.

어찌 보면 앞의 〈특재 있는 의형제〉와 다를 바 없어 보임에도 이 이야기를 굳이 소개한 데는 한 가지 이유가 있다. 여섯이라는 숫자나 재주의 다양성 등은 그 이유가 아니다. 그런 것은 얼마든 생겨날 수 있는 자연스러운 변이일 따름이다. 내가 주목하는 것은 첫 번째 사내, 곧 퇴역 병사의 역할이다. 이야기는 그가 '여러 재주allerlei Künste'를 가지고 있다고 할 뿐, 그 재주가 무엇인지 따로 명시하지 않는다. 그런데 이야기에서 그가 저 놀라운 재주꾼들의 리더 역할을 하고 있으니 이건 어떻게 된 영문인지.

이에 대해 내가 뒤늦게 찾은 답은 저 퇴역 병사가 숨은 재주꾼들을 찾아내고 그들을 팀으로 묶어서 적재적소에 활용하는 재주를 부리고 있다는 사실이다. 요즘으로 치면 프로듀서나 감독에 해당하는 역할이거니와, 그것이 첫째가는 능력이라는 사실에 따로 토를 달 이유가 없다. 그의 리더십을 믿고서 착착 움직임으로써 저들은 상상 이상의 '대박'을 이루어낸 것이었다. 재물의 대박도 그렇거니와, 제 능력을 마음껏 펼쳐낸다고 하는, 성취감과 즐거움의 대박 말이다.

민담형 인간의 동행이 그냥 제멋대로의 무모한 나아감이 아니라 일련의 체계를 가지고 있다는 것, 놓치지 말아야 할 지점이다. 그 체계가 각 개인의 캐릭터를 마음껏 살릴 수 있는 형태의 자유롭고도 효율적인 체계라는 사실도 요점이 된다. 돌이켜 살펴보면 〈특재 있는 의형제〉의 경우도 질적으로 다르지 않다. 그 팀 또한 재주에 따른 역할 분담 외에 노랑두대구리를 축으로 한 수평적이면서도 효율적인 리더십이 작동하고 있었다. 그 자율적 연대의 설화적 표현이 곧 '의형제'다. 그러한 연대가 '온 세상을 관통하여durch die ganze Welt' 나아가는 힘을 낸다는 사실은 무척이나 시사적이다. 거기서 미래 사회에 어울리는 '대안적 동반체'의 한 모델을 볼 수 있다고 하면 지나친 말일까?

퇴물 또는 루저,
네 친구는 어떻게 꿈을 이루었나?

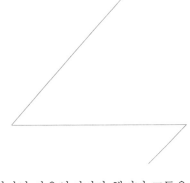

특재 있는 의형제와 여섯 사내를 일러서 아웃사이더라 했지만 그들은 나름 뛰어난 재주를 가진 이들이었다. 게다가 젊음이라는 큰 무기까지도. 능력으로 보나 나이로 보나 어느 면에서도 내세울 거리가 없는 입장에서 보자면, 그것은 먼 세상 타인들의 이야기로 느껴질 수도 있다. 나름 잘난 사람들이 모여서, '숨은 천재'들이 모여서 당연한 성공을 이루어낸 이야기 정도가 되겠다.(사실로 보자면 그 성공은 절대 '당연한' 것이 아니지만.)

그래서 하나 더 가져온다. 무엇 하나 번듯하게 내밀 것 없는 퇴물들의 동행에 대한 이야기다. 영락없는 '루저loser'들이 팀을 이루고 엉뚱한 도전을 펼쳐 인생 역전의 성공을 이루어내는 모험담이다. 그들이 가진 것이 있다면 한 가지는 '오래 눌러두었던 꿈'을 이루어보겠다는 열정이었고, 또 한 가지는 남의 이목 따위 개의치 않고 그것을 실행으로 옮긴 행동력이었다. 그렇게 함께 움직이는 그들, 사람이 아니라 동물이다. 당나귀와 개, 고양이, 수탉, 이렇게 넷이다. 이만하면 다들 아시리라. 그 이야기, 바로 〈브레멘 음악대Die Bremer Stadtmusikanten〉[KHM 27]다.

혹시 살짝 의아한 분들이 계실지 모르겠다. "아니, 이 이야기 속의 네 동물이 '퇴물'이라고요?" 그렇다. 그들, 완전한 퇴물이었다. 단물 다 빼먹히고 헌신짝처럼 버려지는 신세에 있었던. 다른 내용도 그렇지만 이 부분을 특별히 관심 깊게 봐주시면 좋겠다. 그 퇴물들이 어떻게 성공을 이루어내는지를. 이들의 성공을 믿어도 좋을지를.

오랜 세월 화 한번 내지 않고 묵묵히 곡식 자루를 나르는 일을 해온 당나귀가 있었다. 세월이 흘러 힘이 빠져 쓸모가 없어지자 주인은 먹을 것을 제대로 주지 않으려 했다. 낌새를 눈치챈 당나귀는 집을 빠져나와서 브레멘을 향해 길을 떠났다. 그리로 가서 악사가 되어보겠다는 생각이었다.

당나귀가 걸어가다 보니 길에서 사냥개 한 마리가 지친 듯 헐떡이며 앉아 있었다. 웬일이냐고 물었더니 늙어서 사냥을 못 하게 되자 주인이 때려죽이려고 해서 도망친 길이라 했다. 당나귀가 브레멘으로 함께 가서 음악을 하자고 하자 개는 기뻐하면서 동행이 되었다. 그들이 함께 가다 보니 웬 고양이가 길가에 표정을 찌푸리고 앉아 있었다. 나이가 되어 쥐를 못 잡게 되자 주인 여자가 물에 빠뜨려 죽이려는 것을 겨우 피해서 나온 길이라 했다. 당나귀는 브레멘 행을 제안했고 고양이는 기꺼이 따라나섰다. 그들이 이어서 만난 것은 목청껏 울고 있는 수탉이었다. 알고 보니 다음 날 잡혀서 수프가 될 처지인데도 그렇게 소리를 치고 있는 것이었다. 당나귀가 브레멘행을 제안했고 닭도 좋아하며 동행이 되었다.

브레멘은 쉽게 다다를 수 있는 곳이 아니었다. 숲에서 날이 저물자 넷은 거기서 밤을 지내기로 했다. 나무에 의지해서 잠을 자려고 할 때 꼭대기로 올라갔던 수탉이 멀리 불빛을 발견했다. 그들이 불빛을 찾아서 가보니 밝게 불이 켜진 집이 보였다. 그곳은 도둑들이 사는 집이었다. 안을 들여다보니 도둑들이 맛난 음식을 먹으며 즐기고 있었다. 도둑을 쫓아내기로 마음먹은 일행은 묘안을 찾아냈다. 당나귀 등에 개가 올라가고 그 위로 고양이와 닭이 차례로 올라앉은 다음 일제히 음악을 연주하기 시작했다. 이히힝, 멍멍, 야옹, 꼬끼오~. 이들이 그 상태로 유리창을 부수고 뛰어내리자 유령이 들어왔다고 여긴 도둑들이 겁에 질려 도망쳤다. 네 친구는 차려진 음식을 맛나게 먹으며 즐겼다.

일행이 제각기 편한 자리를 찾아서 불을 끄고 잠들었을 때 도둑들이 돌아와서 동정을 살폈다. 부엌으로 들어간 도둑이 고양이 눈을 석탄으로 착각하고 불을 붙이려 하자 고양이가 얼굴로 뛰어올라 침을 뱉으며 할퀴었다. 도둑이 놀라 뒷문으로 가자 개가 다리를 물었고, 마당을 가로질러 거름 더미 쪽으로 가자 당나귀가 뒷발로 걷어찼다. 그때 수탉이 위에서 내려다보며 꼬끼오 하고 소리쳤다. 힘을 다해서 내뺀 도둑은 대장한테로 가서 이렇게 말했다. "집안에 끔찍한 마녀가 있어요. 마녀가 손가락으로 얼굴을 할퀴고, 칼든 남자가 다리를 찌르고, 괴물이 몽둥이로 때리고, 재판관이 저놈 잡으라고 소리쳤지요. 겨우 도망쳤습니다요.”

그 후 도둑들은 감히 집으로 들어오려고 하지 못했다. 네 명의 브레멘 악사는 그곳이 마음에 들었으므로 다른 곳으로 가지 않았다. 이 소식을 전해준 사람 입에서는 아직도 더운 김이 나고 있다.[74]

이 이야기는 의기투합한 벗님들이 펼치는 좌충우돌 즐거운 모험담의 모양새를 취하고 있지만, 그 바탕에 깔려 있는 현실은 전혀 만만치 않다. 평생 온몸을 바쳐 죽도록 일해왔는데 어느 날 갑자기 먹을 것을 빼앗기고, 몽둥이로 얻어맞고, 물에 빠뜨려지고, 솥에 삶아지고 하는 것이 저들이 직면한 세상이었다. 말 그대로 ‘자비 없는 세상’이다. 저들의 길 떠남은 가볍고 유쾌한 여행이라는 식으로 손쉽게 말할 그 무엇이 아니다. 마지막 기회인 듯 결연히 나선 길이라고 봄이 어울린다.

그럼에도 저들, 그리 심각하거나 무거워 보이지 않는다. 오히려 들뜨고 신난 것처럼 보이는 쪽이다. 만약 정말로 그런 마음이었다면, 어떻게 그럴 수 있었던 것일까. 답 하나. 자기 하고 싶은 일을 찾아서 나선 터라 신이 나고 힘이 났다는 것. 누군가가 시키는 대로만 평생을 살았으니 그간 오죽 답답했을까. 답 둘. 산전수전 다 겪으면서 산 결과로 “인생 뭐 있나. 어떻게든 되겠지!” 하는 식의 달관에 다다랐다는 것. “더 나빠질 것 없잖아. 잘못되어봐야 뭐 죽기밖에 더하겠어!” 이런 식으로 움직이는 그들한테 두려울 것은 없었다는 뜻이다. 어느 정도냐면, 무서운 도둑들이 있는 집으로 다짜고짜 쳐들어갈 정도. 덧붙여서, 저들이 혼자가 아닌 네 명이라는 사실도 빼놓을 수 없겠다. 서로 비슷한 처지에 같은 마음과 같은 포부를 가진 이들이 한 몸인 양 움직이고 있으니 무엇이 무서웠겠는가 말이다. 자발적 동행의 큰 힘!

그나저나 저 네 친구가 '음악'을 하겠다고 나선 일은 어떻게 봐야 할까? 저들이 평생 해온 일이란 게 짐 나르기, 사냥, 쥐 잡기 같은 것이었을 텐데, 갑자기 악사가 되겠다고 나서는 모습이 생뚱맞아 보이는 것이 사실이다. 글쎄. 목청만큼은 빠질 게 없는 수탉 정도라면 혹시 가능성이 있었을까? 이야기를 보면 먼저 길을 나선 세 친구가 수탉을 열심히 설득하는 것처럼 보이는데, 혹시 수탉의 남다른 성대를 눈여겨봤던 것일지도! 도둑을 물리칠 때 수탉의 목청이 중요한 역할을 한 것을 보면 이거 좀 말이 되는 것 같기도 하다.

하지만 냉정하게 보자면 저들의 음악적 행보란 '엉터리 수작'에 가까운 것이었다. 그들의 음악은 당나귀 위에 개, 개 위에 고양이, 고양이 위에 수탉, 이런 식으로 착착 올라탄 상태에서 일제히 시끄럽게 외쳐댄 것이 전부였다. 필시 그것은 '괴성'에 가까웠을 것이다. 오죽하면 도둑들이 유령으로 여겨서 도망했을까. 도둑들이 재차 확인한 그들의 모습도 음악가와 거리가 먼, 괴물에 가까운 형상이었다. 이렇게 보면 저들이 숲속의 집을 차지한 일이란 막무가내식 행보가 가져온 뜻밖의 행운이라고 보는 것이 딱 어울릴 것 같다.

하지만 나는 물론 그렇게 생각하지 않는다. 저들이 펼쳐낸 음악, 완연한 진짜였다고 믿는다. 억지를 조금 써서 편을 들어보자면, 대략 이런 식이다. 먼저 저들이 목청껏 자기 소리를 내고 있다는 사실. 그동안 억눌렸던 내면의 목소리를 마음껏 풀어내고 있는 터이니, 그건 이른바

'쏘울'이 담긴 '영혼의 소리'가 아니었을까? 또 하나, 저들이 서로의 등에 올라탄 채로 일제히 소리를 낸다는 사실. 네 친구, 완연히 한몸이 되어 움직이는 중이다. 혼연일체가 되어 거침없이 펼쳐내는, 내면 깊은 곳에서 끌어낸 샤우팅! 이거 꽤 그럴듯한 그림 아닌지.

이야기의 앞뒤 맥락에서 한 가지 주목할 것은 저들의 '연주'에 의해 쫓겨난 대상이 바로 '도둑들'이었다는 사실이다. 여기서 도둑이 상징하는 것은 생존을 둘러싼 압박과 쟁투, 긴장과 불안 따위로 볼 수 있다. 먹고살기 위해서 노리고 빼앗고 도망치고 숨는 것이 도둑의 일이라는 데서 이런 해석이 가능하다. 이에 대하여 당나귀 일행이 펼쳐낸 음악은 완전히 반대되는 것이었다. 그냥 하고 싶은 일을 마음껏 하면서 한껏 기운을 펼쳐내는 본연의 몸짓이니 주파수가 완전히 다르다. 도둑들이 그 낯선 기운을 유령으로 여기고 도망친 맥락을 이렇게 이해할 수 있다.

헤아려보면 도둑들만이 아니다. 세상 수많은 사람이 현실적이고 일차적인 욕망에 포획된 채로 '생존'을 이어가고 있는 중이다. 사실 그것은 저 네 친구의 지나온 삶 또한 마찬가지였다. 짐을 나르고, 사냥을 하고, 쥐를 잡고 하면서 살아야 하는 삶. 인생이란 당연히 그런 것이라고 여겼을지 모르지만, 그것은 진정한 삶이 아니었다. 자기 존재를 소모하여 낭비하는 일이었을 따름이다. 저들의 진짜 삶은 그 울타리를 벗어나 브레멘을 향해 떠남으로써, 내면 깊은 곳에서 오래 소망했던 무엇을 실행에 옮김으로써 비로소 시작되고 있는 중이다. 저들이 목청껏 펼쳐내는 그 '음악' 말이다. 그와 같은 '존재적 몸짓'이야말로 진정한 예술이 아닐까?

그렇다. 저들이 꿈꾸었던 '음악'은, 구체적인 예술 양식으로서의 음악으로 볼 일이 아니다. 저들은 지금 '삶'을 연주하러 나서고 있는 중이다. 삶을 연주하는 방식에 어찌 음악만이 있을까. 미술, 사진, 글쓰기, 춤, 운동, 명상, 여행 등이 모두 거기 해당될 수 있다. 물론, '이야기하기'도 빠질 수 없다.

예전에 한 노인복지센터에서 경험했던 일이 생생하다. 설화 조사를 나갔다가 밝은 웃음이 넘치는 할머니 팀과 조우했다. 일흔을 넘긴 나이에 처음 한글을 배우는 할머니들이었다. 어렸을 때 학교를 못 다녀서 한글을 배울 기회가 없었던 그분들, 언젠가 꼭 배우고야 말 거야, 하고서 마음에 품은 세월이 수십 년이었다. 그런데 그런 사람이 혼자만이 아니었던 것이다. 그들이 한 팀이 돼서 한글을 배우는 정경, 여러분이 상상하는 그대로다. 세상에, 얼마나 정성이 가득하던지! 각자가 쓴 글을 자랑스레 들어서 보여주는데 그 얼굴에 서린 행복감은 그야말로 무량한 것이었다. '아아, 이분들. 브레멘 음악가들이시구나! 삶을 이토록 아름답게 연주하는 모습이라니!'

사실을 말하자면 〈브레멘 음악대〉 이야기와 새로 만나면서 단박에 매료되었었다. 내내 누군가의 소모품이 되어 기나긴 시간을 살아오다가 어느 결에 아무 소용 없는 존재가 돼버린 이들. 무력하게 주저앉거나 분노하여 대드는 대신 "까짓거. 그럴 테면 그래라! 나도 보란 듯이 내 삶을 살아볼란다!" 이렇게 훌쩍 떨치고 일어나서 펼쳐내는 통쾌한 반란. 감동 그 자체다. 너무 좋아서 눈물이 날 정도다. 이들에게 딱 어울리는 말. "이것이 인생이다!" 그렇다. 끝처럼 보이는 그 순간에 참다운 시작이 있는 법이다.

　질문 하나. 이 이야기 속의 네 친구 가운데 가장 중요한 위치를 차지하는 인물은 누구일까? 첫 번째로 나선 당나귀가 아닐까 생각할 수 있지만, 꼭 그렇게 볼 일은 아니다. 결론적으로 말하자면, 넷이 다 중요하다. 이야기를 보면 모두가 각기 제 역할을 하고 있음을 보게 된다. 처음 도둑의 집에 치고 들어갈 때는 동시에 한 몸이 되어 움직이며, 뒤에 염탐을 온 도둑을 쫓아낼 때는 순차적으로 착착 움직인다. 꽤나 체계적인 역할 분담이다. 개인적으로 어떤 모임이나 단체가 잘 굴러가려면 이네 유형의 캐릭터가 골고루 조화를 이루어야 한다고 여기고 있다. 일단 누군가 무작정 치고 나서는 이가 있어야 일이 시작되는 법. 당나귀의 역할이다. 그리고 거기 선뜻 동조하면서 힘을 보태 움직이는 이가 있어야 한다. 개의 역할이다. 그렇다면 고양이의 자리는? 그것이 해볼 만한 일인지 세심히 고려해서 합류하는 쪽이다. 이런 신중한 동조자 겸 꼼꼼한 일꾼이 있어야 일이 돌아가는 법이다. 그렇다면 마지막 순서로 참여하는 수탉의 역할은 무엇일까? 얼핏 하는 일이 없이 목소리만 커 보이지만, 그렇지 않다. 그 또한 중요한 몫을 한다. 나는 수탉의 역할이 요즘으로 치면 '홍보와 확산'이라고 본다. 애써 이루어낸 성과에 대해 그 힘과 가치를 세상을 향해 활짝 열어내는 구실이다. 이야기 속에서 수탉이 불 켜진 집을 발견하고 상황을 판가름하는 '판관' 역할을 한다는 사실을 심상하게 볼 일이 아니다.

　이야기 속 네 친구에게 붙여진 이름이 바로 '브레멘 음악대'다. 그들 덕분에 독일의 브레멘Bremen이 꿈의 도시, 음악의 도시라는 명성을 갖게 된 상황이다. 하지만 이야기를 보면 저 네 명의 나그네는 실제로 브레멘이라는 도시에 다다른 적이 없다. 거기로 가는 도중에 어느 숲에 들어갔다가 그 안에 정착했을 따름이다. 이 일은 어떻게 봐야 할까? 저들, 브레멘에 가지 않았으니 '브레멘 음악대'라는 이름이 안 어울리는 것일까? 이에 대하여 어떤 논자는 '저들은 아직 브레멘에 도달하지 못했으며, 다시 길을 떠나 브레멘으로 가야 한다'는 식으로 말하기도 하는데,[15] 내 생각은 이와 다르다. 나의 꿈을 이룰 수 있는 곳, 나의 삶을 행복하게 펼쳐낼 수 있는 곳이라면 거기가 곧 브레멘인 것 아닐까? 그러니까 저 네 친구에게는 숲속의 집이 곧 브레멘이었다고 할 수 있다. 좋은 친구들과 더불어 삶을 마음껏 연주하면서 행복을 누리고 있으니 그곳이 바로 그들이 찾던 '꿈의 세상'일 것이다.

결론은 우리들의 브레멘이 멀리 있지 않다는 것이다. 나의 꿈을 실행에 옮길 수 있는 곳이라면, 내가 진정으로 원했던 삶을 펼쳐낼 수 있는 곳이라면, 세상 어느 곳이라도 브레멘이 될 수 있다. 돌아보면 험하고 냉정한 세상이다. 세상은 오로지 타인들을 위해 움직이는 것처럼 보인다. 하지만 가장 큰 적은 그런 마음 자체일 수 있다. 나의 몸을 한없이 잦아들게 하는 '소설형'의 사유 말이다. 그런 마음이 들 때면 저 브레멘 음악가들을 생각해볼 일이다. 내 안에 맹랑하게 깃들어 있는 민담형의 기운을 훌쩍 깨워서 일으켜보기. 함께함으로써 두 배 또는 열 배의 힘을 낼 갸륵한 동반자들 찾아보기. 지금이 내 남은 인생의 가장 젊은 때다. 두려워할 일이 무엇이랴.

엉뚱한 세 친구와
7인의 슈바벤 사람

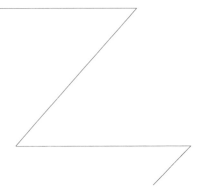

빛나는 해피엔딩의 이야기들에 대해 말하는 건 신나는 일이다. 그런 이야기들과 거듭 만나다 보면 세상 모든 일이 저절로 착착 풀릴 것 같은 몽상에 빠지기도 한다. 그로부터 벗어나는 길은? 어렵지 않다. 그와 색깔이 다른 이야기들을 음미하면 된다. 말하자면 새드엔딩이나 그로테스크 엔딩의 이야기. 민담 가운데도 그런 이야기들이 있다.

앞의 이야기들과 딱 대비가 되는 민담을 두 개 본다. 여럿이 함께 길을 떠났으나 헛짓이 돼버리고 만 이야기. 먼저 볼 것은 한국의 이야기다. 제목은 〈엉뚱한 세 친구〉. '정신없는 사람, 우악한 사람, 고집 센 사람'이라는 제목으로 채록 보고된 이야기를 그대로 옮긴다. 이번에는 방언까지 그대로 살려서.

정신읎넌 눔하구, 우악한 눔하구, 고집 신(센) 눔하구, 싯(셋)이 질(길)을 가는디 말여. 아 우악한 눔을, 싯이 질을 가는디, 뷜(벌)이 그냥 손가락 같은 눔으 뷜이 와가지구서는 이마빡을 탁 쏘구서 내빼거든? [청중: 응] 아 이눔이 고집이 워트게 시던지(세던지),

"에 이눔 가서 잡어 죽인다"구.

뷜 날러가는 디루다가서 쫓아가 모닝깨, 아 대가리 들어갈 만한 구녁(구멍)이 있는디 그 구녁이루다가 쑥 들어간단 말여. 뷜이. 이눔이, 저 쐐서루 인저 아푼 생각만 하구서루, 게다가서(거기에다가) 대가리를, 뷜을 잡어 죽일라구 대가리를 비비적거리닝깨루 대가리가 그리 들어갔단 말여. [청중: 웃음] 아 대가리가 꼭 쩌서(껴서) 들어갔으니, 빼두 박두 못하구서 [청중: 웃음] 꼭 꼈단 말여.

아 우악한 눔이, 다리를 작구서루(잡고서는) 그냥 쑥 잡으댕깅깨, 모가지가 쑥 빠져 삐졌어.

정신읎는 님이 있다가서루,

"아 저 사람이 올 적이(적에) 모가지가 있었나 읎었나 몰르겄다"구 말여. [청중: 웃음]**76**

이 이야기에 나오는 세 사람, 얼핏 민담형 인간으로 보이기도 한다. 일차원적 단순성과 무모해 보이는 직진 같은 모습이 그렇다. 이런저런 생각에 얽매이지 않는 가볍고 유쾌한 동행이다. 하지만 저들의 동행이 가져온 결과는 황당하기 그지없는 것이었다. 한 사람의 목이 쑥 빠져나가 버린 상황. 이거 어떻게 봐야 할지. "그럴 수도 있지 뭐" 하면서 웃음으로 넘겨야 하는 걸까? "민담형으로 산다는 게 원래 그런 거야" 하고 말하면서?

아니, 저건 모두가 함께 망하는 최악의 동행이다. 저 사람들은 민담형 인간이 아니라 그냥 '바보 엉터리'일 따름이다. 이 이야기는 저들을 지지하거나 옹호하지 않는다. 신랄하게 조소하고 풍자하는 중이다. 저런 말도 안 되는 엉터리들이 무슨 풍자의 대상이 되기나 하겠냐고, 그냥 잠깐 웃어 넘기면 그만인 우스개 해학 아니겠냐고 할 수도 있겠다. "웃자고 하는 이야기에 왜 정색하려고 해요?" 딴은 맞는 말이지만, 아무래도 그냥 지나칠 수가 없다. 저 세 사람의 형상 속에 우리의 내적 진실이 적나라하게 반영되어 있기 때문이다.

먼저 고집 센 사람. 말 그대로 '고집固執'이다. 강고한 집착, 또는 굳은 달라붙음. 그러한 달라붙음은 그 자체로 커다란 걸림에 해당하거니와, 그 대상이 사소한 것이라서 더욱 문제적이다. 제 이마를 쏜 벌 한 마리를 어떻게든 붙잡아서 눌러죽이든 찢어죽이든 앙갚음을 하겠다는 저 사람을 보면 누가 떠오르는지? 작은 피해조차 용납하지 못하고, 또는 작은 실수조차 넘어가지 못하고 끝까지 문제 삼으면서 날뛰는 사람. 이를테면 '갑질의 제왕'이나 '왕꼰대' 같은 사람을 떠올리게 된다. 그 결과는 바위틈에 목이 꽉 끼이는 일이었으니, '아집에 갇힌 존재'에 대한 야유로서 이만큼 신랄한 것을 다시 찾기 어렵다. 끼인 것이 손이나 발이 아닌 머리라는 점도 꽤나 시사적이다. 그는 '생각'이 그렇게 꽉 갇혀 있었던 것이다. 온 존재가 걸림으로 꽉 차 있는 저 사람, 자유의 반대편에 있는 저 사람을 어찌 민담형이라 말할 수 있으랴. 내가 보기에 저 사람은 완전한 사이비 반反민담형 인간이다.

그다음, 우악스러운 사람은 어떤지? 옆의 동행자가 벌을 잡겠다면서 가던 길을 멈추고 허튼 에너지를 다 쓰는 동안 뭘 했는지도 모르는 그, 동행자의 목이 바위틈에 끼고 나서야 비로소 움직인다. "에이, 뭐야 이거! 이 자식, 내가 그럴 줄 알았어!" 하는 식이다. "아, 이리 나오셔!" 하면서 그 몸을 우악스럽게 잡아 빼는 저 사람한테서는 누가 연상되는 지? 옆 사람이 하는 허튼 짓을 구경거리인 양 보고만 있다가 그가 함정에 빠지면 비아냥대고, 잡아 흔들고, 결국에는 '에라, 모르겠다, 될 대로 돼라' 하는 식으로 마구잡이로 일을 처결하려는 사람. 분명 주변의 누군가가 떠오르실 것이다. 세상에는 그런 사람들이 많고 많으니까 말이다. 그 결과는 보다시피다. 그래서 저 사람, 자기 책임을 조금이라도 인정했을까? 그럴 리가! 죽은 사람 탓으로 돌렸을 가능성이 99퍼센트다. "그럴 줄 알았어! 공연히 나까지 피를 보게 하고 말이야. 에잇!" 아무쪼록 그 사람, 당신이 아니길.

알고 보면 걸림으로 가득한 저 상극적 동행의 세 번째 당사자인 정신없는 사람, 그는 어떻게 보아야 할까? 그냥 건망증이 심한 사람이라고 보아 넘기는 것은 물론 지금 우리의 흐름에 맞지 않는다. 그렇다면 그의 '정신없음'이란 무엇일까? 그건 명백히 '생각 없음'이며, 다르게는 '관심 없음'이다. 함께 길을 가고 있지만 제 생각에만 빠져서 옆에서 무슨 일이 벌어지는지도 모르는 상황이다. 이런 사람은 세상에 또 얼마나 많은지! 그건 '동행同行'이라고 할 수가 없다. 왜 저기 끼어 있는지 알다가도 모를 일이다. 저러려면 차라리 그냥 혼자서 제멋대로 가는 것이 옳다. 몇 박자 늦은 뒷북으로 괜한 염장을 지르지 말고서.

이 이야기 〈엉뚱한 세 친구〉는 딱 세 사람이 모인 상태에서 저런 일이 벌어진다. 만약 셋이 아니라 여섯이나 일곱쯤 된다면 사정이 좀 나아질까? 이에 대한 답도 하나의 이야기로 대신하기로 한다. 다시 그림 형제 민담이다. 제목은 〈7인의 슈바벤 사람Die sieben Schwaben〉[KHM 119]. 또 하나의 걸작이다.

세상으로 모험을 떠나 위대한 업적을 이루고자 의기투합한 7인의 슈바벤 사람이 있었다. 첫째는 슐츠, 둘째는 야클리, 그리고 마를리, 에르클리, 미할, 한스, 파이틀리. 그들은 안전한 여정을 위해 무기를 갖추기로 했다. 길고 튼튼한 창을 주문한 7인은 그것을 함께 들고서 힘차게 길을 떠났다. 맨 앞에 슐츠, 맨 뒤에 파이틀리, 이렇게.

때는 7월의 더운 날, 한참을 왔는데도 목적지로 삼은 마을까지 아직도 먼 거리가 남은 상황. 그때 웬 날벌레 하나가 그들 주변을 윙윙거리면서 지나갔다. 깜짝 놀란 슐츠가 식은땀을 흘리며 말했다. "북소리가 난 것 같아." 야클리가 그 말을 받았다. "가만, 화약 냄새가 나. 무슨 일이 일어난 거라고." 그러자 슐츠는 냅다 도망쳐서 건초더미로 뛰어들었다. 하필 갈퀴를 밟아서 자루에 머리를 얻어맞은 슐츠는 급히 비명을 질렀다. "항복입니다. 항복!" 그러자 여섯이 함께 외쳤다. "우리도 항복입니다. 항복!" 그러나 아무도 나타나지 않자 다들 무안해졌다. 그들은 바보 소리를 듣지 않기 위해 그 일에 대해 입을 꾹 닫기로 약속했다.

그들의 다음 모험은 첫 번째보다 훨씬 위험했다. 빈터를 지나는데 토끼 한 마리가 귀를 쫑긋 세운 채로 유리알 같은 눈을 빛내면서 잠을 자고 있었다. 그 무섭고 사나운 짐승을 발견한 7인은 겁에 질리고 말았다. 다들 그냥 도망치고 싶었지만 애써 정신을 추스르고서 적을 향해 창을 꼬나들었다. 맨 앞의 슐츠가 아직 찌르기를 주저하는데 맨 뒤의 파이틀리가 안달이 나서 외쳤다. "슈바벤 사람의 이름으로 돌격이다!" 그러자 한스가 외쳤다. "목소리만 컸지, 용을 쫓을 때 늘 꽁지인 녀석이!" 미할이 받았다. "용은 몰라도 악마가 오면 딱 그래." 이어서 에르클리가 말했다. "악마는 몰라도 악마의 어머니나 의붓형이 온다면." 그러자 마를리가 파이틀리한테 말했다. "그러지 말고 네가 앞장서봐. 뒤따를 테니." 그러자 야클리가 받았다. "아니, 앞장은 슐츠가 서야 해!" 이윽고 슐츠가 마음을 다잡고 엄숙하게 말했다. "자, 진격하자. 누가 용맹한지 알게끔." 그 말과 함께 7인은 일제히 용을 향해 덤벼들었다. 슐츠는 하느님께 도움까지 청했지만 적이 가까워지자 겁이 나서 "쳐부숴라, 쳐부숴라", 그냥 말로 소리쳤을 뿐이었다. 그 소리에 잠이 깬 토끼가 놀라서 달아나자 슐츠는 기쁨에 차서 소리쳤다. "파이틀리, 저것 좀 봐. 괴물이 아니라 토끼였다고!"

계속 모험을 떠난 7인은 모젤강에 다다랐다. 몸이 빠져드는 늪지대의 깊은 강이었다. 거길 건너려면 배가 있어야 했다. 그걸 모르는 슈바벤 사람들은 강 건너에 있는 사람한테 어떻게 하면 그곳으로 갈 수 있느냐고 외쳤다. 거리가 먼 데다 사투리 때문에 못 알아들은 상대가 "무슨 일이래요?" 하고 외치자 이를 "그냥 건너면 돼요" 하고 알아들은 슐츠가 강 속으로 걸어 들어가기 시작했다. 오래지 않아 그의 몸이 늪 속으로 빠져들고 모자만 건너편으로 향했다. 그때 개구리 한 마리가 "개굴개굴" 하고 울자 남아 있던 여섯 사람이 이를 "건너와, 건너와"로 알아듣고 강물로 향했다. "슐츠 대장이 건너는데 우리라고 못 할 이유가 없지." 그렇게 다들 황천행. 7인의 슈바벤 사람 가운데 집으로 돌아온 이는 아무도 없었다.[11]

내용을 보자면, 이른바 '당나라 군대'의 민담적 전형을 보여주는 이야기라 할 만하다. '소설형 인간의 동행'에 대한 야유가 더없이 신랄하다. 내용을 따라가다 보면 구절구절이 너무나 정확하고 현실적이어서 소름이 돋을 정도다.

이들을 왜 소설형 인간이라고 부르는지에 대해 몇 가지 서사적 포인트를 짚어본다. 먼저 이들이 내건 명분. 무언가 '위대한 업적'을 이루겠다고 하는 저이들, 시작부터 어깨가 뻐근하고 머리가 복잡하다. 다음, 이들이 '무기'를 들고서 움직인다는 사실. 자기 안의 무엇이 아닌 외적인 무기다. 그것도 아주 크고 무거운. 그 무기 하나에 일곱이 동시에 매달리니 효율은 완전히 마이너스다. 캐릭터와 역할의 소모적인 겹침이 내내 이어진다. 또 하나, 이들이 '목적지'를 정해놓고서 움직인다는 점도 놓칠 수 없다. 거기까지 어떻게든 가야만 하니 그 행로가 바쁘고 고달플 수밖에 없다.

'머리'로 엄청난 계획을 세운 저 일곱 사람은 막상 '몸'으로 부딪치는 작은 일에도 깜짝깜짝 놀라면서 긴장하고 허둥댄다. 날벌레에 놀라서 우왕좌왕하고 잠자는 토끼에 놀라서 온갖 난리를 벌이는 것, 과장이 아니다. 그들이 벌이는 야단법석을 잘 들여다보면, 다들 각기 제 목소리로만 말하고 듣고 싶은 대로만 듣는다. 자기 자신 안에 꽁꽁 갇혀 있는 상황이다. 당연히 의사소통 불가. 그들을 이끄는 힘이란 기실 허영과 자만심뿐이다. 똑똑한 척, '모지리'가 아닌 척 폼을 잡느라고 늪과 같은 강물로 빠져 들어가는 일은 터무니없는 허세의 필연적 귀결이 된다. 한 가지 흥미로운 점은 그림 형제가 그런 일련의 상황을 일곱 인물의 대사를 통해 생생하게 재현하고 있다는 사실이다.(그 일곱 명은 각기 이름을 가지고 있다는 것도 특징적이다. 잘 보면 그들의 대사에는 '잘난 척'과 '비꼼'이 배어 있다. 소설적인 캐릭터이고 언술이다.) 소설적 인간에 대한 소설적 야유! 역시 이야기꾼답다. 어쩌면 그림 형제는 이 일곱 사람의 이야기를 풀어놓으면서 현실 속의 누구누구를 떠올렸을지도 모른다. 정치계나 사교계 같은 데서 움직이고 있었을.

저런 슈바벤 사람들, 현실 속에 많고도 많다. 칠만 또는 칠백만. 어쩌면 수십억. 무거운 껍데기에 스스로 갇혀서 옴짝달싹 못 하고 무너지는 처지에 혹시라도 '인생이라는 모험은 참으로 험난하다'거나 '세상은 너무나 비극적이다' 하는 등의 말을 갖다 붙이지 않기를. 그건 모험에 대한 모독이고 비극에 대한 모욕일지니. "안녕! 잘들 가시게나."

장화 홍련 대 흰눈이 빨간장미,
저주를 마주하는 법

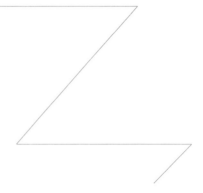

거듭 말하거니와, 우리 사는 현실에는 걸림이 많고도 많다. 도저히 감당하기 어려운 크고 무거운 걸림도 한둘이 아니다. 그중에도 최악으로 손꼽을 만한 일은 '모진 놈'을 잘못 만나서 인생이 꼬이거나 막혀버리는 일일 것이다. 마치 누군가 바위 구멍에 머리를 박아서 빼도 박도 못하는 상황처럼 말이다. 아무 죄 없는 사람을 대놓고 괴롭히는 악마 같은 존재가 세상에 왜 이리 많은지 모르겠다. 살면서 그런 상대를 만나지 않는 것이 제일 좋겠지만, 그게 내 맘대로 되는 일이 아니니 답답한 노릇이다.

　악마 같은 사람의, 요즘 말로 '초특급 진상'의 간악한 저주에 들게 될 때 우리는 그것을 어떻게 감당해야 하는 걸까? 만약 곁에 '좋은 동행자'가 있다면 더없이 큰 힘이 될 것이다. 혼자서 고독하게 당한다는 것과 갸륵한 누군가와 함께한다는 것의 차이는 하늘과 땅만큼 클 수 있다. 관건은 누구와 어떻게 함께하느냐 하는 것이다. 옆에 더없이 갸륵한 동반자가 있어서 전심전력으로 함께하는데도 더 큰 함정에 빠져들 수 있다고 하면 믿기지 않을지 모르겠다. 하지만 그럴 수 있다. 그 동반이 고착이 되고 구속이 된다면 말이다. 이때 저주는 오히려 가장 큰 효과를 낼 수 있다.

여기 한 자매가 있다. 저주처럼 닥쳐온 시험을 감당하지 못하고 끔찍한 귀신이 되어버린 자매다. 민담이 아닌 소설 작품의 주인공이다. 그 이름은 장화薔花와 홍련紅蓮. 이름 그대로 꽃처럼 예쁘고 순수하며 착했던 자매는 어떻게 처참하게 무너져서 한 고을을 흉흉하게 만들 정도의 악귀가 되었던 것일까. 예전에 이에 대해서 자매의 '착한 아이 컴플렉스'에 주목했었거니와,[18] 오늘의 화두는 그것이 아닌 '동행'이다. 왜 그들은 곁에 갸륵한 동반자가 있었음에도 파멸로 가는 길을 금치 못했는가 하는 문제다.

장화 홍련 자매의 사연을 자세히 소개하는 일은 생략한다. 다들 대충 기억하고 있을 그 정도로 충분하다. 엄마가 세상을 떠난 뒤 새로 들어온 간악한 계모의 극심한 미움과 괴롭힘 속에 들게 된 어린 자매. 그 상태에서 그 '예쁘고 착한 아이들'은 어떻게 했던 것일까?

하루는 좌수가 외당으로 들어와 딸의 방에 앉으며 두 딸을 살펴보니 자매가 손을 서로 잡은 채로 슬픔을 머금고 눈물을 흘려 옷깃을 적시고 있었다.

아버지가 우연히 발견한 모습인데, 실은 우연이 아닌 필연이었다.

왜냐하면 서로 손을 잡고서 옷깃이 젖도록 눈물을 흘리는 것이 자매의 계속되는 일상이었기 때문이다. 아버지한테 도움을 청한다거나, 그 외 다른 가족이나 친구와 상의한다거나 하는 내용은 작품에서 전혀 찾아볼 수 없다. 물론 계모한테 항의한다거나 타협책 같은 걸 찾아보는 일도. 마음속에 슬픔과 울분을 가득 쌓아둔 채로 서로의 손을 붙잡고 눈물을 흘리는 것이 자매의 방식이었다.

작품에서 두 자매의 형상이 더 구체적으로 드러나는 것은 계모의 흉계에 속아서 제 딸이 불륜을 저지른 것으로 오해한 아버지가 장화를 밤중에 외가로 보내는 장면이다.

장화가 홍련을 불러 손을 잡고 울며 말했다. "우리 자매 모친을 여의고 서로 의지하여 세월을 보내되 한시라도 떠남이 없이 지내더니 천만 뜻밖에 이런 일을 당하여 너를 적적한 빈 방에 혼자 두고 갈 일을 생각하면 가슴이 터지고 간장이 타는 심정은 이루 다 말할 수 없구나." 옷을 갈아입은 후 다시 손을 잡고 울며 아우를 경계하여 일렀다. "너는 부친과 계모를 극진히 섬겨 죄가 없도록 하고 내가 돌아오기를 기다리라. 가서 오래 있지 않고 며칠 안에 오려니와 그동안 그리워 어찌하리. 너를 두고 가는 마음 측량없나니 너는 슬퍼 말고 부디 잘 있거라." 말을 마치자 대성통곡하며 다만 손을 붙잡고 서로 놓지 못했다. 슬프다. 생시에 그지없이 사랑하던 모친은 어찌 이런 때를 당하여 저 자매의 형상을 굽어살피지 못하는고. 홍련이 아득한 가운데 언니의 말을 듣고서 간담肝膽이 미어지는 듯하여 서로 붙잡고 통곡하니 그 가련한 모습은 붓으로 쓰기 어렵더라.

　　장화 할 수 없이 홍련의 손을 떨치고 나오려 하니 홍련이 언니 옷자락을 잡고 울면서 말하되, "우리 자매 일시一時로 떠남이 없더니, 갑자기 오늘은 나를 버리고 어디로 가려 하느뇨?" 하며 좇아 나오니, 장화가 홍련의 가련한 형상을 보매 간장肝腸이 마디마디 끊어지는 듯했다. 할 수 없이 홍련을 달래어 말하되, "내 잠깐 다녀오리니 울지 말고 잘 있으라" 하는 소리, 설움에 잠겨 말을 이루지 못하니 남녀 종들도 그 모습을 보고 눈물을 머금었다. 홍련은 언니의 치마를 굳게 잡고 놓지 않으려 했다.[79]

　이것이 지옥과도 같은 저주와 함정에 대처하는 두 자매의 방식이었다. 그들, '한시라도 떠남이 없이' 늘 함께였다. 서로 손을 꼭 붙잡고 우는 것이 그들의 유일한 대책이었으니, 그 외에 어떤 별다른 대응도 찾아볼 수 없다. 본의 아니게 서로 헤어지게 된 상황은 저들한테 죽음과 같은 일이었다. 그리하여 세상이 다 끝난 것처럼 울음을 철철 쏟아내는 것이다. 그리고 그 결과는 실제로 '죽음'이었다. 먼저 장화가 죽고, 이어서 홍련이 그 뒤를 따른다. 그렇게 그들은 원귀冤鬼가 된다.

　작품의 서술자(소설가)는 계모한테 핍박을 당하는 저들 자매를 동정하면서 "그 가련한 모습은 붓으로 쓰기 어려웠다"고 한다. 그리고 저들이 당하는 억울한 고난에 종들까지 다 눈물을 머금었다고 말한다. 그러니까 저 자매한테는 아무 문제가 없다는 말이다. 작가가 계속 '흉녀凶女'라고 표현하는 계모가 모든 문제의 원흉이라는 것이다. 하지만 정말 그럴까? 두 자매한테는 정말 아무 문제가 없었던 것일까? 이에 대해 저들의 '착함 아닌 착함'이, 곧 '속으로는 너무나 싫고 밉지만 겉으로는 참고 순종하는 태도'가 문제였음을 말했었거니와, 어느 날 저 상황을 되새기던 중에 문득 새로운 영감이 떠올랐다.

'가만! 저 자매, 혼자가 아닌 둘이었다는 점이 오히려 문제였던 것 아닐까? 그래! 혼자였다면 어떻게든 따로 탈출구를 찾아봤을 수도 있었을 텐데, 옆에 자기랑 똑같은 사람이 있으니 서로 하나가 돼서 늘 저 상태로 머물렀던 거야. 늘 서로 붙잡고 우는 가운데 슬픔과 억울함이 고착화된 거였어. 콩쥐만 해도 늘 혼자이다 보니까 뭔가 다른 길을 찾았던 거잖아? 옆에 '동지'가 있다는 사실이 문제의 치유와 극복이 아닌 고착과 증폭을 야기했다는 것, 이거 무서운데!'

우리 모두 잘 안다. 힘들 때 동지가 있으면 더없이 큰 위로가 되고 힘이 된다는 사실을. 마침내 문제를 감당하고 극복할 수 있도록 하는 중요한 버팀목이 된다는 사실을. 그런데 왜 저 자매는 정반대의 상황으로 갔던 것일까? 이에 대한 나의 답은 자매가 '똑같은 사람'이었기 때문이라는 것이다. 장화와 홍련, 둘 다 '꽃'이다. '붉은 빛깔'의. 단지 이름을 두고 하는 말이 아니다. 저들의 생각이나 태도, 행동방식이 꼭 그러하다. 늘 슬픔과 억울함으로 붉게 우는 꽃 같은 아이들. 그렇게 둘은 큰 하나다. 슬픔과 억울함이 두 배로, 아니 열 배로 커져 있는. 그 다른 이름이 무엇인가 하면 바로 '귀鬼'다. 끔찍하고 흉악한.

부연하자면, 이런 뜻이다. 자매가 서로 똑같지 않았더라면 상황이 달라졌을 수도 있었으리라는 것이다. 한 명이 참을 때 한 명은 대들었다면, 한 명이 슬피 울 때 한 명은 웃어 넘겼다면 저렇게까지 되지는 않았을 것이다. 한 명이 집 안에 머무를 때 한 명은 밖으로 향했다면, 또는 한 명이 과거를 돌아볼 때 한 명은 미래를 내다보았다면 무언가 길은 있었을 것이다. 그래도 여전히 힘들었을 수 있겠지만, 최소한 저렇게 옴짝달싹 못 하고 주저앉아서 함께 귀신이 되는 일은 벌어지지 않았을 것이다.

소설 《장화홍련전》은 저 두 아이의 해원解寃과 환생을 말한다. 귀신이 되어 관아에 나타난 저 아이들의 원한을 마침내 알아낸 남다른 원님이 있었고 그가 사건을 재조사해서 자매의 계모를 붙잡아 사형시켰다고 한다. 그리고 장화와 홍련은 아버지가 새로 재혼한 '현숙한 여성'의 두 딸로 다시 태어나 행복하게 잘 살았다고 한다. 소설식의 창작적 결말이다. 이에 대해 나는 이렇게 상상한다. 새로 태어난 두 아이가 여전히 장화와 홍련이라면, 둘 다 똑같이 꽃 같은 아이라면, 그들의 인생 또한 여전히 위험하다고. 운이 좋아서 저주를 비껴가면 다행이지만 또 다른 저주에 걸려든다면 그들은 다시금 비슷하게 무너질 수 있다. 그리고 잘 알다시피 현실 세상은 저주와 함정으로 가득하다.

그 자신 영락없는 소설형 인간이기도 했던 소설 속의 저 자매와 달리 세상에 도사린 흉한 저주를 가볍게 헤쳐간 또 다른 자매가 있다. 민담의 주인공이다. 물론 민담형으로 움직이는. 흥미로운 점은 이들 자매역시 장화 홍련과 마찬가지로 늘 함께 붙어 다녔다는 사실이다. 슬픔과 기쁨을 늘 함께하면서. 이들은 어떻게 저주에 걸려들지 않고 행복한 삶을 이어갈 수 있었을까?

참 오묘하게도 아이들 이름 속에 답이 있다. 두 아이, 한 명은 '흰눈이Schneeweißchen'이고 한 명은 '빨간장미Rosenrot'였던 것. 이름을 원전 그대로 풀면 '눈처럼 하얀'과 '장미처럼 붉은' 정도가 된다. 둘은 늘 함께 하는 동반자이지만, 서로 같지 않다. 한 명은 희고 한 명은 붉다. 한 명은 차가운 눈雪이고 한 명은 고운 꽃花이다. 물론 이름만이 아니다. 이들은 성격과 행동도 서로 같지 않다. 이들이 펼쳐내는 동행은 장화 홍련의 경우와 다르다. 완전히!

그림 형제 민담집 속의 숨은 명편인 〈흰눈이와 빨간장미Schneeweißchen und Rosenrot〉[KHM 161]는 〈백설공주Schneewittchen〉[KHM 53]와 더불어 내가 근래에 가장 많이 언급한 작품에 속한다.** 하지만 왜 달리 '명편'이랴. 다시 보면 또 새로운 느낌을 전해주니 그야말로 화수분과도 같다. 이제 저 자매의 '남다른 동행'에 초점을 맞추어 그 내용과 의미를 되짚어보기로 한다.

옛날에 한 자매가 살았다. 하얀 장미와 빨간 장미를 닮은 아이들이었다. 둘은 믿음이 깊고 착하고 부지런하며 끈기 있었는데 취미는 좀 달랐다. 빨간장미는 들판을 뛰어다니며 꽃과 나비를 잡았고, 흰눈이는 집에서 엄마를 돕고 책을 읽었다. 둘은 늘 손을 잡고 다녔다. 우리 헤어지지 말자, 다짐하면서. 둘은 숲속을 이리저리 돌아다녔지만, 낮이든 밤이든 걱정이 없었다. 짐승은 그들을 해치지 않았고, 아기 천사가 그들을 지켜주었다.

그들이 사는 집은 늘 기쁨이 우러났다. 여름에는 빨간장미가 꽃

다발을 장식하고 겨울에는 흰눈이가 불을 지폈다. 어느 겨울날 저녁에 커다란 곰이 집 안으로 들어왔지만, 자매가 다가가서 눈을 털어주고 불을 쬐게 하자 좋은 친구가 되어주었다. 그들은 함께 짓궂게 장난을 치면서 놀았다.[81]

〈흰눈이와 빨간장미〉의 시작 부분을 간단히 요약한 것이다. 보듯이 저 자매는 공통점이 많은 단짝 자매였지만, 서로 같지 않았다. 취향도 그리고 역할도. 빨간장미의 활발한 외적 발산과 흰눈이의 차분한 내적 수렴이 선명한 대조를 이룬다. 여름에 빨간장미가 제몫을 하고 겨울에 흰눈이가 역할을 하는 것도 인상적인 대비가 된다. 그렇다. 저 두 아이는 명백히 '여름'과 '겨울'의 상징이다. 동양으로 치면 '양陽'과 '음陰'이고, 서양식으로 말하면 '차가운 이성'과 '뜨거운 감성' 정도가 된다. 저들이 숲에서든 집에서든, 또는 낮이든 밤이든 어떤 문제도 없는 것은 그 조화로운 상생의 동행 덕분이라 할 수 있다. 그 힘이 얼마만큼이냐면 거칠고 험상궂은 곰이 순치되어 친구가 될 정도다.

하지만 세상일이라는 게 이렇게 순탄할 리 만무하다. 두 아이는 어느 날 숲에서 한 명의 강적을 만나게 된다. 깐깐하고 사나운 난쟁이. 눈에 보이지 않을 정도로 작은 그였지만, 말하자면 거의 존재감이 없는 그였지만, 저주는 누구나 내릴 수 있는 법이다. 자매가 만난 난쟁이가 꼭 그랬다. 어떤 식이냐면 엉뚱한 꼬투리를 잡아서 은혜를 원수로 덮어씌우는 식이다.

어느 날 흰눈이와 빨간장미가 땔나무를 줍는데 수풀 사이에 무언가가 폴짝폴짝 뛰고 있었다. 다가가서 보니 난쟁이가 나무 틈에 수염이 끼여서 끙끙대고 있었다. 난쟁이는 빨리 자기를 도우라고 호통을 쳤다. 둘이 아무리 애를 써도 수염이 안 빠지자 흰눈이가 가위를 꺼내 나무에 낀 수염을 잘랐다. 그러자 난쟁이는 고맙다고 하기는커녕 귀중한 수염을 잘랐다고 마구 화를 내면서 숨겨뒀던 금 자루를 움켜쥐고 사라졌다.

얼마 뒤 두 자매는 다시 숲에서 그 난쟁이를 만났다. 난쟁이는 낚시를 하다가 수염이 낚싯줄에 얽혀서 물속에 끌려들어가기 직전이었다. 다가가서 수염을 풀려고 애쓰던 자매는 여의치가 않자 다시 가위로 수염을 잘랐다. 그러자 난쟁이는 다시 화를 내면서 욕설을 퍼붓고는 진주가 든 자루를 끌고서 사라졌다.

그 후 도시로 가는 길에 두 아이는 황야에서 다시 난쟁이를 만났다. 난쟁이는 독수리에게 붙잡혀 올라가기 직전이었다. 그 광경을 본 자매는 난쟁이를 붙들고서 힘껏 독수리와 싸워서 힘들게 그를 구해냈다. 겨우 살아난 난쟁이는 째지는 목소리로 화를 내며 말했다. "그렇게밖에 못 하겠어? 너희들이 잡아당기는 바람에 옷이 다 상했잖아. 망할 녀석들 같으니라고!" 난쟁이는 마구 욕을 퍼부어대고는 보석 자루를 들고서 동굴로 들어갔다.[82]

저 난쟁이, 어떠한지? 한두 번도 아니고 세 번이나 자기를 도와줬는데, 그것도 온 힘을 다해 죽을 목숨을 살려줬는데, 저런 적반하장이라니, 기가 막힐 노릇이다. 악의로 꽉 차서 뒤틀린 모습이다. 그야말로 최고의 '진상'이다. 왜 난쟁이가 저렇게 자매한테 욕을 퍼붓는지 궁금한데, 사실 별 이유가 없다. 그냥 공연히 남을 괴롭히는 경우다. 아, 이유가 없지는 않겠다. 자기는 금과 보석을 잔뜩 가지고도 걸림이 한가득인데, 저 두 아이는 뭐가 좋은지 늘 밝고 행복한 것이 영 못마땅했던 것 같다. 말하자면 연인한테 차인 사람이 행복해 보이는 커플을 이유 없이 공격하는 식이다.

누군가가 마음먹고서 괴롭히려 들 때 그 함정에서 벗어나는 일이란 얼마나 어려운 것인지. 그런데 저 아이들, 참 대단하다. 한 번도 아니고 두 번을 거듭 당하고도 세 번째에 또다시 나서서 난쟁이를 돕는다. 과연 당신은 저렇게 할 수 있을지? 어찌 보면 바보라고 할 수 있을지 모르지만, '똥은 피하는 것이 상책'이라고 할 수 있겠지만, 저 자매는 그러지 않는다. 왜냐하면 그것이 '당연히 해야 할 도리'이기 때문이다. 난쟁이가 못된 사람이라고 해도 그가 목숨을 잃게 될 곤경에 처한 것을 모른 척 외면할 수는 없었다는 말이다. 해야 할 도리를 다하는 따뜻함, 또는 행동력. 그것이 저 자매의 방식이었다. 쏘핫So hot!

이 이야기의 가장 감동적인 한 문장은 앞에 정리한 대목 바로 뒤에 나온다. 세 번째로 구함을 얻은 난쟁이가 험한 욕을 퍼부은 상황에서 저 자매는 어떻게 했을까?

소녀들은 그의 배은망덕함에 익숙해 있던 터라 그냥 가던 길을 계속 가서 시내에 다다라 자기네 볼일을 보았다.[33]

눈을 둥그렇게 뜨게 만드는 놀라운 모습이다. "쟤 원래 그런 애야. 가자! 하하." 이거, 흔히 말하는 '정신승리' 이상이다. 이기고 지는 것은 저들의 관심사가 아니다. 그냥 내 할 일을 다 했으니 그것으로 그만이라는 것. 괜히 저런 일에 스트레스를 받을 필요 없다는 것. 가히 상처를 입힐 수 없는 투명함이다. 어떤 화살도 그냥 통과해버리게 되는. 단지 생각만이 아니다. 저 자매, 그런 태도가 자연스럽게 몸에 배어 있다. 쏘 쿨So cool!

저 난쟁이가 아무리 악의가 넘친들, 어찌 이 자매를 이길 수 있으랴. 오히려 스스로 화를 이기지 못해서 길길이 날뛸 따름이다. 남몰래 보물을 펼쳐놓고는 "니들 이런 거 있어? 있냐고!" 하면서 부글대던 난쟁이는 결국 곰의 앞발에 의해 박살나고 만다. 그 곰이 누구냐면 난쟁이의 저주에 걸려들었던, '천하 진상'의 마수에 걸려들었던 왕자였다. 난쟁이를 공격해서 물리친 순간 곰은 왕자로 돌아온다. 비로소 '진상의 저주'에서 벗어나 제 모습을 되찾은 상황이다. 그 힘이 어디에서 왔는지는 자명하다. 오랫동안 울화와 분노를 곰가죽처럼 뒤집어쓰고 있던 저 왕자, 흰눈이 빨간장미를 보면서 '저주를 피하는 법'을 깨우치게 된 것이었다. 그렇다. 멋드러진 민담식의 동행은 자기 자신뿐만 아니라 주변까지 살린다. 환한 빛으로!

흰눈이와 빨간장미의 동선에서 최근 새롭게 발견한 것이 있으니, '가위의 메타포'가 그것이다. 난쟁이의 수염이 나무 틈에 끼었을 때, 그리고 낚싯줄에 걸렸을 때, 자매는 가위를 꺼내서 그것을 싹둑 잘라버린다. 그렇다. 풀리지 않을 때는 자르는 게 답이다. 엉킨 실타래를 붙잡고서 어떻게든 풀어보겠다고 끙끙대다가 울화에 휩싸일 이유가 없다. 엉킨 부분을 잘라내고서 필요한 부분을 다시 이으면 그것으로 끝이다. 아니면 통째로 내다버리고 다른 실을 가져오는 방법도 있다. 어려운 일을 쉽게 풀어내기. 괜한 고민에 인생을 낭비하지 않고 귀한 에너지를 필요한 일에 쓰기. 이것이 저 자매의 방식이었다. 하얗고 빨간 아이의. 차갑고 뜨거운 아이의. 리스펙!

석숭의 길과 차복의 길, 그리고 우리의 길

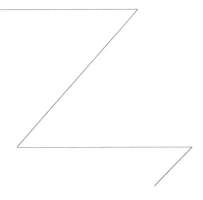

우리의 여행, 이제 종착역으로 향해 간다. 그 길의 마지막 자리에 소환하고자 하는 인물은 '석숭'이다. 한국 민담에서 말하는, 가장 큰 복을 타고난 사람이다. 앞에서 서천서역으로 복을 타러 간 석숭을 만났었는데, 지금 불러오려는 석숭은 그와 다른 인물이다. 그리고 그 옆에 또 다른 한 사람이 있다. 그 이름은 차복. 석숭과는 캐릭터가 꽤 다르고 서사도 다른 인물이다.

일단 어떤 이야기인지 먼저 보기로 한다. 제목은 그냥 〈차복과 석숭〉으로 한다. 갈 길을 거의 다 왔으니, 민담의 맛을 살려서 이야기식으로 풀어보려 한다. 내 기억 속의 스토리를 바탕으로.

옛날 한 마을에 차복이라는 나무꾼이 살았어요. 예쁜 각시랑 결혼해서 오순도순 재미있게 살았지요. 근데 집이 너무나 가난해서 늘 고민이었어요. 매일 산에 가서 힘들게 나무를 한 짐씩 해다가 장에 가서 파는데, 살림은 좋아질 기미가 없었지요. 잘못하다가는 그렇게 하루 벌어 하루 먹는 걸로 한평생을 보낼 판. 자식까지 낳게 되면 더 문제고요.

그래서 어느 날 차복은 단단히 결심을 했답니다. "계속 이렇게 살 수는 없어. 까짓거, 고생하는 길에 제대로 해보자. 하루에 나무를 두 짐씩 하는 거야!" 아, 말이 하루에 두 짐이지 깜깜한 새벽에 나가서 해가 넘어간 뒤에까지 일을 해야 해요. 그럼에도 차복의 결심은 돌처럼 굳었지요. 어두울 때부터 어두울 때까지, 손에 걸리는 데까지 이를 악물고 나무를 했어요. 그렇게 하니까 하루 나무 두 짐이 가능했지요.

그런데 이게 웬일이에요. 나무를 두 짐을 해서 쌓아두었다가 일어나서 장에 내가려고 보면 한 짐이 감쪽같이 사라지고 없는 거예요. 누가 왔다 간 흔적도 없는데 말이지요. 하루 이틀도 아니고 그런 일이 계속되네요. 이거야 원 귀신이 곡할 노릇. "안 되는 놈은 뒤로 자빠져도 코가 깨진다더니 이건 무슨 조화야. 에이! 내가 범인을 꼭 잡고 말리라."

차복은 밤중에 나무 두 짐 가운데 한쪽에 빈틈을 내고서 그 속으로 쏙 들어가 앉았습니다. 거기서 살펴보는 게 가장 확실한 방법이라고 여긴 거지요. 시간이 흘러서 삼경 사경이 지나고 깜빡 잠이 들 무렵, "어허, 이게 뭐지!" 세상에, 제 몸이 어디론가 둥실 떠오르지 뭐예요. 머리를 빼꼼 내밀고 보자니까 사방이 깜깜하긴 하지만 나뭇짐이 통째로 하늘로 올라가는 게 분명했지요. "히야, 세상에!

하늘에서 이렇게 밤마다 나무를 훔쳐갔던 거야? 세상에나…… 야, 차복. 정신 똑바로 차려야 된다, 너!"

그렇게 얼마를 더 올라갔는지 한참이 지났을 때 짐이 턱 멈추는 듯 출렁하더니만 어딘가로 뚝 떨어졌지요. 그러고서 들려오는 위엄 가득한 목소리. "그 녀석 오늘도 나무를 두 짐 했더냐! 어리석은 것. 제 복도 모르고!" 차복이 듣자니까 그거 말로만 듣던 옥황상제가 분명했어요. 다시 마음을 다잡은 차복은 나뭇짐 밖으로 펄쩍 뛰어 내렸지요. 이거 뭐야, 하고 다들 놀라고 있을 때 가운데에 높이 앉은 분한테로 썩 나아가서 한마디 했지요. "보십시오. 상제님! 이게 어떻게 고생해서 만든 나뭇짐인데 이렇게 가져가면 어떡합니까? 하늘에서 이래도 되는 겁니까?"

상대가 누구던가. 단번에 사태를 파악한 옥황상제, 위엄 가득 호령하기를, "이놈. 네 타고난 복을 모르고 왜 이리 설친단 말이냐! 그러다가 제 명에 못 사는 줄도 모르고서." 그러자 차복도 지지 않고 맞섰지요. "타고난 복이라니 그게 무슨 말씀입니까. 제 복이 정해져 있다고요?" "그래 이놈아. 궁금하면 따라오거라. 내가 특별히 가르쳐주지."

옥황상제가 걸음을 옮기자 차복이가 그 뒤를 따라나섰지요. 신하들은 어찌해야 할지 몰라 허둥지둥. 상제가 차복을 이끌고 간 곳은 커다란 창고였어요. 문을 열고 들어가 보니, 무수한 주머니들이 주렁주렁 매달려 있는데 크기도 모양도 제각각이었지요. 잘 살펴보니까 주머니마다 사람 이름이 씌어 있었어요. "봐라, 이놈아. 이게

네 주머니다." 제 이름이 붙어 있는 복주머니를 찾은 차복이는 맥이 탁 풀렸지요. 눈에 잘 띄지도 않는 쪼끄만 주머니였거든요. "아이고, 이게 내 복이야!" 그 복주머니를 어루만지노라니 눈물이 좔좔. 다른 사람들의 커다란 주머니를 바라보노라니 한숨만 가득. 그때 한눈에 딱 띄는 유난히 커다란 주머니가 눈에 들어왔지요. "상제님요! 저건 누구 것이기에 저렇게 크단 말입니까?" "그건 석숭의 것이다. 복을 대차게 타고났지. 머잖아 세상에 태어날 게다."

그때였어요. 그 복주머니를 한참 바라보던 차복이가 갑자기 옥황상제의 옷자락을 붙잡고 사정하기 시작했지요. "상제님요. 제 말씀 좀 한번 들어보십시오. 석숭이라는 자가 누군지 모르지만 아직 세상에 태어나지도 않았다면 저 복을 저한테 조금만 빌려주시면 안 되겠습니까. 나중에 돌려주면 되잖아요! 네, 상제님!" 뜻밖의 상황에 옥황상제도 조금 당황했지요. 잠시 생각하더니 하는 말. "듣고 보니 말은 되는구나. 잠깐 빌려주지 뭐." "진짜지요? 고맙습니다, 상제님!" "하지만 때가 되면 주인한테 복을 돌려줘야 한다. 석숭이 일곱 살 되는 날을 넘기면 안 돼." "네네, 명심하겠습니다요."

차복은 이렇게 해서 석숭의 복을 빌리고서 지상으로 돌아왔어요. 하늘에 잠깐 머물렀는데 지상은 어느새 여러 날이 지나가 있었지요. 남편이 실종된 줄로만 알고 안달하던 색시가 남편을 붙잡고서 눈물을 좔좔 흘렸어요. 그 손을 잡으면서 차복이 말했지요. "여보, 됐어! 이제 우리도 잘살 수 있어. 내가 하늘에서 복을 빌려왔거든." 아내는 무슨 말인지 몰라서 눈만 끔뻑끔뻑.

아니나 다를까, 다음날부터 차복이 하는 일이 풀리기 시작하는데, 세상이 이렇게 달라질 줄이야. 나무를 하다 잠깐 쉬면서 밤톨을 주웠더니만 웬 노인이 부싯돌을 내밀면서 바꾸자는 거예요. 부싯돌을 받아서 만지작거리니 웬 포수가 오더니만 그것 좀 달라고 하네요. 총을 쏴야 하는데 불을 못 붙이고 있다면서요. 노루를 두 마리 잡아서 한 마리를 준다는데 안 내줄 이유가 없지요. 포수는 불을 붙여서 연달아 두 방을 쏴서 명중시켰어요. 그렇게 가만히 앉아서 노루 한 마리가 생겨났지요. 차복이 노루를 가지고 움직이는데, 어떤 영감님이 오더니만 자기 말이랑 바꾸재요. 도대체 말을 안 들어먹어서 못 살겠다면서요. 말을 한번 가져보는 게 소원이었던 차복이, 냉큼 바꿨지요. 그런데 다음 날 집에 웬 사람이 찾아오더니만 값은 얼마든 줄 테니 그 말을 팔라는 거예요. 그게 실은 천하 명마인데 무과 시험을 볼 때 꼭 필요하다면서 말이에요. 그 말을 팔고 나니 농사 밑천이 두둑해졌지요. 차복이가 농토를 사서 열심히 일을 하니까 재산이 점점 불어났어요. 몇 해 만에 갑부 소리를 듣게 됐지요.

그렇게 부자가 된 차복, 자식까지 낳고서 행복하게 사는데 마음 한구석에 숨은 근심이 있었어요. 결국 다 돌려줘야 하는 복이니까요. 석숭이 언제나 나타나나 늘 마음을 졸였지요. 그러던 어느 날, 차복의 집에 웬 거지 부부가 동냥을 왔어요. 보니까 그 아내가 배가 불룩한 게 곧 아이를 낳게 생겼지 뭐예요. 차복 부부는 그들을 집에 들여서 쉬게 하고 음식을 대접했지요. 그러고서 아이 낳을 때까지 집에 머물게 했어요. 고생해본 사람이 고생을 안다고, 차복이 부자가 된 뒤 늘 그렇게 살았던 거예요.

며칠 뒤, 거지 여자가 배가 아프다며 야단을 하더니만 아이를 쑥 낳았답니다. 튼튼하게 생긴 남자아이였어요. 울음소리가 참 대찼지요. 차복이 미역국을 끓여서 갖다주면서 사내한테 물었지요. "축하합니다. 근데 아이 이름은 어떻게 지을 셈인가요?" 그때 천둥처럼 울려오는 말. "예. 석숭이라고 지을랍니다." 어허, 복 임자가 그렇게 제 집에서 태어난 것이었어요. '드디어 왔구나. 이제 몇 년 안 남았군. 쟤가 일곱 살이 되는 설날까지야.' 하지만 어쩌겠어요. 그간 덕분에 잘산 것으로 만족할 수밖에요.

차복은 거지 부부한테 그냥 자기 집에서 함께 살자고 했어요. 거지들로선 감지덕지였지요. 덕분에 석숭도 쑥쑥 잘 컸고요. 그렇게 날이 가고 해가 가고 석숭이 일곱 살이 되기 전날, 그러니까 섣달 그믐날, 차복이 석숭 일가족을 앞에 놓고 지난 사연을 말해주었어요. 나뭇짐을 두 짐씩 하다가 하늘에 올라가서 석숭의 복을 빌려온 이야기를요. "자, 제 복은 여기까지입니다. 이제 임자한테 돌려드립니다. 덕분에 그동안 잘살았어요. 석숭아. 이 집 재산이 이제부터 다 네 것이다."

뜻밖의 말에 거지 부부는 당황해서 말을 제대로 잇지 못했지요. "아니, 어떻게 이 재산을 저희가……." 그때 어린 석숭이 썩 나서지 뭐예요. "아니, 아버지 어머니! 당연히 받아야지요. 내 복이라잖아요! 자, 이제부터 내가 이 집 주인입니다요! 하하하." 그 부모가 아니재가 뭐하는 짓인가 하고 쳐다보는데 석숭이 덧붙이는 말. "그 대신 제가 오늘부터 저분들을 양부모로 모실랍니다. 지금처럼 함께 사는 거지요." 그 말에 석숭의 부모와 차복 부부와 그 자식들까지 그만 얼굴이 활짝! 그 후로 석숭은 세상 제일가는 부자가 되고 차복도 그와 함께 평생을 평안히 잘 살다가 엊그제께 죽었다고 합니다. 가보니까 완전 호상이더군요.

내가 참 좋아하는 이야기다. 전해들은 사람들 대부분이 마음에 들어하는 이야기이기도 하다. 이렇게 이야기를 다시 풀어내다 보니 어느덧 마음이 환해진다.

'그래. 인생이라는 게 이런 거지. 이렇게 어울려 사는 거야!'

이야기 속에 나오는 두 인물 차복과 석숭, 꽤 대조적인 캐릭터다. 둘 가운데 독자님은 어느 쪽에 더 가깝다고 생각되시는지? 나로 말하면 석숭보다 차복 쪽이다. 무언가를 어떻게든 해보려고 아등바등하는 쪽. 석숭의 저런 통 큰 대범함이 내 것이 될 가능성은 많이 잡아야 10퍼센트 어름이다. 나였다면 차복이 재산을 다 준다고 할 때, 당황하면서 머뭇거렸을 것이다. "아이고, 이걸 어떻게요! 아닙니다요, 어르신……." 설사 그 재산을 떠넘기듯 받았다고 해도 바늘방석에 앉은 듯한 느낌이 가시지 않았을 것이다. 사람의 캐릭터, 쉽게 안 바뀐다. 나는 석숭이 될 수 없다. 세상의 수많은 차복들, 석숭이 되기는 어렵다.

하지만 나는, 세상의 차복들은, 석숭의 동반자가 될 수 있다. 방법은 간단하다. 그가 가지고 누리는 복을 함께 누리는 것. 세상 누군가가 가진 복을, 그러니까 재산이나 재능이나 멋짐이나 성취 등등을 내 것처럼 누리면 그것이 곧 나의 복이 되고 나의 행복이 된다. 친구가 어려울 때 선뜻 손을 내미는 사람, 사촌이 땅을 사거나 동료가 '로또'에 맞으면 내 일처럼 기뻐하는 사람. 그 사람이 곧 차복이다. 그 곁에는 석숭이 있기 마련이다. 차복으로 사는 것, 어쩌면 석숭으로 사는 것보다 더 편안할 수 있다. 챙겨야 할 짐 없이 가볍고 자유로우므로. 그 또한 민담형이다!(석숭으로 말하면 그런 짐을 수억 개 가져도 하나도 안 무거울 사람이다. 오히려 훨훨 날아오르는 쪽. 그런 사람, 세상에 있다! 내 주변만 보더라도.)

　　이제 종착역이다. 나의 터키 여행 마지막 날에 본문의 마지막 부분에 다다른 것이 마치 일부러 맞춘 것 같다. 지금 글을 쓰면서 바라보는 제자네 집 창문 밖 이스탄불 언덕의 스카이라인, 아름답다. 두어 시간 있으면 이곳을 떠나고 언제 다시 올지 모르지만, 다른 많은 이들이 그것을 늘상 누리고 있을 테니 좋은 일이다. 더구나 거기 나의 갸륵한 제자들까지 포함됨에랴. 나, 그냥 차복으로 살아가리라. 가진 것 없이 온 세상을 훌훌 누비면서. 아하, 그렇군! 그러고 보니 석숭도 못 한 일을 차복은 한 것이 아닌가. 저 푸르른 하늘나라 구경을! 오늘 하늘, 유난히 푸른 듯.(이 대목을 쓴 것이 2월 중순. 당시 확진자수 0이었던 터키에 어느새 코로나 바이러스가 잔뜩 스며들었다. 가혹한 일이지만, 켈올란들은 마침내 잘 이겨낼 거라고 믿는다. 나와 비슷하게 자가체류 중일 것 같은 제자들, 창밖으로 펼쳐진 푸른 하늘과 스카이라인이 그들을 위로하리라. 결국은 다 지나갈 것이다. 하쿠나 마타타.)

나의 마음속 고양이에게, 안녕? 그리고 안녕!

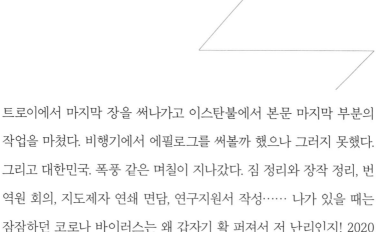

트로이에서 마지막 장을 써나가고 이스탄불에서 본문 마지막 부분의 작업을 마쳤다. 비행기에서 에필로그를 써볼까 했으나 그러지 못했다. 그리고 대한민국. 폭풍 같은 며칠이 지나갔다. 짐 정리와 장작 정리, 번역원 회의, 지도제자 연쇄 면담, 연구지원서 작성…… 나가 있을 때는 잠잠하던 코로나 바이러스는 왜 갑자기 확 퍼져서 저 난리인지! 2020년 2월의 대한민국, 소설 속이다. 끈적끈적 몸에 달라붙는 도저한 리얼리티의.

내가 부대껴 살아가야 하는 하루하루는 명백히 소설적이다. 절반은 세상이 소설적이기 때문이고, 절반은 나 자신이 소설적이기 때문이다. 어릴 때부터 몸에 밴 윤리적이어야 한다는 강박, 쉽사리 떨쳐지지 않는다. 그걸 떨치고서 살아갈 수도 없는 노릇이다. 지도교수로서 어찌 학생 지도를 회피하고, 연구책임자로서 어찌 지원서 작성을 제자한테 떠맡기며, 학회장으로서 어찌 학회 업무를 나 몰라라 하랴. 그런 거 다 왜 맡았냐고? 염장 지르지 마시길.

에피소드 하나. 연전에 L연구소에서 행하는 성격심리 워크숍에 참석했었다. 한국형 성격심리이론을 개발한 그곳 연구소는 인간의 캐릭터 유형을 주도형과 우호형, 표출형, 분석형 등 네 가지로 나눈다. 사전 검사를 통한 자기분석 결과 나는 '주도형'이었다. 주변 지인들의 나에 대한 타자평가 결과도 마찬가지였다. 워크숍에 참여해서 주도형 팀에 들어갔고, 명백히 그곳이 나의 자리였다. 여러 정보와 특징이 잘 맞아떨어졌다. 하지만 내내 매의 눈으로 우리를 지켜보던 그곳 소장님이 나한테 넌지시 말했다.

"아무래도 신 교수님은 주도형이 아닐 것 같아요. 우호형 쪽으로 보입니다. 한번 그곳으로 가볼 생각 없으세요?"

이건 뭐지? 좀 의아했지만, 시험 삼아서 우호형 쪽으로 가보았다. 그랬더니 이건 무언가. 그쪽이 또 편안히 잘 맞는 것이었다. 오히려 주도형에 있을 때보다도 더. 이리저리 비교하면서 헤아려보니 영락없었다.

L연구소 L소장의 지론은 사람이 타고난 캐릭터는 안 바뀐다는 것이다. 그리고 사람은 자기 캐릭터대로 살 때 편안하고 행복하다는 것이다. 늘 많은 스트레스에 시달리고 있던 나, 본래는 우호형 쪽인데 주도형 스타일로 살고 있기 때문으로 분석되었다. 이 분석 결과를 부정할 수 없었다. 이런저런 역할과 책임을 맡고 있었지만, 늘 그로부터 부담감을 느끼며 도망가고 싶은 마음이 많았다. 집에서 혼자 글을 쓰는 일이 좋았고, 훌쩍 여행을 떠나 혼자 들판을 거닐 때 가장 행복했다. 그런데 연구소장에, 학회장에, 연구책임자에, 수십 명 대학원생의 지도교수에

갖은 책임을 걸머지고서 어떻게든 훌륭히 감당하겠노라고 끙끙거리고 있었으니…….

그렇게 스스로 돌아보고 나니 더 우울해졌다. 그 책임들에서 벗어날 길이 보이지 않았으므로. 최소한 10년간은. 아아, 계속 이렇게 살아야 하는 건가. 해결책이란, 사이사이 도망치는 것뿐?(알고 보니 나의 제자들은 내가 컨디션이 떨어지거나 스트레스가 쌓여 어깨가 처지기라도 할라치면, "우리 선생님, 여행 떠날 때가 됐어" 이렇게 말하곤 했다고 한다.)

에피소드 둘. 〈브레멘 음악대〉 이야기를 전하면서 사람들한테 이렇게 물어보았다. "만약 당신이 이야기 속에 있다면, 네 명 중 몇 번째일까요?" 질문에 대한 답은 1번부터 4번까지 다양했다. 2번과 3번이 많았고, 4번이 제일 적었다. 흥미로운 점은 각자가 선택한 순서와 이야기 속 캐릭터가 서로 통한다는 사실이었다. 2번을 선택한 사람들은 대개 개를 좋아하고 3번을 선택한 사람은 고양이를 좋아하는 식이었다. 1번을 선택한 몇 명한테 물으니 당나귀가 마음에 든다고 했다. 한 학생은 고등학교 때 자기 별명이 '동키'였다며 놀라워하기도 했다. 4번을 선택한 두어 명은 딱히 닭을 좋아한다고 하지 않았지만 그 캐릭터가 자못 수탉과 통하는 면이 있었다. 억지춘향이라 생각할지 모르지만, 나는 믿는다. 이야기 속 네 동물의 순서가 우연이 아니라는 사실을. 오랜 시간에 걸쳐 구비전승되면서 정련된 서사에 대한 믿음이다.

사람들한테 했던 그 질문을 나 자신한테 던져보았다. 나의 순서는 2번이었다. 3번보다 1번에 더 가까운. 아시다시피 2번은 개다. 1번은 당나귀. 어떤가 하면 나는 개를 좋아하지 않는다. 집 안에서 개를 키우는 일은 딱 질색이다. 누구네 집에 갔다가 푸들이나 치와와 같은 녀석이 덤벼들면 손사래를 칠 정도다. 당나귀는 어떠냐고? 〈슈렉〉의 동키를 볼라치면 정신이 사나워지는 쪽이다. "야, 조금만 참아줘!"

내가 좋아하는 동물은 명백히 고양이다. 고양이를 보고 있으면 편안해진다. 집 안에 고양이 한 마리가 살고 있기도 하다. 따뜻한 데서 조용히 웅크려 잠을 자다가 기지개를 쫙 펴는 녀석을 보자면 절로 이런 말이 새어나오기도 한다. "팔자 좋구나. 부럽다! 다음 생은 고양이로 태어나면 좋겠어."

L연구소식으로 말한다면 고양이에 해당하는 캐릭터로서 개와 같이 움직이는 것이 나의 삶이었다. 때로는 당나귀와 같이. 그러고는 막상 일을 진행하려다 보면 스트레스를 받는 것이다. 잘나갈 때는 괜찮지만 무언가 꼬이거나 막히기라도 하면 축 처지는 식이다. 말하자면 비에 맞거나 웅덩이에 잘못 들어가 몸이 젖은 고양이처럼 말이다. 이렇게 생각하고 보니 이 또한 어김없었다. 나는 다시 슬퍼졌다. 세상에, 개의 탈을 쓰고서 살고 있는 고양이라니…… 아, 나의 인생이여!

여기서 하나의 반전! 그 부정적인 생각의 늪을 벗어나는 계기가 또한 이야기에서 나왔다. 어느 날 한 학생과 자기서사에 대해 상담을 하는데, 가만 보니까 나하고 비슷한 경우였다. 원래는 분명히 고양이 쪽 캐릭터인데 개나 당나귀 비슷하게 움직이고 있는 사람. 남들이 보는 바와 달리 속으로 받는 스트레스가 많다고 했다. 때로 위험이 느껴질 정도로. 공동의 문제를 놓고 함께 고민하던 차에 문득 한 가지 생각이 번쩍 떠올랐다.

"고양이가 개처럼 산다는 건 말이 안 되지. 하지만 고양이가 늘 양지에 웅크리고 낮잠을 자라는 법은 없어. 즐겁게 움직이는 고양이! '장화 신은 고양이'가 되는 거야!"

우리 두 명의 고양이는 곧바로 의기투합했다. '장화'를 신고서 움직이기로. 해야 하는 일이고 가야 하는 길이라면 기꺼이 나서서 씩씩하게 움직이기로. 그 발걸음 자체에서 행복을 찾기로.

그렇다. 그 장화 신은 고양이, 어찌 늘 움직이기만 했으랴. 사이사이 따뜻한 빛이 쪼이면 늘어지게 낮잠도 잤을 것이다. 그리고 마침내 식인귀를 처치하고 멋진 성의 주인이 되었을 때, 온 세상이 제 것인 양 마음껏 좋은 자리를 골라서 낮잠도 자고 이것저것 놀잇거리를 찾아서 냥냥 즐겼을 것이다. 정년까지 약 10년, 길지 않다. 어느새 1년 넘게 흘러서 이제 8년 남짓이다. 그래. 장화를 신고서 가는 거다. 때로는 고무 장화를, 때로는 가죽 장화를.

내 안의 고양이, 안녕?

장화 신고 다니기 불편하지 않지? 가끔은 벗어놓고 쉬어도 돼. 쉬엄쉬엄 가자꾸나.

이 글을 쓰고 고치느라 고생 많았어. 행복했으니 그것으로 충분하지 뭐.

어느새 새벽 3시. 이제 편안히 잠들 시간이야. 푹 쉬고 내일 또 걷자꾸나. 안녕!

— 양평의 깊은 밤에, 방앗간집 아들이.

추신. 일제 징용 시 철공소에서 일하다 발동기의 힘에 매료되셨던 나의 선친은

귀국 후 20여 년 만에 꿈에 그리던 작은 방앗간의 주인이 되었다.

나는 방앗간집 아들이다. 셋째이자 막내아들!

주

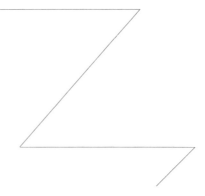

1 그림 형제 지음, 김경연 옮김, 《그림 형제 민담집》, 현암사, 2012, 5쪽.

2 신동흔 지음, 《스토리텔링 원론: 옛이야기로 보는 진짜 스토리의 코드》, 아카넷, 2018, 32쪽.

3 요나스 요나손 지음, 임호경 옮김, 《창문 넘어 도망친 100세 노인》, 열린책들, 2013, 5쪽.

4 신화와 전설, 민담의 양식적 차이와 주인공의 캐릭터 특성에 대한 논의는 신동흔, 《스토리텔링 원론》, 아카넷, 2018, 91~111쪽 참조.

5 이 내용은 이야기를 다소 요약해 정리한 것이다. 이하 그림 형제 민담의 내용은 독일어 원전을 바탕으로 삼는 가운데 한국어 번역본들을 참조하면서 정리했음을 밝혀둔다. 저본은 1857년본 최종판이다. 원전으로 삼은 책은 다음과 같다. Brüder Grimm(Autor), Heinz Rölleke(Herausgeber), *Kinder-und Hausmärchen: Ausgabe letzter Hand mit den Originalanmerkungen der Brüder Grimm*, Band 1-3, Stuttgart : Philipp Reclam jun. GmbH & Co., 1980. 참고한 번역본은 다음과 같다. 그림 형제 지음, 김경연 옮김, 《그림 형제 민담집》, 현암사, 2012. 그림 형제 지음, 이은자 옮김, 《그림 형제 옛이야기 모음집》 1~2, 부북스, 2012~2014. 특히 김경연의 번역본을 많이 참고했다. 여기 정리한 대목은 독일어 원전(이하 KHM으로 표기) B.1, pp.180-183쪽에 실려 있다.('B.1'은 'Band 1'을 줄인 것으로, '1권'을 뜻한다. 이하 같음.)

6 KHM B.1, pp.183-184(요약).

7 KHM B.2, p.250.

8 신동흔, 《삶을 일깨우는 옛이야기의 힘》, 우리교육, 2012, 219~224쪽.

9 신동흔, 《스토리텔링 원론》, 아카넷, 2018, 57~58쪽.

10 충남 부여군 은산면 황필녀 구연, '구렁덩덩 소선비', 《한국구비문학대계》 4-5, 360~361쪽.

11 조안나 코울 편, 서미석 옮김, 《세상에서 가장 사랑받는 200가지 이야기》 2, 현대지성사, 1999, 740~744쪽.

12 알렉산드르 아파나세프 편집, 서미석 옮김, 《러시아 민화집》, 현대지성사, 2000, 820~824쪽(요약).

13 위의 책, 24~32쪽(요약).

14 KHM B.2, pp.42-49(요약).

15 KHM B.2, pp.88-90(요약).

16 신동흔, 《스토리텔링 원론》, 아카넷, 2018, 102쪽.

17 강석근 편, 《경주사람 천하명물 정만서》, 경주문화원 부설 향토연구소, 2018.

18 임재해 외, 《천하잡보 방학중의 해학과 풍자》, 민속원, 2014.

19 KHM B.1, pp.124-125.

20 경북 경주시 안강읍 황진우 구연, '정만서와 순라꾼,' 《한국구비문학대계》 7-3, 232~233쪽.

21 KHM B.1, p.126.

22 KHM B.1, pp.127-129(요약).

23 KHM B.1, pp.128-129.

24 경북 월성군 현곡면 김원락 구연, '일본 순사를 골린 정만서,' 《한국구비문학대계》 7-1, 135~137쪽.

25 경북 월성군 감포읍 김만갑 구연, '정만서의 코 베어 팔기,' 《한국구비문학대계》 7-2, 731~732쪽.

26 같은 이야기, 732쪽.

27 경북 월성군 현곡면 김원락 구연, '변소를 판 정만서,' 《한국구비문학대계》 7-1, 133~135쪽(요약).

28 경북 월성군 현곡면 김원락 구연, '정만서 아들 죽었다는 이야기,' 《한국구비문학대계》 7-1, 123~124쪽.

29 경북 월성군 내남면 김경달 구연, '정만서와 아내,'《한국구비문학대계》7-3, 110쪽.

30 경북 월성군 외동면 최해룡 구연, '등따시고 배부른 정만서,'《한국구비문학대계》7-2, 276~277쪽.

31 경북 월성군 현곡면 김원락 구연, '정만서 죽을 때 이야기,'《한국구비문학대계》7-1, 139쪽.

32 막스 뤼티 지음, 김홍기 옮김,《유럽의 민담》, 보림, 2005.

33 위의 책, 29쪽.

34 같은 책, 23쪽.

35 같은 책, 47쪽.

36 같은 책, 111쪽.

37 같은 책, 95쪽.

38 KHM B.1, pp.126-127.

39 KHM B.1, p.127.

40 자세한 내용은 신동흔, 〈트릭스터 정만서의 말하기 방식과 상상력 발현〉,《문학교육학》 57호, 2017 참조.

41 KHM B.1, pp.122-124(요약).

42 KHM, B.1, p.130.

43 샤를 페로 지음, 함정임 옮김,《페로 동화집》, 허밍버드, 2017, 167~180쪽(요약).

44 위의 책, 169~170쪽.

45 하티제 쾨르올르 튀르쾨쥬 외 옮겨 엮음,《터키민담 켈올란 이야기》, 민속원, 2017.

46 위의 책, 303~305쪽(요약).

47 그림 형제 지음, 김경연 옮김,《그림 형제 민담집》, 현암사, 2012.

48 1934년 평안북도 의주군 광성면 장병환 구연, '주먹만 한 아이', 임석재전집 1,《한국구전설화》평안북도편 Ⅰ, 평민사, 2011, 296~297쪽.

49 이상 세 단락은 예전에 썼던 책의 내용을 거의 그대로 가져왔음을 밝혀둔다. 신동흔,《왜 주인공은 모두 길을 떠날까?》, 샘터, 2014, 98~100쪽.

50 KHM B.1, p. 225.

51 2018년 11월 충북 진천에서 웬태휴(1987년생) 구연. 오정미 외 조사.

52 조지프 제이콥스 지음, 서미석 옮김,《영국 옛이야기》, 현대지성사, 2005; 조지프 제이콥스 지음, 서미석 옮김,《스코틀랜드·아일랜드 옛이야기》, 현대지성사, 2005.

53 신동흔,《왜 주인공은 모두 길을 떠날까?》, 샘터, 2014, 171~174쪽.

54 조지프 제이콥스 지음, 서미석 옮김,《영국 옛이야기》, 현대지성사, 2005, 147~152쪽.

55 평안북도 선천군 등지에서 김창건 외 구연, '보리밥 장군', 임석재전집 2,《한국구전설화》평안북도편 Ⅱ, 평민사, 2011, 242~244쪽(각색).

56 KHM B.1, pp.331-335(요약).

57 KHM B.1, p. 335.

58 알렉산드르 아파나세프 편집, 서미석 옮김,《러시아 민화집》, 현대지성사, 2000, 74~77쪽.

59 1932~36년 평안북도 용천군 등에서 최영흠 외 구연, '외쪽이', 임석재전집 1,《한국구전설화》평안북도편 Ⅰ, 평민사, 2011, 114~115쪽.

60 경북 성주군 조천면 이섭 구연, '신행날 영남루 구경한 새댁,'《한국구비문학대계》 7-5, 144~147쪽.

61 http://yoksa.aks.ac.kr/jsp/ur/Directory.jsp?gb=3.

62 http://gubi.aks.ac.kr/web/Default.asp.

63 신동흔,《삶을 일깨우는 옛이야기의 힘》, 우리교육, 2012, 247~249쪽.

64 위의 책, 248~249쪽.

65 이난아 엮음,《세계민담전집 09 터키 편》, 황금가지, 2003, 168~198쪽(요약).

66 경북 영덕군 영덕읍 서두석 구연, '방학중과 정만서,'《한국구비문학대계》 7-7, 685~687쪽(다소 축약해서 정리함).

67 경북 영덕군 영덕읍 유을성 구연, '방학중과 정만서,'《한국구비문학대계》 7-7, 731쪽.

68 경북 월성군 내남면 김경달 구연, '정만서와 말 잘하는 여자(2),'《한국구비문학대계》 7-3, 127쪽.

69 경북 월성군 내남면 양동수 구연, '정만서와 말 잘하는 여자,'《한국구비문학대계》 7-3, 126~127쪽.

70 경북 군위군 소보면 이수영 구연, '사천 군수와 재녀,'《한국구비문학대계》 7-12, 29~30쪽(요약 재정리).

71 이 자료는 신동흔 홈페이지 (http://gubi.co.kr) '우리 옛이야기' 게시판에 71번 게시물로 올라 있다.

72 1933/36년 평안북도 설산군과 의주군에서 정원하/최상진 구연, '특재 있는 의형제', 임석재전집 2,《한국구전설화》평안북도편 Ⅱ, 평민사, 2011, 94~95쪽.

73 KHM B.1, pp.353~358(요약).

74 KHM B.1, pp.154~157(요약).

75 이혜정 지음,《그림 형제 독일민담》, 뮤진트리, 2010, 188쪽.

76 충남 공주군 반포면 강한병 구연, '정신없는 사람, 우악한 사람, 고집 센 사람', 《한국 구비문학대계》4-6, 33~34쪽.

77 KHM B.2, pp.151-154(요약).

78 이 글은 후배 및 제자 연구자들과 함께 쓴 책《프로이트, 심청을 만나다》(웅진지식하우스, 2010)의 첫머리에 '착한 아이의 숨은 진실 -《장화홍련전》에 깃든 마음의 병'이라는 제목으로 수록돼 있다.

79 이 내용은 구활자본《장화홍련전》 원전의 해당 대목을 부분 생략하면서 현대어로 옮긴 것이다. 바로 앞의 인용도 마찬가지다.

80 연전에 낸 책《스토리텔링 원론》에서 이 이야기를 '쏘핫 쏘쿨, 최고의 서사 :〈흰눈이와 빨간장미〉'라는 제목으로 자세히 다룬 바 있다. 신동흔, 《스토리텔링 원론》, 아카넷, 2018, 250~258쪽.

81 KHM B.2, pp.263-265(요약).

82 KHM B.2, pp.266-269(요약).

83 KHM B.2, p.269.

민담형 인간

© 신동흔 2020

초판 1쇄 인쇄 2020년 5월 4일
초판 1쇄 발행 2020년 5월 8일

지은이 신동흔
펴낸이 이상훈
편집인 김수영
본부장 정진항
편집1팀 권순범 김단희
마케팅 천용호 조재성 박신영 조은별 노유리
경영지원 정혜진 이송이

펴낸곳 한겨레출판(주) www.hanibook.co.kr
등록 2006년 1월 4일 제313-2006-00003호
주소 서울시 마포구 창전로 70(신수동) 화수목빌딩 5층
전화 02-6383-1602~3 **팩스** 02-6383-1610
대표메일 book@hanibook.co.kr

ISBN 979-11-6040-379-4 03380